2022 개정교육과정 국어교과 성취기준에 맞춘

초등 1,2학년
그림책 한글 놀이

2022 개정교육과정 국어교과 성취기준에 맞춘
초등 1, 2학년 그림책 한글 놀이

초판 1쇄 발행 2025년 3월 21일

지은이	그림책사랑교사모임
발행인	최윤서
편집	정지현
디자인	최수정
펴낸 곳	(주)교육과실천
저자 강의·도서 구입	02-2264-7775
인쇄	031-945-6554 두성 P&L
일원화 구입처	031-407-6368 (주)태양서적
등록	2020년 2월 3일 제2020-000024호
주소	서울특별시 중구 창경궁로 18-1 동림비즈센터 505호
ISBN	979-11-91724-79-0(13370)

정가 23,000원

저작권법에 따라 한국 내에서 보호를 받는 저작물이므로 무단 전재 및 복제를 금합니다.
저자 강의 및 도서 구입 문의는 교육과실천 02-2264-7775로 연락 주십시오.

2022 개정교육과정 국어교과 성취기준에 맞춘

초등 1, 2학년

그림책 한글놀이

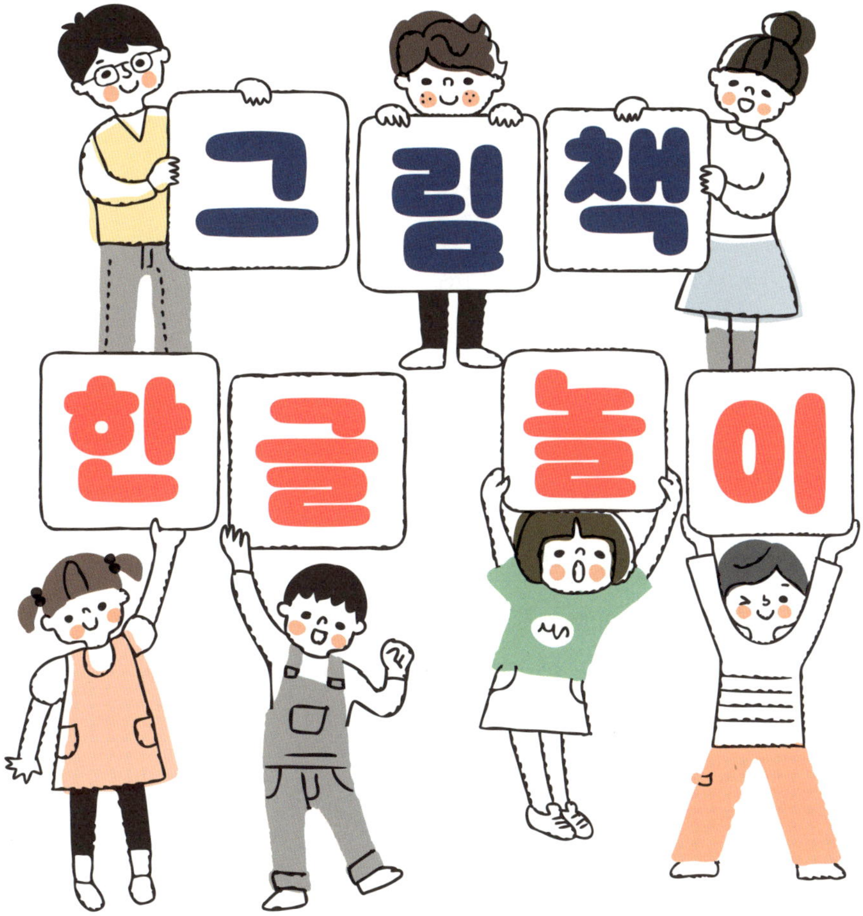

그림책사랑교사모임 지음

교육과실천

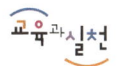

여는 글

학년별, 단원별 성취기준에 맞춰
재미있고 창의적으로
한글을 탐구할 수 있는 기회를 제공

2022 개정교육과정 국어과 초등 1, 2학년에서는 무엇보다 학생들이 한글의 기초를 다지고, 읽기와 쓰기의 기본 능력을 함양하는 것을 핵심 목표로 삼고 있다. 이 과정에서 학생들이 효과적으로 한글을 습득하기 위해서는 다양한 학습 자료와 방법이 필수적이다. 특히, [2국02 - 02] 성취기준에는 '글자, 단어, 문장, 짧은 글을 부분적으로 정확하게 발음하고 소리 내어 읽는다.'고 명시되어 있다. 이는 학생들이 한글의 기초적인 요소를 이해하고 활용할 수 있도록 돕기 위한 중요한 기준이다.

이러한 성취기준을 달성하기 위해서는 학생들이 흥미를 느끼고 적극적으로 참여할 수 있는 학습 자료와 방법이 필요하다. 초등 교육과정에서 학생들은 한글 교육을 통해 문해력을 기르고, 다른 교과와 연계한 활동에 국어를 도구로 사용함으로써 학습에 자신감을 가지고 장차 생애 독자, 생애 필자로서의 소양을 기르게 된다.

이 책의 목적은 학생들이 학교나 가정에서 한글로 할 수 있는 다양한 경험을 발굴하여 한글 해득은 물론이고, 기초적인 읽기와 쓰기 능력을 기르도록 하는 것이다. 이 책은 단순히 글자를 배우는 것을 넘어서, 학생들이 한글을 재미있고 창의적으로 탐구할 수 있는 기회를 제공한다. 각 단원의 성취기준에 맞춘 그림책을 선정하고 그에 적합한 놀이를 적용하여, 학생들이 자연스럽게 읽기와 쓰기에 대한 흥미를 갖도록 유도하였다.

그림책은 글과 그림이 조화를 이루며 다양한 의미를 전달하는 매체로, 학생들의 상상력과 창의력을 자극하는 데 큰 역할을 한다. 이러한 그림책은 단순한 읽을거리를 넘어서, 학생들이 언어를 배우고 이해하는 과정에서 중요한 도구로 활용된다. 특히, 그림책은 이야기를 통해 감정과 사고를 표현하는 방법을 가르치며, 언어 능력 발달에 긍정적인 영향을 미친다. 학생들은 그림책 속의 다양한 캐릭터와 상황을 통해 언어의 생동감을 느끼고, 이를 바탕으로 자신의 언어 표현력을 확장할 수 있다. 또한, 그림책을 통한 학습은 학생들의 정서 발달에도 긍정적인 영향을 미쳐 학습에 대한 자신감과 동기를 부여한다.

놀이의 개념 또한 이 과정에서 중요한 역할을 한다. 놀이는 자연스러운 학습 형태로, 학생들이 세상을 탐구하고 경험을 쌓는 데 필수적이다. 이 책에서는 놀이의 요소를 결합하여 학생들이 한글의 구조와 표현 방식을 자연스럽게 익히도록 돕는다. 또한 학생들은 놀이를 통해 문제해결 능력과 사회적 상호작용을 배울 뿐만 아니라, 자신의 감정과 생각을 자유롭게 표현할 수 있는 기회를 가진다.

『초등 1, 2학년 그림책 한글 놀이』는 이러한 필요성을 충족시키기 위해 기획되었다. 이 책은 그림책의 매력적인 요소를 활용하여 학생들이 즐겁게 한글을 배우고 언어 능력을 키울 수 있는 다양한 활동을 제공한다. 예를 들어, 그림책 속의 이야기를 바탕으로 한 역할 놀이, 단어 놀이, 문장 만들기 등의 활동은 학생들이 자연스럽게 단어의 의미적 관계와 문법적 구조를 익힐 수 있는 기회를 제공한다.

또한 이 책은 2022 개정교육과정의 국어과 1, 2학년 성취기준을 충실히 반영하여, 그림책을 통해 한글 교육을 효과적으로 수행할 수 있도록 기획된 교육서이다. 이 책은 학년별, 단원별 성취기준에 맞춰 구성되어 있어 교사와 학부모가 학생들의 한글 학습을 체계적으로 지도하는 데 큰 도움이 된다.

그림책을 활용한 한글 놀이 수업의 구체적인 사례와 방법을 제시하여, 교사들이 수업 현장에서 바로 적용할 수 있도록 구성되어 있다. 초등 1, 2학년 국어과의 모든 단원과 차시에 맞추어 성취기준을 분석하였고, 그에 맞는 활동을 놀이로 구성하여 설계하였다. 초등 1, 2학년의 발달단계에 맞춰 각 학습자가 가진 개인적인 특성과 관심사를 반영한 활동이 제시된다. 이러한 다양한 활동이 학생들의 언어 능력, 사고력 그리고 사회적 상호작용 능력을 고려하여 설계되었으며, 학습자가 자연스럽게 참여할 수 있는 환경을 조성한다.

이처럼 다양한 학습 형태와 수준을 반영한 전체 활동, 모둠 활동, 개인 활동 등 여러 가지 방식을 통해 학생들이 흥미를 느끼고 적극적으로 참여할 수 있도록 하였다. 이러한 접근은 학생이 자신의 학습 스타일에 맞춰 한글을 익히고, 언어 능력을 효과적으로 향상시킬 수 있는 기회를 제공한다. 예를 들어, '자음 익히기' 단원에서는 각각의 자음으로 시작하는 단어들로 구성된 그림책을 선정하여, 학생들이 자연스럽게 해당 자음의 소리와 형태를 익히도록 하였다. 또한, 그림책 속 문장을 따라 읽거나 쓰는 활동, 실감나게 그림책을 읽는 활동 등을 통해 듣기와 말하기 능력을 함께 높일 수 있다. 이러한 활동은 학생들이 한글 학습에 대한 흥미를 높이고, 학습 내용을 오래 기억하도록 도와준다.

『초등 1, 2학년 그림책 한글 놀이』는 교사뿐만 아니라 학부모에게도 유용한 지침서가 될 것이다. 이 책은 가정에서 아이들과 함께 그림책을 읽고 다양한 활동을 하며 한글 실력을 향상시킬 수 있는 기회를 제공한다. 특히, 부모가 자녀와 함께 그림책을 읽으면서 단어를 따라 쓰거나 이야기를 재구성해 보는 활동은 아이의 언어 능력을 키울 수 있는 훌륭한 방법이다.

우선 부모는 책 속의 그림과 이야기를 통해 아이와 대화를 나누는 시간을 가질 수 있다. 예를 들어, 그림을 보며 "이 장면에서 주인공은 어떤 기분일까?" 같은 질문을 던져 아이의 생각을 이끌어 내는 것이 좋다. 이러한 대화는 아이의 사고력을 자극하고 표현 능력을 향상시키는 데 도움이 된다.

두 번째로, 책에 등장하는 단어들을 함께 써 보는 활동을 추천한다. 부모가 단어를 읽어 주고 아이가 따라 쓰도록 유도함으로써 글자에 대한 친숙함을 높일 수 있다. 이 과정에서 아이는 손의 근육 발달과 함께 한글의 구조를 자연스럽게 이해하게 된다.

세 번째로, 이야기를 재구성하는 활동은 아이의 창의력을 키우는 데 큰 도움이 된다. 부모와 함께 이야기를 바꾸어 보거나 새로운 결말을 만들어 보는 활동을 통해 아이는 상상력을 발휘하고 언어 표현 능력을 더욱 키울 수 있다.

이 책을 통해 많은 학생들이 그림책 읽기의 즐거움 속에서 한글을 배우고 국어 능력을 향상시키며, 나아가 독서에 대한 흥미와 사랑을 키워 나갈 수 있을 것이다. 또한, 교사와 학부모는 이 책을 활용하여 아이들의 학습을 효과적으로 지원하고, 2022 개정교육과정의 목표를 달성하는 데 큰 도움이 될 것이다.

『초등 1, 2학년 그림책 한글 놀이』가 교육 현장에서 학생들의 한글 학습에 실질적인 도움이 되기를 바라며, 언어 능력뿐만 아니라 창의력, 상상력, 정서 발달에도 긍정적인 영향을 미치기를 기대한다.

그림책을 사랑하는 마음을 담아
그림책사랑교사모임

『 초등 1, 2학년 그림책 한글 놀이 』 활용법

* 이 책의 장점은 이래요!

- 2022 개정교육과정의 초등 1, 2학년 국어 교과 성취기준에 맞춘 놀이
- 그림책 전문가인 현직 초등학교 교사들이 집필
- 그림책을 읽고 이야기 나눌 수 있는 대표적인 질문 수록

* 이 책을 이렇게 활용하세요!

1단계 놀이 소개
- 국어과 단원과 연계하여 성취기준에 맞추어 할 수 있는 놀이로, 어떤 활동인지 간단하게 소개

2단계 놀이 목표
- 놀이를 통해 도달할 수 있는 목표 제시

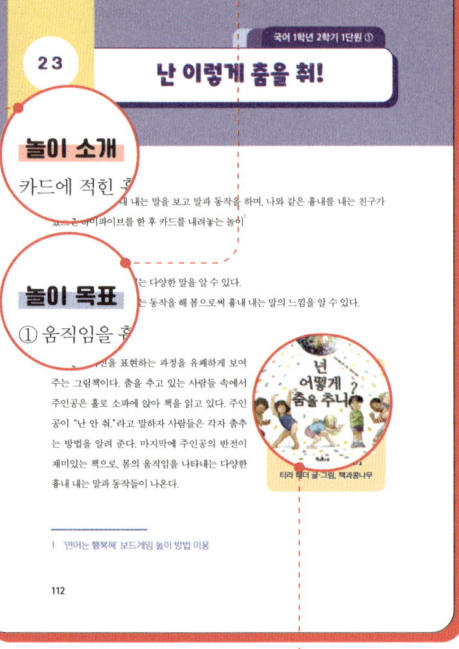

3단계 성취기준에 맞춘 그림책 선정
- 국어 교과서에 실린 그림책을 중심으로 성취기준에 도달할 수 있는 그림책으로 구성

> 단계별 놀이 과정으로
> 성취기준 도달

> 놀이를 통해 듣기, 말하기,
> 읽기, 쓰기의
> 한글 독해 능력 및
> 문해력 향상

4단계 그림책을 읽고 나누기 좋은 질문

- 그림책을 읽고 학생들과 이야기 나누기에 좋은 질문들을 통해 자연스럽게 내용 이해 및 의사소통 능력, 문제해결 능력, 비판적 사고력 향상

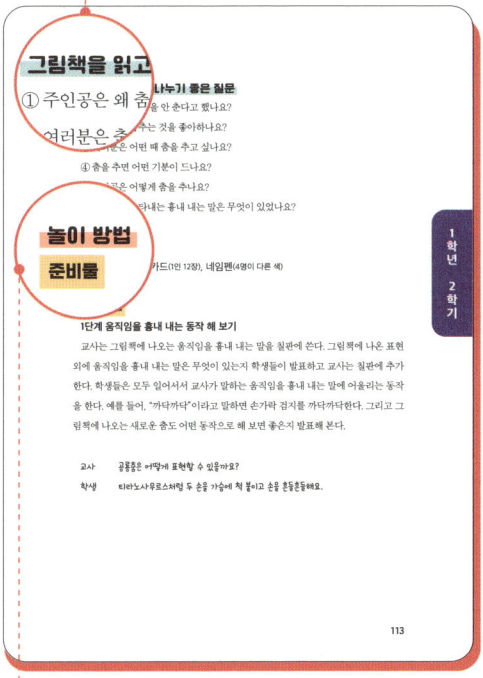

5단계 놀이 방법

- 성취기준에 도달하기 위한 놀이 방법 수록

6단계 한 걸음 더

- 제시된 놀이 외에 확장된 놀이로 활동할 수 있는 방법 제시

목차

여는 글 학년별, 단원별 성취기준에 맞춰
재미있고 창의적으로 한글을 탐구할 수 있는 기회를 제공 4

『초등 1, 2학년 그림책 한글 놀이』 활용법 8

[1-1-1-①]은 1학년 1학기 1단원 놀이 ①입니다.

1학년 1학기

01 이름 대장 놀이 1-1 한글 놀이 ①
『고구마구마』 사이다 글·그림, 반달 20

02 동물 꽃이 피었습니다 1-1 한글 놀이 ②
『동물친구 ㄱㄴㄷ』 김경미 글·그림, 웅진주니어 24

03 생각하는 ㄱㄴㄷ 집어! 1-1 한글 놀이 ③
『생각하는 ㄱㄴㄷ』 이보나 흐미엘레프스카 글·그림, 논장 28

04 글자 짝꿍을 찾아라! 1-1 한글 놀이 ④
『딩동거미』 신성희 글·그림, 한림출판사 32

05 컵 숨바꼭질 릴레이 1-1 한글 놀이 ⑤
『숨바꼭질 ㅏㅑㅓㅕ』 김재영 글·그림, 현북스 36

06 색깔 텔레파시 게임 1-1 한글 놀이 ⑥
『노란 우산』 류재수 그림, 보림 41

07	소리마디 수 동물 이름 말하기	1-1 한글 놀이 ⑦ 『도와줘! 한글 친구들』 서로 글, 아마도 그림, 해결책	45
08	식탁 차리기	1-1 한글 놀이 ⑧ 『맛있는 ㄱㄴㄷ』 김인경 글·그림, 길벗어린이	50
09	자음과 모음이 만나요	1-1-1-① 『파도머리, 보드 타자!』 ㈜아소비교육 글, 박주희 그림, ㈜아소비교육	54
10	단어 보물찾기	1-1-1-② 『우리 엄마 ㄱㄴㄷ』 전포롱 글·그림, 파란자전거	58
11	받침을 찾아라! 왕놀이	1-1-2-① 『마음버스』 김유 글, 소복이 그림, 천개의바람	62
12	몸으로 말해요	1-1-2-② 『홀짝홀짝 호로록』 손소영 글·그림, 창비	66
13	낱말 기차놀이	1-1-3-① 『낱말 수집가 맥스』 케이트 뱅크스 글, 보리스 쿨리코프 그림, 보물창고	70
14	구름 글자 만들기	1-1-3-② 『구름 놀이』 한태희 글·그림, 미래엔아이세움	74
15	음식 낱말 빙고	1-1-4-① 『어서 오세요! ㄱㄴㄷ 뷔페』 최경식 글·그림, 위즈덤하우스	78
16	숨겨진 보물 낱말을 찾아라	1-1-4-② 『처음 학교 가는 날』 제인 골드윈 글, 안나 워커 그림, 파랑새	82

17	인사말 터치!	1-1-5-① 『모두 모두 안녕!』 윤여림 글, 배현주 그림, 웅진주니어	86
18	인사 짝을 찾아서 인사해요	1-1-5-② 『인사를 나눠 드립니다』 이한재 글·그림, 킨더랜드	90
19	낱말 젠가 놀이	1-1-6-① 『코끼리가 꼈어요』 박준희 글, 한담희 그림, 책고래	94
20	몸으로 만드는 문장부호	1-1-6-② 『꽃에서 나온 코끼리』 황 K 글·그림, 책읽는곰	98
21	그림 보고 낱말 넣어 문장 말하기	1-1-7-① 『한 장 한 장 그림책』 이억배 글·그림, 사계절	102
22	문장 완성 말판 놀이	1-1-7-② 『도서관 고양이』 최지혜 글, 김고둥 그림, 한울림어린이	106

1학년 2학기

23	난 이렇게 춤을 춰!	1-2-1-① 『넌 어떻게 춤을 추니?』 티라 헤더 글·그림, 책과콩나무	112
24	기분을 말해 줘!	1-2-1-② 『오늘 내 기분은…』 메리앤 코카-레플러 글·그림, 키즈엠	116
25	받침 땅따먹기	1-2-2-① 『대단한 참외씨』 임수정 글, 전미화 그림, 한울림어린이	120

26	뒤집어라 맞춰라! 너와 나의 멋진 날	1-2-2-② 『다니엘의 멋진 날』 미카 아처 글·그림, 비룡소	125
27	내 경험을 맞혀 봐!	1-2-3-① 『아빠와 토요일』 최혜진 글·그림, 한림출판사	129
28	기억에 남는 일이 뭐냐면	1-2-3-② 『나와 학교』 다니카와 슌타로 글, 하타 고시로 그림, 이야기공간	133
29	이야기 눈치 게임	1-2-4-① 『소금을 만드는 맷돌』 홍윤희 글, 한태희 그림, 예림당	137
30	반짝반짝 별 가득 감동 딱지	1-2-4-② 『친구의 전설』 이지은 글·그림, 웅진주니어	141
31	글자 바꿔 땅 차지하기!	1-2-5-① 『내 친구 ㅇㅅㅎ』 김지영 글·그림, 사계절	146
32	그림책을 ??하라	1-2-5-② 『이 그림책을??하라』 케리 스미스 글·그림, 우리학교	150
33	문장 완성 보드게임	1-2-6-① 『진짜 일 학년 시험을 치다!』 신순재 글, 김이조 그림, 천개의바람	155
34	다다다 다른 읽기	1-2-6-② 『괜찮아 아저씨』 김경희 글·그림, 비룡소	159
35	겪은 일의 마음 짝을 찾아라!	1-2-7-① 『진짜 1학년 책가방을 지켜라!』 신순재 글, 안은진 그림, 천개의바람	164

36	함께 겪은 일을 써 봐!	1-2-7-② 『텐트를 열면』 민소원 글·그림, 상상의집	168
37	우리는 오리 왕자	1-2-8-① 『오리 왕자』 이정록 글, 주리 그림, 바우솔	172
38	그림책 장면 낚시	1-2-8-② 『마음이 그랬어』 박진아 글·그림, 노란돼지 『브로콜리지만 사랑받고 싶어』 별다름·달다름 글, 서영 그림, 키다리 『인사』 김성미 글·그림, 책읽는곰	176

2학년 1학기

39	내 이야기 들어 봐!	2-1-1-① 『말이 너무너무너무 많은 아이』 트루디 루드위그 글, 패트리스 바톤 그림, 책과콩나무	182
40	나는 누구일까요?	2-1-1-② 『나는요,』 김희경 글·그림, 여유당	186
41	말놀이 한마당	2-1-2-① 『시장에 가면~』 김정선 글·그림, 길벗어린이	190
42	세 글자 내 마음을 맞혀 봐	2-1-2-② 『내 마음 ㅅㅅㅎ』 김지영 글·그림, 사계절	195
43	완벽한 계란 후라이를 찾아라!	2-1-3-① 『완벽한 계란 후라이 주세요』 보람 글·그림, 길벗어린이	200

44	빛나는 너의 하루를 써 봐!	2-1-3-② 『학교 가는 날』 송언 글, 김동수 그림, 보림	204
45	겹받침 스피드 챌린지	2-1-4-① 『알사탕』 백희나 글·그림, 스토리보울	208
46	재미있는 시 올림픽	2-1-4-② 『누가 누가 잠자나』 목일신 시, 이준섭 그림, 문학동네	213
47	마음 의자 주인을 찾아라!	2-1-5-① 『마음 의자』 허아성 글·그림, 리틀씨앤톡	218
48	나의 감정을 알아줘!	2-1-5-② 『두근두근 이 마음은 뭘까?』 김세실 글, 김도윤 그림, 한빛에듀	222
49	마음이 통통!	2-1-6-① 『달은 어떻게 달이 될까?』 롭 호지슨 글·그림, 북극곰 『새들은 왜 깃털이 있을까?』 멜리사 스튜어트 글, 세라 S. 브래넌 그림, 다섯수레	226
50	신호등 토론	2-1-6-② 『고래를 삼킨 바다 쓰레기』 유다정 글, 이광익 그림, 와이즈만북스	230
51	네 경험은 어떤 느낌이니?	2-1-7-① 『감정에 이름을 붙여 봐』 이라일라 글, 박현주 그림, 파스텔하우스	234
52	세상에서 가장 힘이 센 말로 이야기해요	2-1-7-② 『세상에서 가장 힘이 센 말』 이현정 글, 이철민 그림, 달달북스	238
53	마음 탐정, 그림 수사대	2-1-8-① 『틀리면 어떡해?』 김영진 글·그림, 길벗어린이	242

| 54 | 그림자 인형극 놀이 | 2-1-8-② 『그림자는 내 친구』 박정선 글, 이수지 그림, 길벗어린이 | 246 |

2학년 2학기

55	시 감상 나누기	2-2-1-① 『선생님 과자』 장명용 글, 김유대 그림, 창비	252
56	이야기 감상 나누기	2-2-1-② 『할머니와 하얀 집』 이윤우 글·그림, 비룡소	256
57	고운 말을 선물해요	2-2-2-① 『너에게 주는 말 선물』 이라일라 글, 서영 그림, 파스텔하우스	260
58	장점 런닝맨 놀이	2-2-2-② 『꼬마 두더지 칭찬이 필요해』 아나 예나스 글·그림, 청어람아이	264
59	중심 내용을 찾아라!	2-2-3-① 『사과는 이렇게 하는 거야』 데이비드 라로셀 글, 마이크 우누트카 그림, 블루밍제이	268
60	글 재료를 모아라!	2-2-3-② 『꿈틀꿈틀 지렁이다!』 케빈 맥클로스키 글·그림, 천개의바람	272
61	친구의 감정을 알아맞혀요	2-2-4-① 『오늘 내 마음은…』 마달레나 모니스 글·그림, 열린어린이	276
62	말을 연결해서 마음을 전해요	2-2-4-② 『우리 친구하자』 쓰쓰이 요리코 글, 하야시 아키코 그림, 한림출판사	280

63	낱말 릴레이	2-2-5-① 『왜 맞춤법에 맞게 써야 돼?』 박규빈 글·그림, 길벗어린이	284
64	시간 속 모험! 이야기 순서 맞히기	2-2-5-② 『꽃을 선물할게』 강경수 글·그림, 창비	288
65	미니 만화책 만들기	2-2-6-① 『석기 시대 천재 소년 우가』 레이먼드 브릭스 글·그림, 문학동네	292
66	당연하지! 놀이	2-2-6-② 『그래, 책이야!』 레인 스미스 글·그림, 문학동네	296
67	소음 괴물 잡기	2-2-7-① 『시끌시끌 소음공해 이제 그만!』 정연숙 글, 최민오 그림, 와이즈만북스	300
68	두 개의 주사위를 굴려라	2-2-7-② 『행복한 우리 가족』 한성옥 글·그림, 문학동네	304
69	가위바위보 꼬리 대결	2-2-8-① 『길로 길로 가다가』 권정생 글, 한병호 그림, 한울림어린이	308
70	이야기 도둑	2-2-8-② 『빈 집에 온 손님』 황선미 글, 김종도 그림, 비룡소	312

이름 대장 놀이

1학년 1학기 한글 놀이 ①

놀이 소개

경상도 사투리 '~구마'를 익혀 잘하는 것, 좋아하는 것을 넣어 자신의 이름을 소개하고, 소개받은 친구의 이름을 많이 기억하여 점수를 얻는 놀이

놀이 목표

① 좋아하는 것, 잘하는 것을 넣어 자신의 이름을 '○○구마'로 표현할 수 있다.
② 소개받은 친구의 이름 5개를 기억할 수 있다.

그림책 소개

다양한 고구마 이야기로 가득한 그림책이다. 허리가 굽은 고구마, 배가 불룩한 고구마, 온몸에 검은 털이 숭숭 난 고구마, 겨우 하나 난 털을 뽑고 있는 고구마, 조금 험상궂은 고구마 등 생김새가 다양하다는 것을 알게 된다. 고구마들은 당당하게 "나도 고구마구마."라고 말하며 자신을 뽐낸다. 그림책 속의 고구마들처럼 자신이 잘하는 것, 좋아하는 것을 자신 있게 말할 수 있는 용기가 생기는 그림책이다.

『고구마구마』
사이다 글·그림, 반달

그림책을 읽고 나누기 좋은 질문

① 그림책의 표지를 보면 무엇이 보이나요?
② 고구마를 본 적이 있나요? 어디서 보았나요?
③ 그림책 『고구마구마』는 무슨 이야기가 펼쳐질까요?
④ '~구마'는 어떤 지방의 사투리인가요?
⑤ 내 모습을 고구마로 표현한다면 어떤 고구마로 표현할 수 있을까요?

놀이 방법

준비물 16절 도화지 또는 라벨지, 색연필, 사인펜 등

놀이 단계

1단계 고구마에 비유하여 자기소개하기

그림책 『고구마구마』에 나오는 고구마들처럼 자신이 잘하는 것, 좋아하는 것을 생각하여 그림과 글로 자신을 소개하는 학습지(라벨지)를 완성한다. 학생들이 고구마로 자신을 표현하기 힘들어 하면 좋아하는 것, 잘하는 것이 나타나도록 그림으로 표현하도록 한다.

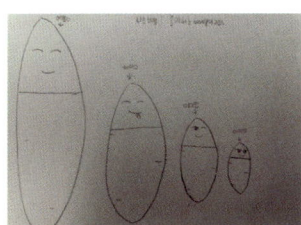  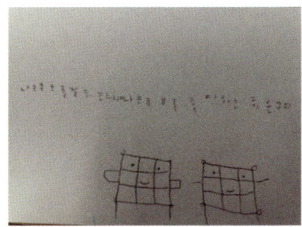

내가 잘하는 것, 좋아하는 것을 그림으로 표현하기

자신을 소개한 학습지(라벨지)를 가슴 앞에 잘 보이도록 붙이거나 손에 들고, 친구들을 만나면 가위바위보를 하여 이긴 학생이 먼저 좋아하는 것, 잘하는 것을 넣어 자신을 소개하고, 진 학생도 자신을 소개한다. 소개받은 친구가 무엇을 잘하고 좋아하는지 기

억하도록 한다. 정해진 시간(3분 정도) 안에 5~6명 정도의 친구들을 만나고 자신의 자리에 와서 앉는다.

학생 1 나는 축구를 좋아하는 ○○이구마.
학생 2 아하, 그렇구나. 나는 만들기를 좋아하는 ○○이구마.
학생 1, 2 사이좋게 지내자!(하이파이브하고 다른 친구를 만난다.)

2단계 '이름 대장' 놀이하기

교사가 준비한 학습지를 나눠 준다. 교사의 신호에 맞춰 학습지에 소개받은 친구의 이름을 기억하여 5개를 빨리 적는다. 친구 이름 5개를 다 적으면 "대장!"을 외치며 자리에서 일어난다. 빨리 적은 순서대로 5명만 일어서며 '이름 대장'이 된다. 5명의 이름 대장은 자신의 학습지에 쓴 이름 1개를 부를 수 있다. 이름 대장은 자신이 쓴 이름을 부를 수 있어서 점수를 얻기에 유리해진다.

학급의 모든 학생들이 친구의 이름을 기억하여 학습지에 적으면 이름 대장 5명이 순서대로 친구의 이름을 1명씩 부른다. 이름 대장이 부른 친구의 이름을 내가 적었으면 1점을 획득하게 된다. 이름 대장 5명이 모두 1명씩 친구 이름을 부르고 합산한 점수가 많은 학생이 이기게 된다.

학습지에 주제 1부터 주제 4까지 쓸 수 있도록 구성되어 있는데, 주제 1은 소개받은 친구의 이름 적기, 주제 2는 소개받은 친구가 잘하는 것과 좋아하는 것 적기, 주제 3은 친해지고 싶은 친구의 이름 적기, 주제 4는 1단계를 다시 한번 하고 소개받은 친구 이름 적기이다.

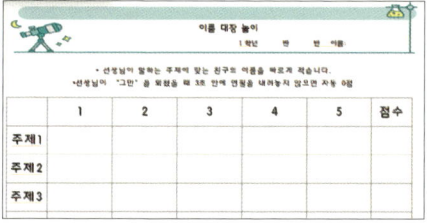

학습지에 만난
친구의 이름 기억하여 이름 쓰기

5개의 친구 이름을 먼저 적은
학생이 자리에서 일어나기

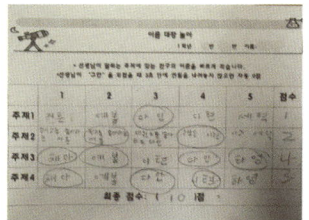

이름 대장이 부른 친구의
이름이 있으면 동그라미하기

한 걸음 더

자신이 좋아하는 것, 잘하는 것을 표현하기 어려워하는 학생에게는 교사가 좋아하는 음식, 색깔, 사람 등을 예를 들어 주어 생각해 낼 수 있도록 도와준다. 이름 대장 놀이를 할 때는 이름 쓰기, 친구가 좋아하는 것과 잘하는 것, 재미있게 놀고 싶은 친구, 같은 반이 되고 싶은 친구 등 1~4라운드로 나누어서 진행하면 여러 번 놀이를 진행할 수 있다. 친구의 이름이나 좋아하는 것, 잘하는 것을 기억하지 못하면 친구에게 소개하기 활동을 한 번 더 진행하도록 한다.

같이 읽으면 좋은 그림책

- 『고구마유』 사이다 글·그림, 반달
- 『내 이름』 신혜은 글, 이철민 그림, 장영
- 『나는 너는』 김경신 글·그림, 글로연

2. 동물 꽃이 피었습니다

1학년 1학기 한글 놀이 ②

놀이 소개
동물 카드로 동물의 이름과 자음자를 익히고, 동물의 특징을 소리와 모양으로 흉내 내며 동물의 이름과 자음자와 연관 지어 익히는 놀이

놀이 목표
① 그림책에 나오는 한글의 모양을 알고 읽을 수 있다.
② 그림책에 나오는 동물 이름의 글자 모양을 구분할 수 있다.

그림책 소개
자음으로 시작하는 동물 이름과 자음 형태로 그려진 모습을 보며 자음의 음가와 형태를 익히는 새로운 방식의 그림책이다. 꿀벌이 꿀이 있는 곳을 찾으러 가기 위해 여러 동물들을 만나 물어보면서 꿀을 찾게 되는 이야기다.

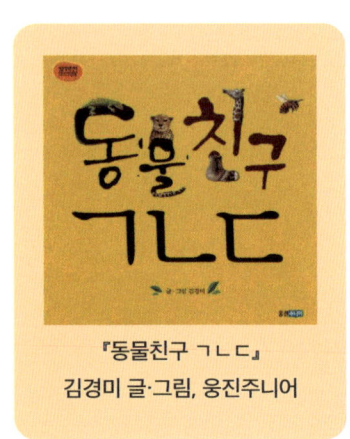

『동물친구 ㄱㄴㄷ』
김경미 글·그림, 웅진주니어

그림책을 읽고 나누기 좋은 질문

① 그림책의 표지를 보면 무엇이 보이나요?

② 꿀벌은 어떤 동물 친구들을 만났나요?

③ 꿀벌은 어떤 동물한테 물어봐서 꿀이 있는 곳을 알게 되었나요?

④ 그림책에 나오는 동물 중 가장 좋아하는 동물은 무엇인가요? 그 이유는?

⑤ 좋아하는 동물은 어떻게 흉내 낼 수 있을까요?

놀이 방법

준비물 여러 가지 동물 카드 PPT, 동물 소리 음원, 라인 테이프 등

놀이 단계

1단계 숨겨진 동물 카드 찾기

그림책을 읽고 꿀벌이 만난 동물들은 무엇이 있었는지 이야기를 나눈다. 그림책에 나오는 동물들의 자음을 익히기 위해서 동물 카드 찾기를 한다. 동물 카드를 보고 1~3번 카드 중 어디에 숨겨져 있을지 예측한다. 학생이 선택한 번호 뒤에 동물 카드가 숨겨져 있으면 1점을 획득한다. 많은 점수를 획득한 학생이 승리한다.

동물 카드 보여 주기

1-3번 카드에 동물이 숨겨져 있는 곳 정하기

선택한 번호에 동물 카드가 숨어 있으면 1점 획득

2단계 '동물 꽃이 피었습니다' 놀이하기

교사가 그림책에 나오는 동물 카드를 보여 주면 학생들은 동물의 이름을 말하고 동물의 특징을 소리와 모양으로 흉내 내기를 한다. 흉내 내기가 어려운 동물은 동물의 소리를 들려주어 흉내 내기를 쉽게 할 수 있도록 도와준다.

이때 교사가 "얼음!"이라고 말하면 학생들은 그대로 멈춘다. 흉내 내기를 잘한 친구는 칭찬해 준다. 교사가 "땡!"이라고 말하면 학생들은 다음 동물 카드가 무엇인지 집중하여 보고, 동물 카드가 달라지면 크게 읽고 동물 흉내 내기를 한다.

교사	선생님이 보여 주는 동물의 특징을 소리와 모양으로 흉내 내어 봅시다. 준비~ 물고기 꽃이 피었습니다!
학생들	물고기!(물고기 흉내를 낸다.)
교사	얼음!
학생들	(흉내 내기를 멈추고 얼음 상태로 있는다.)
교사	땡!
학생들	(흉내 내기를 한 동작을 그만하고 움직인다.)
교사	원숭이 꽃이 피었습니다!
학생들	원숭이!(원숭이 흉내를 낸다.)
교사	즐거운 원숭이가 많이 보입니다.

물고기 꽃이 피었습니다.   원숭이 꽃이 피었습니다.   치타 꽃이 피었습니다.

한 걸음 더

동물 카드는 그림책에 나오는 동물들과 연관 지어 준비한다. 그림책에 나오는 자음자와 관련된 동물의 이름을 잘 기억할 수 있도록 학생들이 흥미 있을 만한 동물의 소리와 모양 흉내 내기를 준비하면 더 좋다. 놀이가 익숙해지면 그림책에 나오지 않은 동물을 흉내 내는 것도 좋다.

같이 읽으면 좋은 그림책

- 『한글 재미 그림책 변신!』 김세실 글, 이혜영 그림, 한빛에듀
- 『한글 재미 그림책 놀자! 가나다』 김세실 글, 이혜영 그림, 한빛에듀
- 『입에서 톡!』 유은미 글·그림, 상상아이

3 생각하는 ㄱㄴㄷ 집어!

1학년 1학기 한글 놀이 ③

놀이 소개
ㄱ에서 ㅎ으로 시작하는 여러 가지 낱말을 익히고, 집어 놀이를 통해 여러 가지 낱말을 미리 생각하여 말하는 놀이

놀이 목표
① 그림책에 나오는 자음의 모양을 알고 읽을 수 있다.
② 그림책에 나오는 자음으로 시작하는 낱말을 말할 수 있다.

그림책 소개
그림을 보면서 자유롭고 재미있게 한글 자음을 배우고, 단어와 색깔도 익히는 책이다. 'ㄱ'을 소개하는 페이지에는 '개미', '가시', '고양이', '가방'처럼 'ㄱ'으로 시작하는 단어가 'ㄱ' 모양으로 그려져 있다. 'ㄱ'이 들어가는 단어로 구성된 문장을 읽고, 'ㄱ' 모양 그림을 보면서 단어를 떠올리고, 그 단어가 쓰인 상황을 'ㄱ' 모양에 맞추어 연상할 수 있는 그림책이다.

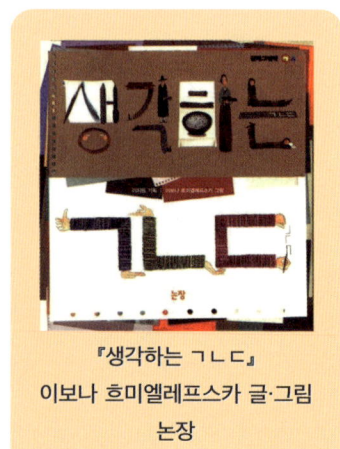

『생각하는 ㄱㄴㄷ』
이보나 흐미엘레프스카 글·그림
논장

그림책을 읽고 나누기 좋은 질문

① 그림책의 표지를 보면 무엇이 보이나요?
② 다람쥐가 도토리를 먹으려는데 'ㄷ'은 어디에 있을까요?
③ 'ㅁ'은 어떻게 만들어졌을까요?
④ 'ㅂ'으로 시작하는 색깔은 무엇인가요?
⑤ 우주에는 'ㅇ'이 많습니다. 어떤 'ㅇ'이 있을까요?
⑥ 학교에도, 회사에도, 엄마의 화장대에도 있는 자음은 무엇일까요?

놀이 방법

준비물 딱풀 1개, ㄱ~ㅎ으로 시작하는 낱말 말하기 PPT

놀이 단계

1단계 낱말 이름 대기 놀이

그림책에 나오는 낱말을 생각하며 ㄱ~ㅎ으로 시작하는 낱말 이름 대기 놀이를 한다. 모둠별로 순서를 정하고 무릎 치기(1) - 손뼉 치기(2) - 오른쪽 엄지 세우기(3) - 왼쪽 엄지 세우기(4)를 1~4박자에 맞추어 연습한다. 자신의 차례에 낱말 이름 대기를 못하면 간단한 벌칙을 정하여 놀이에 대한 동기부여를 준다. 모둠별 연습이 끝나면 낱말 이름 대기 놀이를 한다.

교사	다 같이 '아이엠 그라운드' 놀이를 해 봅시다.
학생들	아이엠(1~2) 그라운드(3~4) 낱말(1) 이름(2) 대기(3~4)!
학생들	지금부터(1~2) 시작(3~4)!
학생 1	기차
학생 2	개미
학생 3	곰
학생 4	거~북이

2단계 '생각하는 ㄱㄴㄷ 집어!' 놀이하기(짝 활동)

그림책에 나오는 ㄱ에서 ㅎ으로 시작하는 내용을 PPT로 준비하여 프로젝션 TV에 띄우면 학생들은 어떤 낱말을 말할지 생각한다. 이때 짝이 되는 두 학생 사이에 딱풀을 책상 가운데 놓아 둔다. 교사가 "머리에 손! 어깨에 손! 배에 손!"이라고 말하면 학생들은 교사의 말에 따라 행동한다. 교사가 "집어!"라고 말하면 딱풀을 잡는다. 먼저 딱풀을 잡은 학생이 프로젝션 TV에 나와 있는 해당 내용의 낱말을 말한다. 정확하게 말하면 1점을 획득한다.

딱풀을 동시에 잡았을 때는 가위바위보로 누가 말할지 정한다. 딱풀을 잡지 말아야 할 때 잡으면 상대방에게 말할 기회가 넘어간다. 딱풀을 잡지 말아야 할 때는 교사가 "잡아!" "지퍼!"라고 말할 때이다.

교사	화면의 내용을 보고 어떤 낱말을 말할지 생각합니다.
교사	준비가 되면 머리 위에 손을 올리고 준비합니다.
교사	어깨, 머리, 배, 머리, 귀, 코, 입 (교사가 지시한 곳에 손을 올려놓는다.) 집어!
학생들	와~ 내가 먼저 잡았다! (책상 가운데에 놓여 있는 딱풀을 잡는다.)
교사	딱풀을 잡은 학생이 화면의 내용에 맞는 낱말을 말하면 됩니다.
교사	말한 낱말이 맞았으면 1점을 획득합니다.

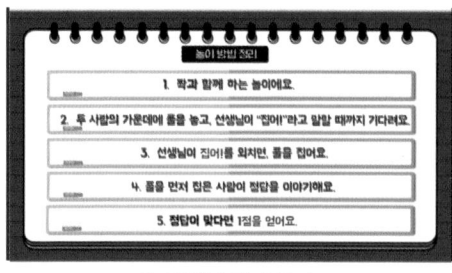

놀이 방법 정리 화면

ㄱ에서 ㅎ으로 시작하는 낱말 말하기 화면

딱풀을 먼저 잡은 학생이 발표하기

한 걸음 더

그림책의 각 페이지마다 자음자와 관련된 9개의 글자를 읽으며 찾아보기 활동을 하면 학생들이 집중하는 데 도움이 된다. '아이엠 그라운드 낱말 이름 대기'의 대체 놀이로 '시장에 가면' 놀이를 할 수도 있다. 예를 들어, 'ㄴ'의 경우 "시장에 가면 나물도 있고, 시장에 가면 나침반도 있고, 시장에 가면 낙지도 있고, 시장에 가면 냄비도 있지." 와 같이 놀이를 할 수 있다.

같이 읽으면 좋은 그림책

- 『손으로 몸으로 ㄱㄴㄷ』, 전금하 글·그림, 문학동네
- 『어서오세요! ㄱㄴㄷ 뷔페』 최경식 글·그림, 위즈덤하우스
- 『가나다는 맛있다』 우지영 글, 김은재 그림, 책읽는곰

1학년 1학기 한글 놀이 ④

글자 짝꿍을 찾아라!

놀이 소개
그림책에 나오는 한글 글자를 이용하여 글자 카드를 만들고, 글자 카드와 서로 관련 있는 그림이나 글자를 짝지어 글자 보물을 찾는 놀이

놀이 목표
① 그림책에 나오는 한글의 모양을 알고 읽을 수 있다.
② 그림책에 나오는 핵심 단어의 글자 모양을 구분할 수 있다.

그림책 소개
커다란 도넛을 옮기는 개미들 앞에 나타난 딩동거미! 딩동거미는 거미줄로 재미난 모양을 만들어 질문을 던지고, 개미들이 모여들어 답을 맞히기 시작한다. 문제마다 정답을 맞히던 개미들은 마지막 문제에서 예상치 못한 반전을 맞이하게 된다. 수수께끼를 푸는 재미와 유쾌한 그림이 가득한 그림책이다.

『딩동거미』
신성희 글·그림, 한림출판사

그림책을 읽고 나누기 좋은 질문

① 그림책의 표지를 보면 어떤 동물이 보이나요?
② 책 제목이 '딩동거미'인 이유는 무엇일까요?
③ 딩동거미에게는 무슨 일이 일어났나요?
④ 딩동거미가 만든 재미난 모양은 무엇인가요?
⑤ 딩동거미는 왜 재미난 모양을 만들어 개미들에게 질문을 던졌나요?
⑥ 여러분이 거미라면 어떤 재미난 모양을 만들어 질문을 던질까요?

놀이 방법

준비물 거미가 만든 재미난 모양의 낱말 카드(4개 1세트), 색연필, 사인펜, 작은 종

놀이 단계

1단계 낱말 글자 카드 만들기

『딩동거미』를 읽고 딩동거미가 만들었던 재미있는 모양이 무엇이었는지 칠판에 마인드맵으로 정리한 후 낱말을 읽어 본다(예 : 딩동거미, 거미, 꽃, 나비, 지렁이, 도넛 등). 마인드맵을 통해서 『딩동거미』에 나오는 재미난 모양은 무엇이 있었는지 정리하는 것도 효과적이며, 그림책을 주의 깊게 읽지 못한 학생들의 기억을 되살리기에 적절하다.

학생들도 배움공책에 마인드맵 내용을 정리한다. 글씨 쓰기를 어려워하는 학생이 있다면 첫 글자 또는 중요한 단어만 쓰게 한다.

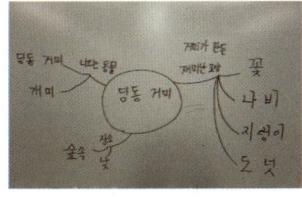
딩동거미 마인드맵

낱말 카드 색칠하기

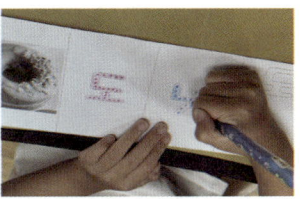
낱말 카드 무늬로 꾸미기

교사는 학생들이 그림을 보면서 글자를 예측할 수 있도록 관련 그림을 넣어 테두리가 있는 낱말 글자 카드를 준비한다. 그림책에 나오는 동물의 이미지와 글자를 조합하여 4장으로 만들 수 있도록 준비한 카드 세트(1인 4장)를 나눠 준다. 학생들은 테두리만 있는 글자에 색칠하고, 카드를 선 따라 오려서 낱말 카드를 준비한다.

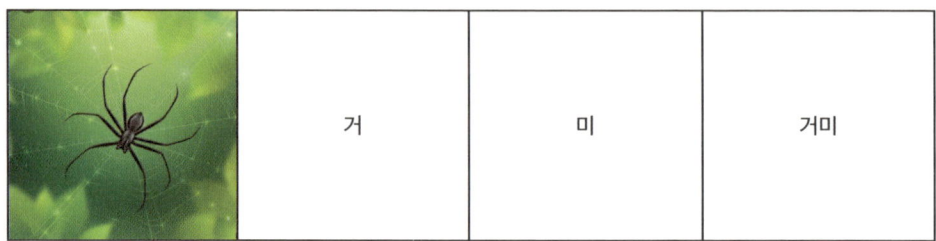

2단계 '글자 짝꿍 찾기' 놀이하기

놀이 시작 전에 놀이 방법을 설명하고 모둠별로 1세트 4장으로 구성된 4세트 16장 카드를 잘 섞는다. 섞은 카드를 뒤집어서 가운데에 두고 모둠원끼리 순서를 정해 차례대로 2장을 뒤집어서 바닥에 놓는다. 카드를 뽑은 사람은 자신이 뽑은 카드의 낱말을 모둠원이 들을 수 있도록 읽는다. 자신의 차례에 2장의 카드를 선택하여 뒤집었을 때 관련 글자나 그림이 나와서 짝이 맞춰지면 카드를 가져간다. 뒤집은 카드가 관련이 없는 카드였을 경우 바닥에 앞면이 보이도록 하여 놓는다. 낱말 카드를 많이 모으는 사람이 승리한다.

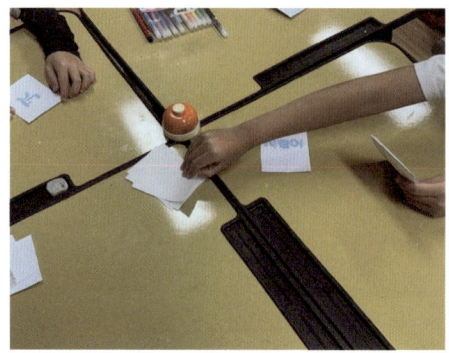
글자 짝꿍 놀이 1

글자 짝꿍 놀이 2

한 걸음 더

글자 자석을 이용하여 낱말을 책상 위에 만들어 보고 '글자 짝꿍 찾기' 놀이를 하면 한글을 놀이로 익히는 데 도움이 된다. 놀이하기 전에 규칙에 대해 예를 들어 설명해 주는 것이 좋다. 이때 모둠 친구들과 사이좋게 한글 놀이를 하는 것이 중요하다는 것도 꼭 알게 한다.

추가 놀이로 메모리 게임처럼 16장의 카드를 뒤집어 놓고 카드 위치를 기억하여 관련 있는 2장의 카드를 뒤집어서 가져가는 놀이도 할 수 있다.

같이 읽으면 좋은 그림책

- 『뭐든지 나라의 가나다』, 박지윤 글·그림, 보림
- 『숨바꼭질 ㄱㄴㄷ』 김재영 글·그림, 현북스
- 『가나다 아저씨』 김수희 글, 유하영 그림, 크레용하우스

5. 컵 숨바꼭질 릴레이

1학년 1학기 한글 놀이 ⑤

놀이 소개
교사가 동물 그림 카드를 보여 주면 학생들은 팀을 이루어 동물 이름에 들어가는 모음자를 확인하고 점보 스태킹 컵 아래 숨겨진 모음자를 찾아내는 놀이

놀이 목표
① 숨겨진 모음자를 찾고 조합함으로써 학생들이 모음자의 소리를 익힐 수 있다.
② 놀이를 통해 모음자의 모양을 인식할 수 있다.

그림책 소개
한글의 모음 'ㅏ, ㅑ, ㅓ, ㅕ'를 주제로 한 그림책으로, 다양한 동물들이 술래잡기를 하며 서로 숨고 찾아가는 내용을 담고 있다. 각 페이지에 등장하는 동물들은 제시된 모음에 해당하는 단어와 연결되어 있어, 학생들은 숨은 동물들을 찾으며 자연스럽게 모음을 배우게 된다.

『숨바꼭질 ㅏㅑㅓㅕ』
김재영 글·그림, 현북스

그림책을 읽고 나누기 좋은 질문

① 표지에서 어떤 동물을 볼 수 있나요?
② 그림책에 등장하는 동물 중 가장 기억에 남는 동물은 무엇인가요?
③ 그림책에는 나오지 않았지만 나왔으면 하는 동물은 무엇인가요?
④ 그림책 제목을 바꾼다면 어떻게 바꾸고 싶나요?
⑤ 모음 중에서 가장 좋아하는 모음은 무엇이며, 그 모음과 관련하여 어떤 단어가 떠오르나요?

놀이 방법

준비물 점보 스태킹 컵, 동물 그림 카드, 모음자 카드

놀이 단계

1단계 동물 이름과 모음 연결하기

학생들과 함께 그림책에 등장하는 동물 이름을 생각해 보기 위해 교사는 동물 그림 카드를 준비한다. 동물 그림 카드는 A4 용지에 각각의 동물을 하나씩 인쇄하여 만든다. 교사가 동물 그림 카드를 한 장씩 보여 주면 학생들은 각 동물이 어떤 모음과 연결되었는지 맞히도록 한다.

교사는 "하나, 둘, 셋!"이라는 신호와 함께 카드를 보여 주고, 학생들은 카드에 연결된 모음을 아는 경우 손을 든다. 손을 든 학생 중 한 명에게 대답할 기회를 주며, 만약 정답을 맞히지 못하더라도 격려의 말을 건넨다. 학생들이 활동에 지속적으로 관심을 가질 수 있도록 하기 위해서이다. 이 과정을 반복하여 학생들에게 동물 이름과 모음의 연결 방식에 대해 상기할 수 있는 기회를 준다.

동물 그림 카드   정답 맞히는 학생들

2단계 '컵 숨바꼭질 릴레이' 놀이하기

이 놀이를 위해 교사는 점보 스태킹 컵을 도착 지점에 놓는다. 점보 스태킹 컵 아래에는 12개의 모음자 카드를 랜덤으로 숨겨 놓는다. 학생들을 모둠별로 나누고, 두 팀씩 출발선에 서도록 안내한다. 교사는 도착 지점에 서서 첫 번째 순서의 학생에게 동물 카드를 보여 준다. 첫 번째 학생은 해당 동물 카드와 연결된 모음자를 생각하며 도착 지점에 있는 점보 스태킹 컵을 뒤집어 모음자를 확인한다. 만약 뒤집었을 때 나온 모음자가 동물 카드와 연결된 모음자라면 그 학생은 점수를 획득한다. 반대로 연결된 모음자 카드가 나오지 않았다면 그 학생은 출발선으로 돌아가 뒤에 있는 학생을 터치하여 다음 학생이 출발하도록 한다.

이러한 과정을 반복하며 학생들은 동물 그림 카드와 연결된 모음자를 찾아간다. 이 놀이를 통해 학생들은 즐겁게 모음을 학습하며 팀워크를 경험할 수 있다.

도착 지점에 놓인 점보 스태킹 컵   모음자를 확인하는 학생들

3단계 내가 찾은 숨바꼭질 ㅏㅑㅓㅕ

릴레이 놀이가 끝난 후 교사는 점보 스태킹 컵에 들어 있던 모음자 카드를 꺼내어 학생들에게 보여 준다. 교사는 학생들에게 이 모음자 카드와 관련된 활동을 하도록 안내한다. 예를 들어, 'ㅏ' 카드를 보여 주면 교사는 "이 모음으로 시작하는 단어를 생각해 봅시다!"라고 말한다.

교사가 'ㅏ' 카드를 보여 준 후, 학생들에게 10초 정도의 시간을 주어 해당하는 모음으로 시작하는 단어를 생각하도록 한다. 학생들은 조용히 각자 생각하면서, 필요한 경우 팀원과 상의할 수 있는 시간을 갖는다. 시간이 되면 각 팀의 첫 번째 학생이 단어를 말하기 시작하고, 그 뒤를 이어 두 번째 학생이 교차 형식으로 단어를 이어 간다. 예를 들어, 한 팀이 "아이"라고 말하면, 다른 팀은 "아이스크림"이라고 대답하며 순서를 번갈아 진행한다. 이렇게 릴레이 방식으로 단어를 말하는 과정에서 학생들은 자연스럽게 새로운 어휘를 익히게 되고, 각 모음자와 관련된 단어에 대한 인식도 높아지게 된다.

카드에 있는 모음자로 시작하는 낱말 말하기

한 걸음 더

'컵 숨바꼭질 릴레이' 놀이를 위한 여유 공간이 없는 경우 교실에서 종이컵을 이용해 활동을 진행할 수 있다. 모둠별로 종이컵을 10개 준비하여 종이컵 바닥에 모음자를 하나씩 써 넣는다. 교사가 동물 그림 카드를 보여 주고 "하나 둘 셋!"이라고 외치면 모둠 학생들은 동시에 종이컵을 하나씩 선택한다. 교사가 보여 준 동물 이름의 모음자를 선택한 학생이 점수를 획득한다. 한 경기가 끝날 때마다 종이컵을 섞어서 학생들이 다시 선택할 수 있도록 준비한다. 이 방법을 통해 공간이 부족한 상황에서도 재미있고 교육적인 활동을 진행할 수 있다.

같이 읽으면 좋은 그림책
- 『무지개 애벌레 ㅏ ㅑ ㅓ ㅕ』, 노은실 글·그림, 걸음동무
- 『노는 게 좋은 ㅡ · ㅣ』 전정숙 글, 김지영 그림, 올리
- 『하늘에서 포르르』 유은미 글·그림, 상상아이

1학년 1학기 한글 놀이 ⑥

6 색깔 텔레파시 게임

놀이 소개
색깔을 표현하는 낱말에 들어가는 자음자와 모음자를 기억하여 교사가 보여 주는 색깔 카드에 들어가는 자음자 또는 모음자와 같은 것을 선택할 경우 점수를 획득하는 놀이

놀이 목표
① 색깔을 표현하는 낱말에는 무엇이 있는지 알 수 있다.
② 색깔을 나타내는 낱말을 통해 자음자, 모음자를 익힐 수 있다.

그림책 소개
글자 없는 그림책으로 다양한 색깔의 우산을 들고 빗속을 걸어가는 아이들의 모습을 아름답게 표현했다. 아이들이 학교 가는 길에 보게 되는 다양한 풍경은 자신의 등굣길과 연계하여 경험을 떠올리게 할 수 있다. 알록달록 우산의 색깔을 표현하는 낱말을 통해 한글을 재미있게 배울 수 있다.

『노란 우산』
류재수 그림, 보림

그림책을 읽고 나누기 좋은 질문

① 표지에 등장하는 노란 우산 밑에는 누가 있을 것 같나요?
② 비 오는 날 하면 떠오르는 것에는 무엇이 있나요?
③ 어떤 색깔의 우산이 등장했나요?
④ 그림책 속 아이들이 등굣길에 들렀던 곳은 어디인가요?
⑤ 여러분의 등굣길에는 무엇을 볼 수 있나요?
⑥ 여러분의 우산은 어떤 색깔인가요?

놀이 방법

준비물   자음자-모음자 교구, 색깔 그림 카드, 문제 PPT

놀이 단계

1단계 사라진 색깔 낱말 찾기

교사는 그림책 속에 등장한 우산과 다양한 색깔 낱말을 포함한 색깔 카드를 준비한다. 학생들에게 색깔 카드를 순서대로 보여 주며 색깔을 나타내는 낱말을 함께 읽어 본다. 이 과정에서 학생들은 그림책에 나온 색깔을 자연스럽게 기억하고 익힐 수 있다. 색깔 카드를 한 번씩 함께 읽어 본 후, 색깔 카드를 한눈에 볼 수 있도록 칠판에 자석을 이용해 붙인다.

이후 학생들의 시선을 다른 곳에 두기 위해 책상에 엎드리게 한다. 학생들이 열을 세는 동안 교사는 칠판에 붙인 카드 중 하나를 숨긴다. 열을 모두 센 후 학생들은 고개를 들어 칠판을 바라본다. 교사는 학생들에게 사라진 카드를 확인해 보도록 하면서 "하나, 둘, 셋!"이라고 외친다. 그러면 학생들은 사라진 색깔 카드를 동시에 외친다. 학생들이 색깔 이름을 외치면 교사는 숨겨 놓은 그림 카드를 보여 주며 정답을 확인하게 한다.

이와 같은 놀이를 여러 번 진행하되, 학생들이 칠판에 붙여 놓은 색깔 카드의 위치를 기억하면 놀이에 대한 흥미가 떨어질 수 있다. 따라서 교사는 색깔 카드의 위치를 바꿔 가며 학생들이 놀이에 계속 집중하도록 한다. 이 활동을 통해 학생들은 색깔 낱말을 찾고 익히는 놀이에 대한 호기심과 흥미를 잃지 않고 즐겁게 학습하게 된다.

색깔 카드

놀이 준비하기

2단계 '색깔 자음자, 모음자 텔레파시' 놀이하기

학생 자신이 가진 자음자와 모음자를 한눈에 볼 수 있도록 책상 위에 가지런히 올려놓는다. 자음자는 자음자끼리, 모음자는 모음자끼리 나누어 놀이 활동을 준비한다. 교사는 색깔 그림과 글자가 있는 PPT를 준비하는데, 이때 색깔 낱말의 자음이나 모음 중 하나를 일부러 비워 둔다. 학생들이 색깔을 나타내는 낱말 속에서 빠진 자음자와 모음자를 인식하도록 하기 위함이다.

놀이의 첫 번째 단계로, 색깔 자음자 텔레파시 놀이를 시작한다. 교사가 "텔레파시 발사!"라고 외치면 학생들은 자신이 가지고 있는 자음자 중 하나를 선택하여 손에 들고 다른 학생들에게 보여 준다. 모든 학생이 자음자를 선택한 후, 교사는 색깔 PPT를 공개한다. 학생들은 PPT에 나타난 색깔 낱말에서 빠진 자음자와 자신이 선택한 자음자가 같은지 확인한다. 만약 같다면 1점을 획득하게 된다. 이러한 방식으로 게임을 여러 번 진행한 후, 모음자 텔레파시 놀이도 같은 방식으로 진행한다.

자음자와 모음자 텔레파시 놀이가 모두 끝나면, 학생들은 자연스럽게 색깔 낱말에 어떤 자음자와 모음자가 들어가는지를 배우게 된다. 이 과정은 학생들에게 즐거움과 함께 학습의 기회를 제공하며, 자음자와 모음자에 대한 이해를 높이는 데 큰 도움을 줄 것이다.

자음자, 모음자 준비하기　　　　　텔레파시 PPT

한 걸음 더

놀이 활동에서 자음자와 모음자 교구를 활용할 수도 있지만, 교과서 부록으로 제공된 자음자와 모음자 카드로 대체해서 활용할 수도 있다. 놀이 활동이 끝난 후에는 카드들을 지퍼백이나 보관함에 깔끔히 정리해 두면 교사의 수업 준비 부담을 덜고, 다양한 한글 활동에 유용하게 활용할 수 있다.

또한, 그림책에 나오는 색깔 낱말 외에도 학생들이 이미 알고 있는 색깔에 대한 어휘를 배워 보는 것도 유익하다. 예를 들어, 교사가 'ㅂ'이라는 자음자를 보여 주면 학생들은 이 자음자로 시작하는 색깔 단어를 생각해 본다. 그림책에는 나오지 않았지만 '보라', '분홍' 등 다양한 색깔 관련 낱말을 자연스럽게 익히고, 이 과정에서 색깔과 관련된 어휘의 폭을 넓힐 수 있다. 이처럼 학생들이 창의적으로 단어를 연상하고 배우는 과정은 학습을 더욱 풍요롭게 만들어 준다.

같이 읽으면 좋은 그림책

- 『알록달록 색』, 율사 예멘 글, 차루 오다바시 그림, 스푼북
- 『내가 왜 최고냐면』 김윤미 글·그림, 국민서관
- 『알록달록 원하는 색깔로 그리는 상상 가득한 세상』 줄리아 도널드슨 글, 샤론 킹 차이 그림, 사파리

7. 소리마디 수 동물 이름 놀이

1학년 1학기 한글 놀이 ⑦

놀이 소개
짝 활동으로 1부터 4까지의 소리마디 수에 알맞은 동물 이름을 먼저 말하는 학생이 이기는 놀이

놀이 목표
① 낱말에 따라 소리마디 수가 다름을 알 수 있다.
② 소리마디 수가 같은 낱말을 찾을 수 있다.

그림책 소개
아이들이 한글을 재미있게 배울 수 있도록 돕는 그림책이다. 이 책은 ㄱ부터 ㅎ까지 14개의 자음을 귀여운 동물 친구들과의 흥미로운 이야기 속에서 시각적으로 익힐 수 있도록 구성되어 있다. 이야기를 따라가며 등장하는 동물들의 이름을 소리마디 수와 연결하여 음운을 이해하는 능력을 길러 줄 수 있다.

『도와줘! 한글 친구들』
서로 글, 아마도 그림, 해결책

그림책을 읽고 나누기 좋은 질문

① 표지에 등장하는 개구리는 어떤 도움을 요청하고 있나요?
② 어떤 동물들이 그림책 속에 등장하나요?
③ 여러분이라면 나비를 어떻게 도와줬을까요?
④ 그림책에 나온 동물 중에서 가장 기억에 남는 동물은 무엇인가요?
⑤ 그림책에 나온 많은 동물 중에서 개구리가 표지에 나온 이유는 무엇일까요?

놀이 방법

준비물 　동물 카드, 놀이 활동지, 바둑알 개인별 4개

놀이 단계

1단계 동물 이름 소리마디 수 찾기

그림책 속에 어떤 동물들이 나왔는지 학생들과 이야기를 나눈다. 학생들이 기억을 잘 못할 경우 그림책을 다시 넘겨 가며 책 속에 어떤 동물들이 등장했는지 상기해 본다.

이번에는 동물 이름을 말할 때 동물 이름의 글자 수에 맞춰 박수를 치며 학생들이 따라 할 수 있도록 한다. 예를 들어, '개구리'를 말할 때 "개!(박수) 구!(박수) 리!(박수)"라고 말한다. 학생들도 교사와 같이 동물 이름을 박수 치며 따라 한다. 다른 동물 이름도 같은 방법으로 글자 수에 맞춰 박수 치며 연습한다.

교사	'개구리'라고 말할 때 박수를 몇 번 쳤나요?
학생들	세 번이요.
교사	그럼 '개구리'는 소리마디 수가 3개예요. 그림책 속에서 개구리처럼 소리마디 수가 3개였던 동물은 무엇이 있나요?
학생들	'두더지'가 있었어요.

이렇게 그림책에 등장한 동물들의 소리마디 수가 몇 개인지 함께 살펴본다. 그리고 학생들은 모둠별로 준 동물 카드를 소리마디 수가 같은 것끼리 분류해 본다. 이 활동을 통해 학생들이 정확하게 소리마디 수를 이해했는지 확인해 볼 수 있다.

동물 그림 카드

이름의 소리마디 수가 같은 동물 찾기

2단계 소리마디 수에 맞는 동물 이름 말하기

놀이 활동을 위해 개인별로 소리마디 수 찾기 활동지 1장과 바둑알을 4개씩 나눠 준다. 우선 놀이 순서를 정하기 위해 짝과 가위바위보를 한다. 이긴 학생은 먼저 자신이 원하는 소리마디 수를 선택한다. 그리고 그 소리마디 수에 맞는 동물 이름을 말하고, 알맞게 말하면 그 숫자 위에 바둑알을 올려놓을 수 있다. 만약 3이라는 숫자를 선택했다면 소리마디 수가 3개인 동물 이름을 말하면 바둑알을 3에 올려놓을 수 있다. 틀린 답을 말했다면 바둑알을 올려놓을 수 없고 짝에게 순서가 넘어가게 된다. 만약 동물 이름이 생각나지 않을 경우 "패스!"라고 말할 수 있다. 이때도 기회는 상대방에게 넘어가게 된다.

이렇게 활동을 계속하다 보면 학생들은 소리마디 수에 맞는 동물 이름을 생각해 내며 자연스럽게 소리마디 수를 익힐 수 있다. 소리마디 수 찾기 활동지 위에 먼저 바둑알 4개를 모두 올려놓는 학생이 승리하게 된다.

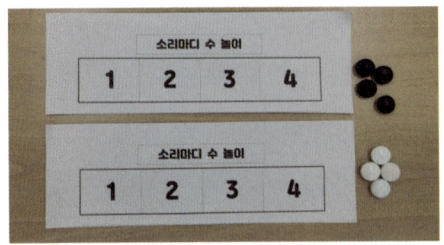 

놀이 준비물　　　　　　　　놀이 모습

3단계 소리마디 수에 맞는 ○○ 이름 말하기

놀이의 주제를 동물에서 확장하기 위해 교사는 다양한 주제가 담긴 카드를 미리 준비한다. 이 카드들은 학생들이 쉽게 낱말을 연상할 수 있는 주제를 포함하고 있다. 예를 들어, '마트', '집', '학용품', '학교' 등의 주제가 적혀 있다. 학생들은 이 카드를 짝과 함께 가운데에 놓고, 가장 위에 있는 카드를 뒤집어 해당하는 주제를 확인한다.

주제를 확인한 후 학생들은 가위바위보를 통해 놀이의 순서를 정한다. 이후 2단계에서 진행했던 방법과 동일하게 소리마디 수에 맞는 낱말을 찾는 놀이를 시작한다. 학생들은 주제를 고려하여 적절한 낱말을 떠올리며 활발하게 참여하게 된다.

마트를 주제로 진행한 후 해당 주제가 끝나면 다음 주제 카드를 뒤집어 새로운 주제로 놀이를 다시 시작한다. 이렇게 다양한 주제를 활용하면 학생들은 더 많은 단어를 생각해 낼 수 있으며, 각 주제에 맞는 낱말을 자연스럽게 배우는 기회를 얻게 된다.

주제 카드　　　　　　　　놀이 모습

한 걸음 더

이 놀이의 경우 짝 활동, 모둠 활동, 학급 전체 활동 모두 가능하기 때문에 학급 상황에 맞춰 놀이 방법을 선택할 수 있다. 학급 전체가 함께할 경우 교사가 소리마디 수를 알려 주면 모둠별로 소리마디 수에 맞는 동물 이름을 끝날 때까지 돌아가면서 이야기한다. 교사가 1이라고 제시하면 한 글자로 된 동물 이름을 모둠별로 돌아가며 이야기하면 된다. 소리마디 수를 늘려 가며 같은 방법으로 놀이를 진행한다. 모둠별로 상의할 수 있도록 하면 팀워크를 발휘할 수 있는 기회가 될 것이다.

같이 읽으면 좋은 그림책
- 『랄랄라 ㄱㄴㄷ』, 고수 글·그림, 노란돼지
- 『바퀴 달린 ㄱㄴㄷ』 조은숙 글, 안태형 그림, 풀빛
- 『뭐하니? ㄱㄴㄷㄹ』 표영민 글·그림, 계수나무

8 식탁 차리기

1학년 1학기 한글 놀이 ⑧

놀이 소개
학생들을 두 팀으로 나누고, 교사가 말하는 자음으로 시작하는 음식 카드를 많이 모은 팀이 승리하는 놀이

놀이 목표
① 여러 가지 음식 이름에 들어가는 자음자를 찾을 수 있다.
② 자음자 놀이를 통해 여러 가지 자음자를 구분할 수 있다.

그림책 소개
각각의 자음자로 시작하는 동물들이 먹을거리를 찾아가는 그림책이다. 이 책은 숨은 사물을 찾으며 한글 자음을 익히고 상상의 세계를 즐길 수 있도록 구성되어 있다. 다양한 동물과 음식 이름을 자음과 자연스럽게 연결해 보며 한글을 배워 볼 수 있는 기회를 제공한다.

『맛있는 ㄱㄴㄷ』
김인경 글·그림, 길벗어린이

그림책을 읽고 나누기 좋은 질문

① 표지에서 살펴볼 수 있는 것에는 무엇이 있나요?
② 그림책에 어떤 동물들이 나왔나요?
③ 그림책에 어떤 음식들이 나왔나요?
④ 여러분이 좋아하는 음식은 어떤 자음으로 시작하나요?
⑤ 여러분이 좋아하는 동물은 어떤 자음으로 시작하나요?
⑥ 그림책을 만든다면 어떤 동물과 음식을 넣고 싶나요?

놀이 방법

준비물 음식 카드, 프라이팬 모형 2개

놀이 단계

1단계 음식 준비하기

그림책을 읽은 후 학생들과 함께 그림책에 나온 먹거리를 생각해 본다. 교사가 자음을 이야기하면 학생들은 그에 연결된 먹거리를 이야기하며 서로의 생각을 나눈다. 예를 들어, 교사가 "기역"이라고 말하면 학생들은 그림책 속의 '갈치'를 떠올리며 이야기한다. 이렇게 'ㄱ'부터 'ㅎ'까지 각각의 자음과 연결된 먹거리를 순서대로 이야기하면서 그림책의 내용을 다시 한번 상기하는 시간을 가진다.

그 후 학생들에게 자음자가 하나씩 쓰인 접시 모양 카드를 고르게 나눠 준다. 자음자 카드는 놀이를 위해 A4 종이에 출력하여 준비하면 좋다. 학생들은 자신이 받은 자음자를 확인하고, 접시 위에 그 자음자로 시작하는 음식을 하나씩 그려 본다. 이 과정에서 교사는 자음과 음식 이름이 잘 연결되었는지 확인하는 것이 필요하다. 만약 자음과 음식 이름이 연결되지 않은 학생이 있다면 올바르게 그릴 수 있도록 돕는다.

연필로 그림을 다 그린 후에는 색연필이나 사인펜 등의 색칠 도구를 활용하여 음식을 색칠하도록 한다. 색칠한 그림을 가위로 잘라 놀이를 위해 준비한다. 이렇게 하여 학생들은 자음을 익히고 창의력을 발휘하는 시간을 가질 수 있다.

자음자 음식 카드 그리기   완성된 음식 카드

2단계 식탁을 차려요

  놀이를 위해 교실 가운데 학생들이 만들어 놓은 음식 그림 카드를 펼쳐 놓는다. 그리고 도착 지점에는 학생들이 음식 카드를 올려놓을 책상을 2개 준비해 놓는다. 전체 학생을 두 팀으로 나누어 구성하며, 팀별로 한 명씩 출발선에 나와서 프라이팬 모형을 들고 선다.

  교사가 자음자 중 하나를 크게 말하면, 출발선에 선 학생들은 신속하게 음식 카드 중에서 같은 자음으로 시작하는 음식을 찾아야 한다. 예를 들어, 교사가 "니은"이라고 외치면 학생들은 교실 가운데 있는 음식 카드 중에서 'ㄴ'으로 시작하는 음식 카드를 찾는다.

  학생들은 자신의 프라이팬에 카드를 올린 후 카드가 떨어지지 않도록 조심하면서 식탁으로 가져간다. 프라이팬은 한 손으로만 옮기며, 남은 손은 프라이팬에 닿지 않도록 규칙을 미리 알려 준다. 만약 음식을 옮기다가 프라이팬에서 떨어진 경우 제자리에서 두 번 돌고 다시 출발하도록 하여 놀이의 재미 요소를 더한다. 두 학생 중 먼저 식탁에 음식을 옮긴 학생의 음식만 식탁에 놓도록 한다.

  팀별로 2명씩 나와 같은 방법으로 놀이를 계속 진행하고, 놀이가 끝난 후 최종적으로 식탁에 가장 많은 음식을 모은 팀이 승리하게 된다. 이를 통해 학생들은 즐거운 경쟁을 경험하며 한글의 자음을 익히고, 그림책의 내용을 다시 한번 되새기는 시간을 갖게 된다.

놀이 준비물 　　　　　　　　　놀이하기

한 걸음 더

학생 만든 음식 카드를 활용하여 '릴레이 음식 차리기' 놀이를 진행할 수 있다. 이 활동은 4명씩 팀을 이루어 두 팀이 출발선에 서서 시작된다. 교사의 출발 신호와 함께 첫 번째 학생은 음식 카드 중 자음 'ㄱ'으로 시작하는 카드를 선택하여 식탁에 올려놓고, 출발선에 있는 다음 친구를 터치한다. 두 번째 학생은 'ㄴ'으로 시작하는 음식 카드를 골라 식탁 위에 차리고, 다시 출발선으로 돌아온다. 이러한 릴레이 형식으로 각 팀은 자음 순서에 따라 음식을 올려놓고, 교사가 정해준 제한 시간 안에 식탁을 완성하는 팀이 승리하게 된다.

놀이에 사용했던 음식 카드들을 자음 순서대로 교실에 게시하여 학생들이 평소에도 음식 이름과 자음을 연결해 생각할 기회를 제공하는 것도 좋은 방법이다.

같이 읽으면 좋은 그림책

- 『어서 오세요! ㄱㄴㄷ 뷔페』, 최경식 글·그림, 위즈덤하우스
- 『요리요리 ㄱㄴㄷ』 정인하 글·그림, 책읽는곰
- 『구워 주세요 ㄱㄴㄷ』 박상철 글·그림, 여우고개

국어 1학년 1학기 1단원 ①

9 자음과 모음이 만나요

놀이 소개
　그림책 속에 나오는 받침이 없는 단어들을 배우고 나서, 교사가 말하는 단어를 듣고 모둠별로 한글 자석을 가지고 정해진 위치로 달려가 함께 단어를 만드는 놀이

놀이 목표
① 받침이 없는 단어를 읽고 그 뜻을 알 수 있다.
② 자음과 모음 글자를 만들 수 있다.

그림책 소개
　처음 한글을 배우는 아이들을 위해 받침 없는 낱글자로만 구성되어 있다. 자음 14개와 기본 모음 6개를 사용하여 받침 없는 낱글자로 이루어진 책으로 자음과 모음의 조합에 흥미를 느낄 수 있다. 거기에 환경을 생각하게 하는 내용과 귀여운 캐릭터들이 어우러져 아이들의 흥미를 유도한다. 환경문제를 자연스럽게 다루어 아이들이 관심을 갖고 참여할 수 있도록 돕는다.

『파도머리, 보드 타자!』
(주)아소비교육 글, 박주희 그림
(주)아소비교육

그림책을 읽고 나누기 좋은 질문

① 그림책에 나오는 주인공은 누구인가요?
② 주인공이 만나는 등장인물들은 누구누구인가요?
③ 등장인물들은 어떤 고민을 가지고 있나요?
④ 등장인물들이 고민을 가지게 된 까닭은 무엇인가요?
⑤ 고민을 해결하는 방법은 무엇일까요?
⑥ 그림책을 읽고 기억에 남는 단어 또는 문장은 무엇인가요?

놀이 방법

준비물 빅사이즈 한글 자석, 모둠 바구니

놀이 단계

1단계 한글의 자음과 모음 분류하고 글자의 짜임 이해하기

한글 자석을 모둠별 바구니에 담아 나누어 주고, 모둠 책상 위에 자음과 모음으로 분류해 놓는다. 자석을 가지고 글자의 짜임을 생각하며 낱글자 만들기 놀이를 한다. 이 활동은 개별 활동으로서 자음과 모음을 한 개씩 가지고 자유롭게 글자를 만든다. 활동이 끝나면 모둠 활동으로 연계한다. 교사가 그림책 속 단어를 불러 주면 모둠원이 협력하여 자음과 모음을 찾는다. 글자의 짜임에 맞도록 책상 위에 자음과 모음을 배열한다. 가장 빨리 글자를 완성한 모둠에게 점수를 주거나 칭찬해 준다. 이 활동을 반복하면 한글 해독에 자신이 없는 학생들도 서로 협력하는 과정에서 즐겁게 참여하는 것을 볼 수 있다.

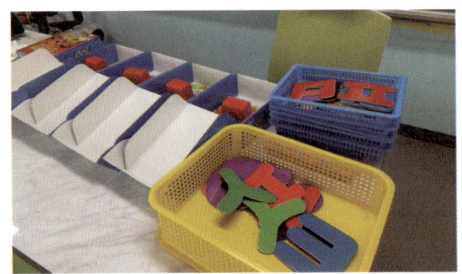
한글 자석 모둠 바구니

글자의 짜임을 생각하며 낱글자 만들기

교사가 불러 주는 단어를 듣고 함께 찾기

책 속 단어 완성하기

2단계 '자음과 모음이 만나요' 놀이하기

먼저 연습 놀이로 교사가 그림책에 나오는 단어를 보여 주고 학생들과 함께 읽는다. 단어의 짜임을 자음과 모음으로 분류하여 말하고 책상 위에 한글 자석을 배열한다. 이 활동을 3~4회 반복한다. 충분히 연습을 한 뒤에 2단계 놀이를 시작한다.

모둠별 바구니의 자음과 모음을 잘 찾을 수 있도록 책상에 넓게 배열한다. 학생들이 글자를 만들 위치를 알려 준다. 교실에서 너무 빠르게 달리지 않도록 사전에 알리고 안전에 대해 약속한다. 교사가 책 속의 단어를 크게 불러 준다. 단어를 듣고 자음과 모음을 찾아 한 개씩 들고 정해진 위치로 모둠원 모두가 빠르게 이동한다. 단어에 따라 한 명이 2개의 자석을 들 수도 있다. 각자 한글 자석을 들고 글자의 짜임에 맞게 선다. 학생들이 책상에 글자를 배열하는 것과 달리 직접 자석을 들고 서서 글자를 만드는 경우 글자의 짜임을 제대로 이해하는 학생과 그렇지 않은 학생의 차이를 금방 발견하게 된다. 특히 초등학교 저학년의 경우 상하좌우 등 방향을 인지하는 능력이 부족한 경우가 많다. 놀이를 통해 한글 자석을 잘못된 방향으로 든 친구를 협력하여 도와주는 활동이 필요하다는 것을 깨닫게 된다.

글자를 빨리 완성한 모둠 순서대로 점수를 준다. 가장 먼저 완성한 모둠은 3점, 2등 모둠은 2점, 나머지 모둠은 1점씩 주는 방법 등 점수 부여 방식은 다양하게 변형할 수 있다.

자음 모음 찾기

글자 완성하기

한 걸음 더

자음 초성을 듣고 시작하는 글자 만들기 놀이로 심화할 수 있다. 예를 들어, 'ㄱ'으로 시작하는 한 글자, 두 글자, 세 글자 단어 만들기 놀이로 할 수 있다. 이때도 받침이 없는 단어를 미리 알려 주고 학습한 후에 진행하면 배움이 느린 학생들도 어려움 없이 참여할 수 있다.

빅사이즈 한글 교구의 경우 자음 36자, 모음 26자로 되어 있어 학급에 따라 세트 수에 차이가 있다. 한 모둠 4명을 기준으로 6개 모둠으로 놀이를 진행할 경우 두 세트 정도가 좋다.

같이 읽으면 좋은 그림책

- 『노래 무지개』 김성민 글, 임유 그림, 다숲
- 『사과나무 아래에서』 김성민 글, 임유 그림, 다숲
- 『바다에 가요』 김성민 글, 임유 그림, 다숲

10 단어 보물찾기

국어 1학년 1학기 1단원 ②

놀이 소개
자음자를 제시하고 해당 글자로 시작하는 물건이나 그림 등을 찾아 모으는 게임으로, 모둠별로 정해진 시간 안에 최대한 많은 물건을 찾는 놀이

놀이 목표
① 그림책에 나오는 단어의 뜻을 이해하며 읽을 수 있다.
② 주변에서 자음의 초성으로 시작하는 물건을 찾을 수 있다.

그림책 소개
'ㄱ'부터 'ㅎ'까지의 초성으로 시작하는 단어를 통하여 우리 엄마 이야기를 하는 그림책이다. 이 그림책은 각각의 장면마다 자음으로 시작하는 단어를 소개하며, 아이들이 자연스럽게 단어를 익힐 수 있도록 돕는다. 또한, 실생활에서 자주 사용하는 단어가 포함되어 있어 아이들의 이해도를 높인다.

『우리 엄마 ㄱㄴㄷ』
전포롱 글·그림, 파란자전거

그림책을 읽고 나누기 좋은 질문

① 우리 가족은 누구누구가 있나요?
② 이 책에 나오는 등장인물은 누구인가요?
③ 그림책 속 우리 엄마가 좋아하는 것은 무엇인가요?
④ 우리 엄마와 그림책 속 엄마의 비슷한 점은 무엇인가요?
⑤ 이 책에서 가장 재미있었던 부분은 무엇인가요?
⑥ 책을 읽고 가장 기억에 남는 단어는 무엇인가요?
⑦ 책에 나오는 단어 중 우리 교실에서 찾을 수 있는 것은 무엇인가요?

놀이 방법

준비물 빅사이즈 한글 자석, 모둠 바구니, 학습지, 붙임 종이

놀이 단계

1단계 자음 초성으로 시작하는 단어 함께 찾기

그림책을 읽으면서 자음 초성으로 시작하는 단어를 함께 읽으며 뜻을 살펴본다. 학습지를 함께 해결하면서 'ㄱ'부터 'ㅎ'까지 그림책에 나오는 단어를 적는다. 이때 시간을 정해 주고 너무 어려운 경우는 적지 말고 다음 자음으로 넘어가도록 한다. 학생에 따라 글자를 적기 어려운 경우가 있으므로 미리 그림책에 나오는 단어를 학습지에 제시해도 좋다. 학생에 따라 그림책에 나오는 단어 외에 더 적고 싶은 경우에는 'ㄱ'부터 'ㅎ'까지 단어를 모두 완성한 후 추가하여 적도록 한다.

1. 그림책 속 단어를 함께 읽고 따라 써 봅시다.

자음	단어		자음	단어	
ㄱ	고양이		ㅇ	악손	
ㄴ	눈물		ㅈ	잔소리꾼	
ㄷ	돈		ㅊ	천하장사	
ㄹ	립스틱		ㅋ	커피	
ㅁ	미역국		ㅌ	텔레비전	
ㅂ	비밀		ㅍ	파마머리	
ㅅ	수다쟁이		ㅎ	할머니	

2단계 '단어 보물찾기' 놀이하기

단어 보물찾기 놀이는 정해진 시간 동안 초성으로 시작하는 물건을 찾아 모둠 바구니에 넣는 놀이임을 설명한다. 의자, 책상 등 바구니에 들어가지 못하는 큰 것들은 붙임 종이에 적어서 넣도록 약속한다. 또한 같은 종류의 물건은 1개씩만 넣도록 규칙을 정한다.

초성 'ㄱ'을 제시한다. 주로 '국어', '국어 활동', '가위', '귀마개' 등의 물건 등을 찾는 모습을 볼 수 있었다. 모둠별로 발표 순서를 정하여 바구니 속 물건들을 돌아가면서 말한다. 가장 많은 물건을 넣거나 붙임 종이가 많은 모둠이 이긴다.

다음 'ㄴ' 자음으로 2라운드를 진행한다. 자음 'ㄱ' 활동을 통해 놀이에 익숙해진 학생들은 자음 'ㄴ'의 경우 '네임펜', '노란 색연필', '노란 사인펜', '노란 연필' 등 놀이가 진행됨에 따라 찾아내는 물건의 개수 역시 늘어나게 된다. 자음 순서에 따라 게임을 진행한다.

자음 'ㅎ'까지 놀이를 하려면 수업 시간이 부족할 수 있다. 이 경우에는 일정 시간이 되면 게임을 마치고 개인 학습지에 초성으로 시작하는 단어를 자유롭게 적게 한다. 이때 그림책을 통해 배운 단어, 교실에서 찾을 수 있는 단어, 그 외에 내가 알고 있는 단어로 확장하여 적게 한다. 학습지를 활용하는 방법에 따라 학생 수준별 학습이 가능해지고 학생들 각자가 가지고 있는 배움의 속도로 활동할 수 있다.

초성 'ㄱ'으로 시작하는 물건 찾기

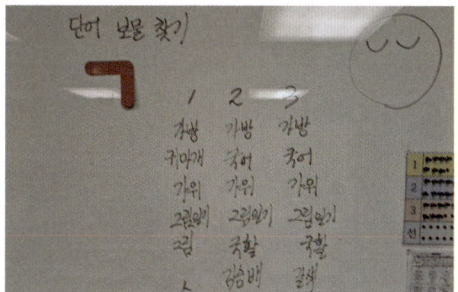

모둠별 단어와 개수 확인하기

초성 'ㄴ'으로 시작하는 물건 찾기

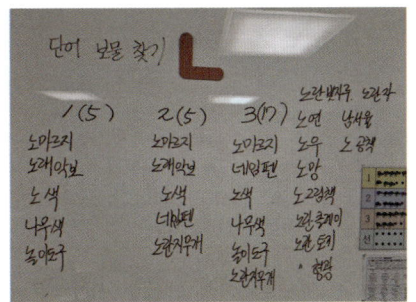
모둠별 단어와 개수 확인하기

한 걸음 더

물건을 직접 바구니에 넣는 대신 모둠 보드를 주고 단어를 적게 하는 방법으로 게임을 변형할 수 있다. 이 경우 놀이 방법도 다르게 할 수 있다. 모둠별로 돌아가면서 단어를 1개씩 말하며 동그라미를 친다. 다른 모둠도 같은 단어를 쓴 경우 동그라미를 쳐서 확인한다. 가장 많은 단어를 발표한 모둠이 승리한다.

같이 읽으면 좋은 그림책

- 『내 친구 ㄱㄴㄷ』 오하나 글·그림, 파란자전거
- 『얼큰이와 코뿔이』 이루리 글, 고마운 그림, 이루리북스
- 『구름 한 숟가락 ㄱㄴㄷ』 황숙경 글·그림, 비룡소

국어 1학년 1학기 2단원 ①

11 받침을 찾아라! 왕놀이

놀이 소개
모둠별로 규칙을 지켜 즐겁고 빠르게 가위바위보 놀이를 하고, 왕의 자리에 올라 받침이 없는 단어의 받침을 적으며 단어를 배우는 놀이

놀이 목표
① 그림책에 나오는 단어의 뜻을 이해하며 읽을 수 있다.
② 받침이 빠진 단어를 보고 알맞은 받침을 쓸 수 있다.

그림책 소개
마을버스에서 갑자기 'ㄹ'이 사라지면서 운전사 아저씨가 'ㄹ' 받침 대신 나무 창틀을 걸게 된 이야기다. 이제 '마을버스'가 아닌 '마음버스'의 이름을 단 버스가 달리면서 사라진 'ㄹ' 받침에 관한 이야기를 승객들이 알게 된다. 이웃과의 관계, 사람뿐 아니라 많은 동물과 더불어 살아가는 것이 중요하다는 것을 알게 해 주는 그림책이다.

『마음버스』
김유 글, 소복이 그림
천개의바람

그림책을 읽고 나누기 좋은 질문

① 그림책에 나오는 주인공은 누구인가요?
② 마을버스에서 사라진 받침은 무엇인가요?
③ 마을버스에 타는 승객들은 누구누구인가요?
④ 마을버스에서 사라진 받침은 누가, 왜 가져간 것일까요?
⑤ 그림책을 읽고 기억에 남는 단어 또는 문장은 무엇인가요?
⑥ 단어에서 받침이 빠지면 어떤 문제가 생길까요?
⑦ 그림책의 뒷이야기는 어떻게 될까요?

놀이 방법

준비물 학습지, 클립보드, 빅사이즈 한글 자석, 바구니, 모둠별 책상 1개

놀이 단계

1단계 그림책 속 받침이 있는 단어 읽고 쓰기

그림책을 읽기 전, 초성 'ㅁ'으로 만들 수 있는 단어가 무엇인지 생각해 본다. 그림책 표지에서 제목을 가리고 'ㅁ, ㅂ, ㅅ, ㅇ' 초성을 보여 주고 표지와 어울리는 제목을 유추하도록 한다. 그림책을 읽은 후 모둠별로 빅사이즈 한글 자석 바구니를 나누어 준다. 이때 학습지는 배부하지 않고 전체가 볼 수 있도록 칠판에 적거나 화면을 통해 보여 준다.

교사가 그림책 속 단어의 받침을 빼고 읽어 준다. 예를 들어, '곰 아저씨'의 받침 'ㅁ'을 빼고 '고 아저씨'라고 말하면 학생들은 빠진 받침이 무엇인지 찾아 자음 'ㅁ'을 든다. 그림책에 나오는 받침이 있는 단어를 함께 학습하며 받침을 확인한다. 다 함께 손가락으로 받침이 있는 단어를 허공에 써 본다. 이 활동을 반복함으로써 학생들이 개별적으로 단어마다 빠진 받침을 찾을 수 있도록 돕는다.

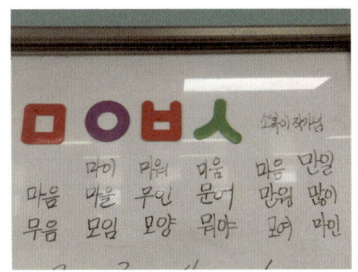 

'ㅁ'으로 시작하는 단어 찾기　　　　단어에서 빠진 받침 찾기

2단계 '받침을 찾아라' 왕놀이하기

학습지를 끼운 클립보드를 나누어 준다. 모둠별로 책상 앞에 한 줄로 선다. 가위바위보로 모둠에서 먼저 왕을 정한다. 왕은 모둠 책상 앞에 선다. 나머지 학생들은 책상에 자신의 학습지를 놓는다. 왕과 첫 번째 학생이 가위바위보를 한다. 왕이 이길 경우 학생은 모둠 맨 뒤로 가서 줄을 선다. 첫 번째 학생이 가위바위보에서 이기면 왕이 된다. 가위바위보에서 진 왕은 모둠 맨 뒤로 가서 줄을 선다. 왕이 된 학생은 학습지의 문제를 보고 빠진 받침을 적는다. 모둠원은 받침을 바르게 적었는지 함께 확인한다.

다시 새로운 왕은 모둠의 두 번째 학생과 가위바위보를 한다. 가위바위보에서 이긴 학생은 왕이 되어 학습지의 문제를 풀 수 있고, 가위바위보에서 지게 되면 모둠 맨 뒤로 가서 줄을 선다. 가위바위보 결과에 따라 왕이 계속 바뀌게 되고, 왕이 된 경우에만 문제를 풀 수 있다. 가장 먼저 모든 문제를 다 푼 학생이 나오면 그 학생은 모둠의 '받침왕'이 된다. 나머지 모둠원은 문제를 해결할 때까지 놀이를 계속한다.

일정 시간이 되면 놀이를 마치고 자기 자리에 돌아와 학습지를 완성한다. 학습지에 심화 보충 과제를 추가하는 것은 저학년 수업에서 매우 중요하다. 인상적인 부분을 그리게 하거나 기억에 남는 단어와 문장을 쓰는 등 개별 학습이 가능한 과제를 제시하면 좋다.

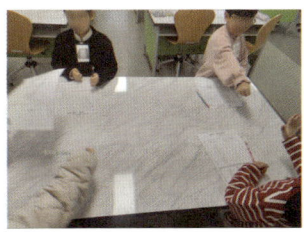

가위바위보하기 / 왕이 된 경우 문제를 풀 수 있다.

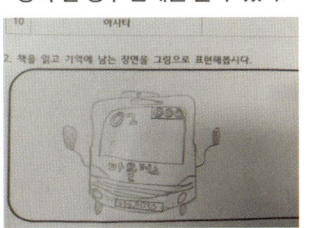

단어에서 빠진 받침 찾기 / 심화 보충 과제

한 걸음 더

'마음버스'에서 'ㅁ' 대신 다른 받침을 넣어 뜻이 통하는 단어를 만드는 활동은 학생들의 언어 창의성을 키울 수 있다. 예를 들어, '가방'의 'ㅇ' 대신 'ㄹ'을 넣어 '가발'이라는 단어를 만들거나, '사람'의 'ㅁ'을 'ㅇ'으로 바꾸어 '사랑'이라는 새로운 단어를 만들어 볼 수 있다. 이렇게 받침이 있는 단어를 변형하는 활동은 단순히 단어를 나열하는 것을 넘어 새로운 의미를 만들어 가는 과정이 된다. 이를 통해 학생들은 다양한 단어를 탐구하며 언어적 감각을 확장하고, 단어의 의미를 유추하는 능력을 키울 수 있다. 또한, 이러한 활동은 학습의 재미를 더해 주고, 학생들이 스스로 창의적인 언어 놀이를 할 수 있는 기반을 마련해 준다.

같이 읽으면 좋은 그림책

- 『받침구조대』 곽미영 글, 지은 그림, 만만한책방
- 『동백 호빵』 백유연 글·그림, 웅진주니어
- 『가나다는 맛있다』 우지영 글, 김은재 그림, 책읽는곰

국어 1학년 1학기 2단원 ②

12 몸으로 말해요

놀이 소개

모둠 활동으로, 술래가 단어를 보고 그 뜻을 생각하여 몸으로 표현하고, 다른 모둠원이 손을 들고 정답을 말하여 단어 카드를 가져가는 놀이

놀이 목표

① 소리와 모양을 나타내는 단어의 뜻을 이해하며 읽을 수 있다.
② 소리와 모양을 나타내는 단어를 창의적으로 표현할 수 있다.

그림책 소개

소리와 모양을 나타내는 꾸며 주는 말을 자연스럽게 배울 수 있도록 돕는 그림책이다. 58가지의 의성어와 의태어만으로 흥미로운 이야기가 전개된다. 따뜻하고 친근한 그림체가 이야기를 풍부하게 만들어 주며, 아이들의 다양한 표현력과 상상력을 키워 주는 데 효과적이다. 책을 통해 아이들은 언어를 놀이처럼 배우며 창의적 사고를 발전시킬 수 있다. 학습과 재미를 동시에 느낄 수 있는 매력적인 그림책이다.

『홀짝홀짝 호로록』
손소영 글·그림, 창비

그림책을 읽고 나누기 좋은 질문

① 그림책에 나오는 주인공은 누구누구인가요?
② 그림책에 나온 단어 중 소리를 나타내는 단어는 무엇인가요?
③ 그림책에 나온 단어 중 모양을 나타내는 단어는 무엇인가요?
④ 그림책에 나온 동물 중에서 가장 마음에 드는 동물은 무엇인가요?
⑤ 그림책을 읽고 기억에 남는 장면은 무엇인가요?
⑥ 그림책에 나오지 않은 소리와 모양을 흉내 내는 말은 무엇이 있을까요?
⑦ 그림책 속에 어떤 소리와 모양을 흉내 내는 말을 넣고 싶은가요?

놀이 방법

준비물 모둠별 단어 카드 1세트

놀이 단계

1단계 소리와 모양을 흉내 내는 단어의 의미를 이해하면서 읽기

그림책을 읽으면서 장면마다 나오는 소리와 모양을 나타내는 단어를 강조하여 읽는다. 이때 학생들이 자유롭게 몸으로 단어를 표현하도록 한다. 모둠별로 등장인물의 역할을 나누어 주고 마치 역할극을 하듯이 책을 읽어 나가는 방법도 좋다. 그림책에 나오는 소리와 모양을 흉내 내는 단어의 의미를 퀴즈처럼 확인한다. 책을 읽고 난 후에도 단어의 의미를 제대로 이해하지 못하는 경우가 많기 때문에 각 단어의 의미를 정확하게 이해하고 바르게 읽을 수 있도록 반복하여 학습한다.

모둠별로 소리와 모양을 흉내 내는 단어 학습지를 나누어 준다. 학습지를 잘라 단어 카드를 만든다. 단어가 보이게 책상에 카드를 펼쳐 놓는다. 학생이 교실 앞으로 나와 교사가 보여 주는 카드 1개를 골라 몸으로 그 단어를 표현한다. 모둠에서는 정답이라고 생각하는 단어를 말한다. 전체 학습을 통해 그림책에 나오는 단어들을 몸으로 표현하는 연습을 반복한다. 이 과정을 통해 어휘 학습에 재미를 느낄 수 있고, 학생들의 상상력이 더해져 점점 표현력이 풍부해지는 것을 볼 수 있다.

소리와 모양을 나타내는 단어

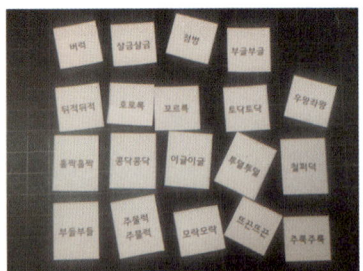
단어 카드

2단계 '몸으로 말해요' 놀이하기

모둠 가운데에 카드 더미를 놓는다. 가위바위보를 통해 술래가 되는 순서를 정한다. 술래는 카드 더미에서 한 장을 고른다. 이때 고른 카드는 보여 주지 않는다. 고른 카드의 단어가 표현하기 어렵다고 느끼면 카드를 바꿀 수 있다. 처음 고른 카드는 카드 더미의 맨 아래에 넣는다. 학생들이 너무 자주 카드를 바꾸는 경우를 대비하여 카드를 교체하는 기회는 한 번 또는 두 번만 할 수 있다고 미리 규칙을 정해 놓는다.

술래는 카드에 적힌 단어를 몸으로 표현한다. 이때에도 학급 전체 또는 모둠별로 규칙을 정하도록 한다. 저학년의 경우 대화나 말 대신 소리를 내는 것을 허용해 달라는 경우도 있으나, 되도록 동작으로만 표현하도록 격려한다. 술래가 표현하는 단어를 아는 경우는 손을 들고 "정답!"이라고 외친다. 동시에 손을 드는 경우는 가위바위보로 정답을 맞힐 수 있도록 한다.

정답을 맞힌 경우는 단어 카드를 가져간다. 정답을 맞힌 사람이 문제를 내게 하는 경우도 가능하나 놀이를 시작하기 전에 술래의 순서를 정하는 것이 좋다. 왜냐하면 모둠원이 모두 돌아가면서 술래 역할을 하는 것이 학습에 도움이 되기 때문이다. 순서에 따라 술래가 단어를 표현하고 정답을 맞히면 단어 카드를 얻는다. 일정 시간 동안 놀이를 진행하고, 가장 많은 카드를 얻은 사람이 이긴다.

1. 술래가 되어 카드를 고른다.
2. 고른 카드를 몸으로 표현한다.

3. "정답!"이라고 외치며 손을 든다.
4. 정답을 맞히면 단어 카드를 얻는다.

한 걸음 더

'몸으로 말해요' 놀이를 할 때 힌트를 미리 말하고 표현해도 좋다. 예를 들어, 단어 '홀짝홀짝'을 표현하는 경우 '음료수' 또는 '마시는 것'이라고 힌트를 줄 수 있다. 또는 '소리를 나타내는 말', '모양을 흉내 내는 말'이라고 단어의 종류를 알려 주고 표현하게 한다. 또는 글자 수나 초성을 알려 주어 모둠원이 골고루 정답을 맞힐 수 있도록 도와주면 학습 내용을 어려워하는 학생들도 즐겁게 놀이에 참여하며 학습 이해도를 높일 수 있다.

같이 읽으면 좋은 그림책

- 『사랑 사랑 ㄱㄴㄷ』 김숙, 김미영, 김지영 글, 권봉교 그림, 북뱅크
- 『어제저녁』 백희나 글·그림, 스토리보울
- 『아이스크림 걸음!』 박종진 글, 송선욱 그림, 소원나무

13 낱말 기차놀이

국어 1학년 1학기 3단원 ①

놀이 소개
그림책에 나오는 낱말을 찾아 카드에 적은 다음, 그 단어들을 살펴보면서 끝말잇기로 단어를 연결하거나 문장을 길게 만드는 놀이

놀이 목표
① 낱말을 소리 내어 읽고 카드에 쓸 수 있다.
② 낱말과 낱말을 연결할 수 있다.

그림책 소개
'낱말'을 수집하는 맥스를 통해 언어의 매력적인 세계를 보여 주는 그림책이다. 맥스는 우표를 모으고 동전을 모으는 것처럼 낱말을 모으는 아이다. 신문과 잡지에서 낱말을 오려 내 수집하는 낱말 수집가이다. 낱말을 모으면 모을수록 낱말이 가지고 있는 신비한 힘과 창조적인 이야기에 빠지게 된다. 맥스가 수집한 낱말을 이리저리 배열하면 할수록 새로운 이야기가 탄생한다.

『낱말 수집가 맥스』
케이트 뱅크스 글,
보리스 쿨리코프 그림, 보물창고

그림책을 읽고 나누기 좋은 질문

① 주인공 맥스는 왜 낱말을 수집하게 되었나요?
② 맥스는 낱말을 모아서 무엇을 하였나요?
③ 맥스의 형 벤저민은 무엇을 수집하나요?
④ 맥스는 잡지에서 오린 낱말을 어떻게 하였나요?
⑤ 여러분의 기분을 좋게 만드는 낱말은 무엇인가요?
⑥ 여러분은 무엇을 모으고 싶은가요?

놀이 방법

준비물 낱말 카드, 유성 매직

놀이 단계

1단계 그림책의 낱말을 찾아 카드에 적기

교사와 학생이 함께 그림책을 읽은 후 다시 학생 혼자서 책을 읽으며 마음에 드는 단어에 동그라미를 한다. 동그라미의 숫자는 제한하지 않고 '동전', '우표', '만든다', '수집한다' 등 가능하면 많은 단어를 찾도록 한다. 찾은 단어를 하나씩 카드에 옮겨 적는다. 이때 어려운 단어의 경우 뜻을 알아보는 과정이 필요하다. 단어의 뜻을 먼저 추측해 보도록 한다. 그리고 함께 사전을 찾아보거나 검색하여 쉬운 용어를 사용해 저학년 학생들이 단어의 뜻을 이해하도록 돕는다. 낱말 그림을 함께 활용하는 방법도 효과적이다. 뜻을 이해한 단어는 카드에 옮겨 적고, 책상에 펼쳐 다시 한번 큰소리로 단어를 읽는다.

단어의 의미 알기
(우표 : 멀리 있는 사람과 편지를
주고받을 때 요금을 증명하는 것)

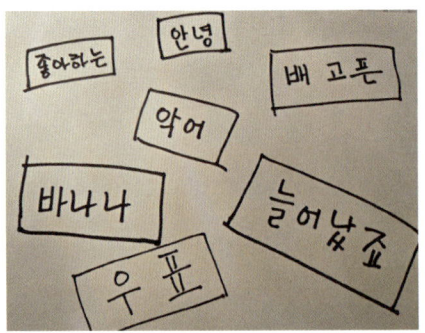
단어를 카드에 적기

2단계 낱말을 연결하여 끝말잇기나 문장 만들기

　낱말 카드에 적힌 단어를 연결하여 놀이하는 단계이다. 우선 단어를 살펴보며 '낱말 → 말놀이'와 같이 끝말잇기로 연결이 가능한 단어가 있는지 찾아본다. 한 사람당 10개 이상의 카드를 만들도록 하되, 되도록 많은 단어를 카드에 적는 것이 더 유리함을 안내한다.

　다음으로 모둠별로 모여 단어들을 한군데 모아 펼친 후 한 사람씩 돌아가며 카드를 집어 문장을 만든다. 이때 한 번에 1개의 카드를 가져갈 수 있는데, 우선 어떤 문장을 만들지 생각해 본 다음 단어를 가져가도록 한다. 되도록 많은 단어를 사용하여 긴 문장을 만드는 것이 목적이므로 문장을 미리 생각한 후 필요한 단어 카드를 가지고 가도록 한다. 단어 카드를 이용하여 뜻이 통하는 문장이나 이야기를 먼저 만드는 학생이 승리한다. 만약 1라운드의 놀이가 끝난 후 아직 문장을 완성하지 못한 학생이 있다면 빈 카드를 이용하여 문장 완성에 꼭 필요한 단어를 적어 문장을 완성할 기회를 준다.

낱말로 문장 완성하기

한 걸음 더

학생들이 선택한 단어를 연결하여 문장을 완성할 때 저학년이기 때문에 다소 의미가 모호하거나 뜻이 안 맞는 경우가 있을 수도 있다. 이럴 때는 빈 카드를 활용하여 필요한 단어를 적어 문장을 완성할 수 있도록 한다. 또는 스케치북에 단어 카드를 붙인 후 단어와 단어 사이에 새로운 단어나 이어 주는 말을 사용하여 문장을 연결하는 것도 문장을 완성하는 좋은 방법이 된다.

같이 읽으면 좋은 그림책

- 『기차 ㄱㄴㄷ』 박은영 글·그림, 비룡소
- 『장갑』 에우게니 M. 라쵸프 그림, V. 투르코바 편저, 한림출판사
- 『끝말잇기』 김영진 글·그림, 길벗어린이

14 구름 글자 만들기

국어 1학년 1학기 3단원 ②

놀이 소개
그림책에 나오는 낱말 중 가장 인상적인 단어를 골라 도화지에 그린 다음 단어의 이미지에 맞게 색깔 솜을 이용하여 꾸미는 놀이

놀이 목표
① 그림책에 나오는 인상적인 낱말을 골라 읽고 쓸 수 있다.
② 낱말의 뜻에 어울리게 색깔 솜을 이용하여 단어를 꾸밀 수 있다.

그림책 소개
아이의 손과 구름이 만나 다양한 모양의 나비, 새 등을 만들어 내는 아름다운 그림책이다. 그림책에 나오는 손은 실제 아이의 손을 사용하였는데 얼핏 보면 정교하게 그린 그림 같아서 주위의 사물과 자연스럽게 조화를 이룬다. 새들을 위한 집, 토끼가 쉴 수 있는 언덕 등 둥실둥실 떠다니는 구름으로 만들 수 있는 다양한 사례를 참고할 수 있는 그림책이다.

『구름 놀이』
한태희 글·그림
미래엔아이세움

그림책을 읽고 나누기 좋은 질문

① 토끼가 도망간 이유는 무엇인가요?
② 토끼와 호랑이가 다시 돌아온 이유는 무엇인가요?
③ 주인공은 왜 솜사탕을 만들었을까요?
④ 솜사탕을 혼자서 먹어 버린 욕심쟁이 동물은 누구인가요?
⑤ 비가 온 후 나온 구름은 어떤 구름인가요?
⑥ 지금까지 본 것 중 가장 특이하거나 재밌던 구름 모양은 무엇이었나요?

놀이 방법

준비물   색깔 솜, 풀, 도화지

놀이 단계

1단계 그림책의 낱말을 찾아 도화지에 그리기

교사와 학생들이 함께 그림책을 읽은 후 다시 학생 혼자서 책을 읽으며 인상적인 낱말을 1개 고른다. 도화지에 낱말을 그리기 전에 낱말의 뜻과 쓰이는 상황을 이야기해 본다. 그림책에서 단어를 고르기 힘들어 할 경우 구름으로 만들고 싶은 단어를 선택해도 된다. 예를 들어, '솜사탕'이라는 단어를 골랐을 경우 솜사탕을 먹어 본 기억이 있는지, 누구와 함께 먹었는지, 맛은 어땠는지 짝과 함께 이야기 나눈다.

그리고 도화지에 '솜사탕'이라는 낱말을 다양한 모양으로 윤곽선만 그린다. 윤곽선 안에 솜을 채워야 하므로 되도록 종이에 가득 차도록 크게 그리도록 한다. 특히, 낱말의 굵기가 커야 솜을 채울 수 있으므로 너무 가늘지 않게 그리도록 안내한다.

좋아하는 낱말 도화지에 그리기

2단계 색깔 솜을 이용하여 낱말 꾸미기

　윤곽선으로 그린 낱말을 색깔 솜을 이용하여 꾸며 보는 단계이다. 색깔 솜이 없으면 흰 솜에 물감이나 유성 매직을 이용하여 색깔 솜을 만들어 사용할 수 있다.

　먼저 솜을 가위나 손을 이용하여 자르고 윤곽선에 맞게 배치한다. 낱글자별로 색을 다르게 할 수도 있고, 같은 색을 사용할 수 있다. 그다음 윤곽선 안을 풀칠하고 색깔 솜이 고정되도록 모양을 잡아 꾹 눌러 준다.

　활동이 마무리되면 작품을 사물함에 붙이고 어떤 구름 글자를 만들었는지 읽어 보도록 한다. 또는 첫 글자 순서대로 사물함 위에 배치해 보거나, 공책에 순서대로 써 보는 것도 한글 익히기에 도움이 된다.

색깔 솜으로 낱말 꾸미기

한 걸음 더

색깔 솜을 사용하여 낱말을 꾸밀 때는 먼저 한 글자로 된 낱말을 연습해 보고, 그 다음 두 글자, 세 글자 낱말 순으로 서서히 넓혀 나가는 것도 도움이 된다. 예를 들어, '새', '언덕', '날아가다' 등으로 서로 연관되는 낱말을 찾아 그중 짧은 단어부터 연습해 본다. 솜을 다 붙였으나 비어 있는 공간이 생기면 붓이나 사인펜, 유성 매직으로 공간을 메울 수도 있다.

1학년 1학기

같이 읽으면 좋은 그림책

- 『오늘은 어떤 낱말을 건져 볼까?』 키아라 소렌티노 글, 마르티나 로톤도 그림, 피카주니어
- 『호박 목욕탕』 시바타 케이코 글·그림, 위즈덤하우스
- 『신기한 낱말 그림책 시리즈』 김철호 글, 윤기와 새우박사 그림, 을파소

국어 1학년 1학기 4단원 ①

15 음식 낱말 빙고

놀이 소개
4×4 칸에 다양한 음식 이름을 적고, 상대 학생이 부르는 음식을 체크하며 가로, 세로, 대각선으로 4개를 먼저 완성하면 "빙고!"를 외쳐 승리하는 놀이

놀이 목표
① 놀이를 통해 음식 이름의 낱말을 알 수 있다.
② 음식 이름을 익히며 한글 읽기와 쓰기 능력을 향상시킬 수 있다.

그림책 소개
뷔페에서 가족과 즐겁게 식사하는 이야기를 통해 한글을 재미있게 익히도록 구성되어 있다. 14개의 자음과 그에 해당하는 음식 이름을 초성 놀이처럼 소개하며, 아이들이 자연스럽게 한글을 배울 수 있게 한다. 책 뒤에는 QR코드를 실어 동요 음원과 동영상을 감상할 수 있게 하여 시각과 청각을 활용한 다양한 학습이 가능하다.

『어서 오세요! ㄱㄴㄷ 뷔페』
최경식 글·그림, 위즈덤하우스

그림책을 읽고 나누기 좋은 질문

① 그림책에 나온 음식 중 'ㄱ'(또는 다른 자음)으로 시작하는 음식은 무엇이 있었나요?
② 그림책에 나오지 않은 음식 중에서 'ㅁ'(또는 다른 자음)으로 시작하는 음식은 무엇이 있을까요?
③ 가장 좋아하는 음식은 무엇인가요? 그 음식의 첫 글자는 무엇인가요?
④ 우리 가족이 좋아하는 음식은 무엇인가요?
⑤ 만약 여러분이 ㄱㄴㄷ 뷔페의 요리사라면 어떤 새로운 음식을 만들고 싶나요?

놀이 방법

준비물 4×4 빙고판, 음식 카드, 가위

놀이 단계

1단계 음식 카드 오리기

그림책을 읽은 후 책에 나온 음식들을 함께 떠올리며 각 음식의 첫 자음을 확인하고, 학생들과 가장 좋아하는 음식과 그 음식의 첫 자음에 대해 이야기를 나눈다.

이어서 교사는 미리 준비한 음식 카드를 학생들에게 나눠 준다. 이 카드에는 그림책에 나온 음식 그림과 이름이 적혀 있다. 학생들은 제공받은 음식 카드를 주의 깊게 살펴보고, 가위를 사용하여 각 음식 카드를 조심스럽게 오린다. 이때, 교사는 학생들이 안전하게 가위를 사용할 수 있도록 지도하며, 필요한 경우 도움을 제공한다.

카드를 다 오린 후, 교사는 학생들에게 각 음식의 이름과 특징에 대해 질문한다. 예를 들어, "이 음식의 이름은 무엇일까요?" "이 음식의 첫 글자는 무엇인가요?" "이 음식을 먹어 본 적이 있나요?" 등의 질문을 할 수 있다. 이를 통해 학생들은 음식 이름과 한글에 대한 이해를 높이고, 자연스럽게 언어 능력을 향상시킬 수 있다.

2단계 빙고판에 음식 카드를 놓고 빙고 놀이하기

교사는 학생들에게 빈 빙고판을 나눠 준다. 학생들은 자신들이 오린 음식 카드 중에서 빙고판 칸 수만큼을 골라 빙고판의 각 칸에 올려놓는다. 이때 카드는 붙이지 않고 그냥 올려놓기만 한다. 모든 학생이 빙고판을 완성하면 짝이나 모둠별로 놀이를 시작한다.

학생들은 순서를 정해 돌아가면서 음식 이름을 하나씩 부른다. 불린 음식이 자신의 빙고판에 있는 학생들은 해당 카드를 뒤집는다. 이 과정을 반복하다가 가로, 세로, 대각선으로 한 줄이 모두 채워지면 "빙고!"를 외친다. 정해진 수의 빙고를 먼저 완성한 학생이 승자가 된다.

놀이가 끝난 후에는 나온 음식들에 대해 함께 이야기를 나누며 활동을 마무리한다. 이렇게 진행하면 학생들이 더 적극적으로 참여하고 서로 상호작용하며 학습할 수 있다.

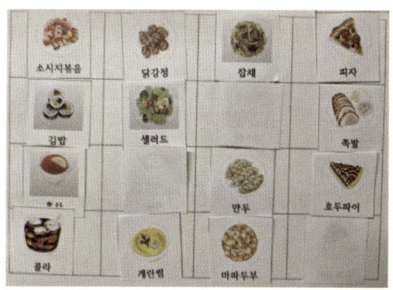 

한 걸음 더

음식 카드를 조금 특별하게 만들어 빙고 놀이를 더 재미있고 교육적으로 응용할 수 있다. 먼저, 교사가 음식 카드를 준비할 때 음식 이름의 첫 글자를 빼고 만든다. 예를 들면, '김치'는 '□치', '떡볶이'는 '□볶이'로 적어 놓는 것이다. 이렇게 만든 카드를 학생들에게 나눠 준다. 그다음 학생들은 빈칸에 알맞은 글자를 직접 써넣는다. '□란찜'에는 'ㄱ'을 넣어 '계란찜'을 완성하고, '□음밥'에는 'ㅂ'을 넣어 '볶음밥'을 완성하는 식이다. 모든 카드의 빈칸을 다 채우고 나면 앞서 설명한 대로 빙고 놀이를 시작한다. 이 놀이를 통해 학생들은 한글 자음을 복습하고, 단어의 구조를 이해할 수 있다.

같이 읽으면 좋은 그림책

- 『들어와 들어와』 이현정 글, 조옥경 그림, 달달북스
- 『김밥의 탄생』 신유미 글·그림, 봄개울
- 『전놀이』 동글 글, 강은옥 그림, 소원나무

국어 1학년 1학기 4단원 ②

16. 숨겨진 보물 낱말을 찾아라

놀이 소개
교실에 있는 물건들의 한글 낱말 카드를 미리 숨겨 두고, 학생들이 교실을 돌아다니며 숨겨진 카드를 찾아 해당하는 물건에 붙이는 놀이

놀이 목표
① 낱말을 소리 내어 읽고 쓸 수 있다.
② 낱말과 실제 물건을 연결하는 능력을 기를 수 있다.

그림책 소개
학교에서 첫날을 겪는 학생들의 감정과 경험이 생생하게 표현되어 있다. 학생들의 설렘과 두려움, 새로운 환경에 적응해 가는 과정이 세심하게 묘사되어 있어, 입학을 앞둔 초등학생들에게 공감과 위로를 줄 수 있는 책이다. 학교에 관한 여러 가지 낱말을 익히기에 적합한 책이다.

『처음 학교 가는 날』
제인 고드윈 글, 안나 워커 그림
파랑새

그림책을 읽고 나누기 좋은 질문

① 처음 학교에 가는 날 주인공은 어떤 기분이었나요?
② 학교 둘러보기에서 선생님이 보여 주신 장소는 어디인가요?
③ 학급 규칙으로 정한 것은 무엇인가요?
④ 여러분은 처음 학교에 갔을 때 어떤 느낌이 들었나요?
⑤ 학교에서 가장 재미있어 하는 활동은 무엇인가요?
⑥ 주인공에게 학교생활에 대해 이야기해 준다면 어떤 말을 해 주고 싶나요?

놀이 방법

준비물 교실 물건 이름 낱말 카드

놀이 단계

1단계 숨겨진 보물 낱말 찾기

교사는 놀이 전에 교실에 있는 다양한 물건의 이름을 한글로 적어 낱말 카드를 만든다. 이때 그림책에서 나온 낱말 중에서 교실에 있는 물건과 관련 있는 것을 주로 사용하여 만든다. 낱말 카드를 만들 때는 학생들이 낱말을 따라 쓸 수 있도록 만든다. 이 카드는 수업 시작 전에 교실 곳곳에 숨겨 둔다. 숨길 장소로는 책상 밑, 창문가, 사물함 옆, 책장 사이 등 학생들이 안전하게 찾을 수 있는 다양한 곳을 선택한다.

놀이가 시작되면 학생들은 마치 보물찾기를 하듯 교실을 돌아다니며 숨겨진 낱말 카드를 찾는다. 이때, 학생 간의 과도한 경쟁이 되지 않도록 지도한다. 카드를 발견하면 학생들은 자신의 자리로 돌아가 카드에 그 낱말을 따라 쓴다. 교사는 학생들이 카드를 찾는 동안 돌아다니며 도움이 필요한 학생들을 돕는다. 특히 글자를 따라 쓰는 과정에서 올바른 필순과 글자 모양을 지도한다. 정해진 시간이 지나거나 모든 카드를 찾으면 놀이는 종료된다.

숨겨진 보물 낱말 찾기   찾은 낱말 따라 쓰기

2단계 낱말 수수께끼

보물 낱말 찾기 놀이 후에 이어지는 낱말 수수께끼 놀이는 학생들의 언어 능력과 창의력을 더욱 발달시키는 놀이다. 먼저 학생들은 자신이 찾은 낱말 중 하나를 선택한다. 그다음 그 낱말을 직접 말하지 않고 그 물건의 특징이나 용도를 설명하는 문장을 만든다. 예를 들어, '연필'을 선택했다면 "이것은 길쭉하고 글씨를 쓸 때 사용해요."라고 설명할 수 있다. 차례대로 한 명씩 나와서 자신의 수수께끼를 말하면 다른 학생들은 그 설명을 듣고 어떤 낱말인지 맞혀 본다. 정답을 맞힌 학생은 해당 낱말 카드를 받아 교실 내 실제 물건에 붙이는 특권을 얻는다. 이 과정에서 학생들은 단어와 실제 물건을 연결 지을 수 있다. 카드를 붙인 학생이 다음 차례가 되어 새로운 낱말 수수께끼를 내는 방식으로 놀이를 계속한다.

수수께끼 만드는 것을 어려워하는 학생에게는 교사가 적절한 힌트를 제공한다. 예를 들어, 물건의 색깔, 크기, 모양, 사용 방법 등을 생각해 보도록 유도할 수 있다. 낱말 수수께끼를 낼 때는 구체적이고 간단한 문장을 사용하도록 돕는다.

놀이가 끝난 후에는 학생들과 함께 어떤 설명이 가장 재미있었는지, 어떤 낱말이 가장 어려웠는지, 그리고 카드를 붙이면서 새롭게 알게 된 점은 무엇인지 등을 이야기 나누며 활동을 마무리한다. 이러한 과정을 통해 학생들은 언어의 재미를 느끼고 창의적인 표현 능력을 기르며, 동시에 교실 환경의 물건과 낱말에 대한 인식을 높이게 된다.

낱말 카드를 사물에 붙이는 장면

한 걸음 더

학생들이 교실의 새로운 물건이나 학교의 장소를 나타내는 낱말 카드를 만들어 다른 친구들이 찾게 하는 놀이로 확장시킬 수 있다. 학생들에게 작은 카드나 종이를 나눠 주고, 교실에서 아직 낱말 카드로 만들어지지 않은 물건들을 찾아보게 한다. 학교 장소를 나타내는 말을 할 때는 장소의 범위를 정해 주는 것이 안전하다. 학생들은 자신이 발견한 새로운 물건의 이름을 카드에 적고, 간단한 그림도 그려 넣을 수 있다. 이 과정에서 교사는 학생들이 올바른 철자로 단어를 쓸 수 있도록 도와준다. 완성된 카드는 기존의 카드와 함께 정리하여 다른 활동에서 활용할 수 있다.

같이 읽으면 좋은 그림책

- 『급식실의 달평 씨』 신민재 글·그림, 책읽는곰
- 『와글와글 들썩들썩 보건실의 하루』 첼시 린 윌리스 글, 앨리슨 파렐 그림, 미디어창비
- 『학교에 가면』 루카 토르톨리니 글, 마르코 소마 그림, 주니어김영사

국어 1학년 1학기 5단원 ①

17 인사말 터치

놀이 소개
그림책에 나온 인사말과 생활에서 자주 쓰이는 인사말을 칠판에 붙이고, 학생들이 상황에 맞는 인사말을 찾아 파리채로 터치하는 놀이

놀이 목표
① 다양한 인사말을 알 수 있다.
② 여러 가지 인사말 중에서 상황에 알맞은 인사말을 찾을 수 있다.

그림책 소개
아이가 주변의 다양한 사람들을 만나며 주고받는 인사말이 담겨 있다. 아이의 밝은 표정과 반가운 인사가 주변 사람들을 행복하게 해 준다. 인사를 통해 가족, 이웃과 바른 관계를 맺는 것을 보며 인사의 필요성과 중요성을 느낄 수 있다.

『모두 모두 안녕!』
윤여림 글, 배현주 그림
웅진주니어

그림책을 읽고 나누기 좋은 질문

① 오늘 여러분이 만난 사람은 누구인가요?
② 오늘 여러분이 나눈 인사말에는 어떤 것이 있었나요?
③ 여러분이 알고 있는 인사말에는 어떤 것이 있나요?
④ 아이가 인사하는 모습을 보고 어떤 생각이 들었나요?
⑤ 인사를 하면 어떤 점이 좋은가요?
⑥ 인사를 왜 해야 할까요?

놀이 방법

준비물   파리채 2개, 인사말 카드, 상황 카드

놀이 단계

1단계 인사말 카드를 칠판에 붙이기

그림책에 나온 인사말은 어떤 것이 있는지 살펴보고, 책에 나온 것 외에 일상에서 나누는 인사말에는 어떤 것이 있는지 이야기 나눈다. 다양한 인사말이 적힌 카드를 칠판에 붙이고 학생들과 하나씩 읽는다. 읽을 때는 상황에 알맞은 표정과 몸동작을 넣어서 즐겁게 놀이하듯이 인사한다. 인사말 카드는 교사가 준비하되 빈 카드를 두어 학생들이 생각한 인사말이 있을 경우 빈 카드에 적어서 추가하여 사용한다. 카드는 파리채를 이용하여 터치하므로 칠판의 높은 곳과 낮은 곳에 고르게 붙인다.

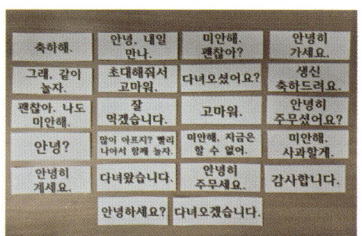
인사말 카드 예시

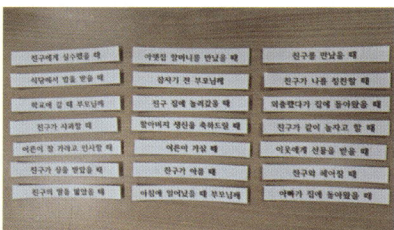
상황 카드 예시

2단계 알맞은 인사말을 찾아 파리채로 터치하기

책상을 교실 양 옆으로 밀어서 가운데 공간을 비워 둔다. 칠판 반대쪽 바닥에 마스킹테이프로 출발선을 표시한 후 제비로 뽑힌 두 사람이 각각 파리채를 들고 출발선 앞에 선다. 교사 또는 학생 중 한 명이 상황 카드를 뽑아서 카드에 적힌 상황을 읽으면 출발선 앞의 두 학생이 달려 나와 상황에 알맞은 인사말을 찾아 파리채로 터치한다. 그런 다음 전체 학생이 다 같이 알맞은 인사말을 외친다.

교사	(상황 카드를 하나 뽑아서 읽는다.) 외출했다가 집에 돌아왔을 때 부모님께 하는 인사말은 무엇일까요?
학생 1, 2	(달려가서 알맞은 인사말을 파리채로 터치한다.)
교사	○○이 조금 더 빨랐네요. 정답을 다 같이 말해 볼까요?
학생들	다녀왔습니다!

놀이할 때는 경쟁이 너무 과열되지 않도록 학생들이 서로 밀거나 파리채로 상대방을 치지 않도록 주의하며, 나머지 학생들은 놀이하는 두 학생 모두에게 칭찬의 박수를 보내기로 약속한다. 학급 전체가 한 번씩 놀이한 후에는 다른 짝과 한 번 더 놀이하여 다양한 인사말 놀이를 경험해 볼 수 있도록 한다.

한 걸음 더

그림책에 등장하는 인사말 중 부모님께 하는 인사는 정확한 높임말 표현이 아니지만, 아이가 인사를 잘못한 것으로 접근하기보다는 가족을 향한 애정과 따뜻한 마음에 초점을 두어 읽는 것이 좋다.

놀이 전 또는 후에 다양한 인사말이 가사인 노래를 부르면 인사말을 즐겁게 배울 수 있다. 다 같이 둥글게 서서 인사말 노래를 부르며 걷다가 교사가 호루라기를 불면 둘씩 짝을 짓고 교사가 설명하는 상황에 따라 서로 인사를 주고받는 놀이를 할 수도 있다. 인사와 관련된 놀이를 할 때는 정확한 인사말을 배우는 동시에, 서로 인사를 하는 것이 상대방에게 관심을 표현하고 좋은 관계를 유지하며 따뜻한 사회를 만들 수 있다는 것을 자연스럽게 경험하고 느낄 수 있도록 한다.

같이 읽으면 좋은 그림책

- 『인사』 김성미 글·그림, 책읽는곰
- 『너에게 주는 말 선물』 이라일라 글, 서영 그림, 파스텔하우스
- 『인사는 우리를 즐겁게 해요!』 소피 비어 글·그림, 상수리

국어 1학년 1학기 5단원 ②

18 인사 짝을 찾아서 인사해요

놀이 소개
인사가 필요한 상황을 적은 종이와 인사말이 적힌 종이를 접어서 상자에 담은 후 학생들이 종이를 뽑아서 알맞은 인사 짝을 찾고 인사하는 놀이

놀이 목표
① 상황에 맞는 인사말을 찾을 수 있다.
② 인사말을 알맞게 사용하여 말할 수 있다.

그림책 소개
집에서 나와 학교로 가는 길, 만나는 사람들에게 민철이가 용기 내어 먼저 건넨 인사로 주위에 어떤 변화가 일어나는지 보여 준다. 민철이의 인사로 이웃과 친구들의 얼굴이 달라지고 마음을 여는 모습을 보며 인사의 중요성을 느낄 수 있다.

『인사를 나눠 드립니다』
이한재 글·그림, 킨더랜드

그림책을 읽고 나누기 좋은 질문

① 민철이는 왜 먼저 인사를 건넸나요?

② 인사를 받은 사람들의 마음은 어땠나요?

③ 책을 읽은 후 주변의 어떤 사람이 떠올랐나요? 왜 그런가요?

④ 인사를 하거나 받은 후 기분이 좋았던 경험이 있나요?

⑤ 인사를 나누기 어려울 때는 언제인가요?

⑥ 오늘 하루 여러분이 먼저 인사하고 싶은 사람은 누구인가요? 왜 그런가요?

놀이 방법

준비물 인사말이 적힌 종이와 인사가 필요한 상황이 적힌 종이(각각 학생 수만큼), 빈 상자 2개

놀이 단계

1단계 상황에 맞는 인사말 찾기

인사말이 적힌 종이와 인사가 필요한 상황이 적힌 종이를 각각 학생 수만큼 준비한다. 학생이 20명이면 인사말이 적힌 종이 20장과 상황이 적힌 종이 20장을 준비한다. 상자 하나에 인사말 10장과 그에 알맞은 상황 10장을 접어서 넣고, 또 다른 상자에도 나머지 인사말 10장과 그에 알맞은 상황 10장을 접어서 넣는다.

먼저 첫 번째 상자에 담긴 총 20장의 종이를 학생들이 모두 하나씩 나누어 가진 후 교사의 출발 신호와 함께 학생들은 자신의 종이를 펼쳐 내용을 확인하고, 알맞은 인사 짝을 찾아다닌다. 어떤 학생이 '친구의 발을 밟았을 때'라고 적힌 종이를 뽑았다면 '미안해. 괜찮아?'라고 적힌 종이를 가진 친구가 인사 짝이 된다. '축하해'라고 적힌 종이를 뽑았다면 '친구가 상을 받았을 때'와 같이 친구에게 축하할 일이 적힌 종이를 가진 친구를 찾으면 된다.

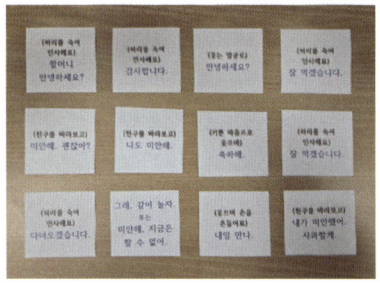
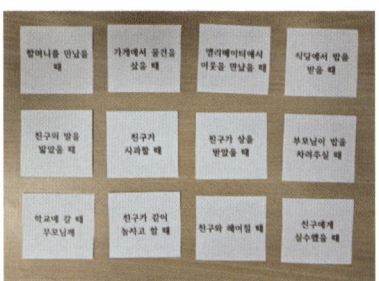

인사말이 적힌 종이 예시   상황이 적힌 종이 예시

2단계 상황에 알맞게 인사하기

인사 짝을 찾으면 교사에게 와서 종이를 보여 주고 종이에 적힌 상황과 인사말을 알맞은 표정과 말투, 자세로 표현한다. '가게에서 물건을 샀을 때' 종이와 '감사합니다' 종이를 가져온 인사 짝의 경우, 한 사람은 가게 점원이 되어 "5백원입니다."와 같이 말하고, 나머지 한 사람은 학생이 되어 고개를 숙이며 "감사합니다."라고 인사한다. '친구가 발을 밟았을 때' 종이와 '미안해. 괜찮아?' 종이를 가져온 인사 짝의 경우, 한 사람은 실수로 발을 밟는 학생 역할을 맡고, 또 한 사람은 발이 밟혀 아파하는 친구 역할을 맡아서 "미안해. 괜찮아?"라는 말을 적절한 표정과 말투로 표현한다.

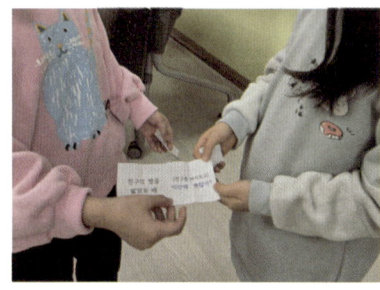
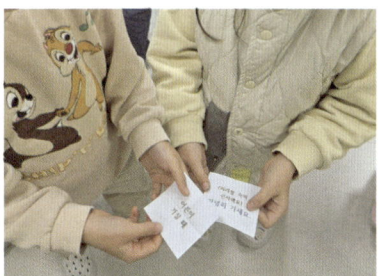

인사 짝을 다 찾은 후에는 두 번째 상자에 담긴 종이로 또 한 번 놀이를 하여 학생들이 첫 번째 놀이와는 다른 새로운 인사말과 상황을 접하게 한다.

한 걸음 더

두 번째 상자로 놀이한 후에는 두 상자의 종이를 모두 합쳐서 40장으로 놀이할 수 있다. 이때는 종이를 2장씩 뽑아서 한 사람당 2명의 인사 짝을 만나도록 한다. 처음 놀이보다 조금 더 복잡해졌지만, 이전의 놀이를 통해 보았던 인사말들이 있어서 어렵지 않게 놀이할 수 있다.

놀이를 마친 후에는 주위 사람들에게 내가 먼저 할 수 있는 인사말을 한 가지씩 정하여 종이에 글과 그림으로 표현하고, 사물함에 붙여 두어 인사를 기억하고 실천하도록 격려하는 것도 좋다. 인사를 나누어서 기분이 좋았던 경험을 아침마다 이야기 나누면 학생들이 더욱 즐겁게 인사하는 습관을 가질 수 있다.

같이 읽으면 좋은 그림책

- 『안녕하세요!』 신성희 글·그림, 은나팔
- 『또르의 첫인사』 토리고에 마리 글·그림, 베틀북
- 『왜 인사해야 돼?』 엘리센다 로카 글, 크리스티나 로산토스 그림, 노란상상

19 낱말 젠가 놀이

국어 1학년 1학기 6단원 ①

놀이 소개
젠가 블록에 낱말을 쓰고 젠가 놀이를 하는데, 낱말이 적힌 블록을 뽑은 후 그 낱말을 사용하여 문장을 만들고 소리 내어 읽는 놀이

놀이 목표
① 젠가 블록에 적힌 낱말로 문장을 만들 수 있다.
② 만든 문장을 소리 내어 읽을 수 있다.

그림책 소개
서로가 어색하고 서툰 1학년 아이들이 마음을 모으고 서로 돕는 이야기다. 학교에 가게 된 첫날, 수지는 단짝 친구인 코끼리를 학교에 데려가지만, 코끼리가 교실 문에 꽉 끼고 만다. 친구들의 도움으로 무사히 코끼리와 1학년의 첫날을 시작하는 수지의 이야기를 담은 이 책은 1학년 학생들 모두 처음은 서툴지만 서로 돕고 격려하면 즐겁게 학교 생활을 할 수 있다는 것을 보여 준다.

『코끼리가 꼈어요』
박준희 글, 한담희 그림, 책고래

그림책을 읽고 나누기 좋은 질문

① 수지는 왜 학교에 코끼리를 데려가고 싶었나요?
② 엄마는 왜 학교에 갈 때 코끼리는 두고 가라고 했나요?
③ 코끼리가 문에 꼈을 때 수지는 어떤 마음이 들었나요?
④ 코끼리가 문에 꼈을 때 친구들이 어떻게 도와주었나요?
⑤ 코끼리는 학교에서 수지의 친구들과 어떻게 지냈나요?
⑥ 여러분은 어떤 동물을 학교에 데려오고 싶나요?

놀이 방법

준비물 젠가(모둠 수만큼), 라벨 스티커

놀이 단계

1단계 낱말 젠가 놀이하기

3~6명이 한 모둠이 되어 모둠별로 그림책에 나온 낱말들을 라벨 스티커에 적은 후 젠가 블록에 붙인다. 블록을 섞은 후 쌓아서 젠가 놀이를 준비한다. 가위바위보를 하여 이긴 사람부터 시계 방향으로 돌아가며 한 사람씩 젠가의 블록을 조심스럽게 뽑는다. 뽑은 블록에 낱말이 적혀 있으면 모둠원에게 보여 주고 다 같이 낱말을 읽은 후 자기 앞에 둔다.

모둠원이 돌아가며 블록을 뽑으며, 낱말이 없는 블록이 뽑히면 젠가 탑 맨 위에 올린다. 블록을 뽑을 때 낱말이 뽑히면 함께 기뻐해 주고, 낱말이 없는 블록이 뽑히면 함께 아쉬워하며 격려해 줄 수 있도록 한다. 젠가 블록이 무너지면 놀이가 끝난다.

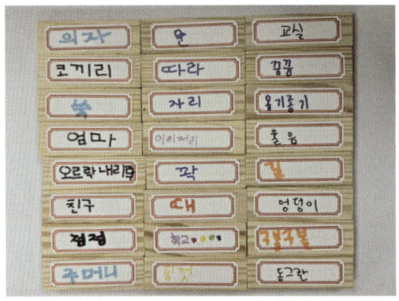 

그림책의 낱말을 젠가 블록에 붙인 모습　　　　젠가 놀이를 하는 모습

2단계 뽑은 낱말로 문장 만들기

　젠가 블록이 무너지고 나면 각자가 뽑은 낱말 블록을 제외하고 전부 상자에 담는다. 학생들은 나누어 준 종이에 각자 뽑은 낱말을 이용하여 문장을 만들어 쓰고, 문장에 어울리는 그림을 그린다. 만약 '친구'가 적힌 블록을 뽑았다면 '오늘은 내 단짝 친구하고 같은 조가 됐다.'와 같이 문장을 만들고 그 문장에 알맞은 그림을 종이의 오른쪽 면에 그린다.

　문장과 그림을 완성한 후에는 자신이 만든 문장을 모둠원에게 소리 내어 읽어 주고, 모둠원은 따라서 읽는다. 젠가 놀이를 할 때 낱말이 적힌 블록을 뽑지 못한 학생이 있다면 여러 개 뽑은 학생이 나누어 줄 수 있도록 미리 안내한다.

'친구'를 사용하여 만든 문장과 그림　　　　'문'을 사용하여 만든 문장과 그림

한 걸음 더

그림책에 나온 낱말을 라벨 스티커에 적을 때 학생들에게 그림책이 있다면 책에서 찾아 쓸 수 있도록 한다. 교사가 화면을 통해 그림책을 읽어 주었다면 기억에 남는 낱말을 학생들에게 떠올려 보도록 한 후 준비한 낱말 목록을 나누어 주고, 그중에 낱말을 선택해서 쓰도록 한다. 젠가 블록이 약 54개이므로 낱말 목록은 그보다 적은 수인 35~40개를 나누어 주면 젠가 놀이를 할 때 낱말이 적혀 있지 않은 블록도 간간이 뽑혀서 놀이의 재미를 더하게 된다. 모둠원이 한 번씩 블록을 뽑기도 전에 젠가 블록이 무너졌다면 다시 쌓아서 놀이할 수 있도록 기회를 준다.

같이 읽으면 좋은 그림책

- 『여덟 살 오지 마!』 재희 글·그림, 노란돼지
- 『나는 여덟 살, 학교에 갑니다』 김해선 글·그림, 주니어김영사
- 『학교 가는 날』 송언 글, 김동수 그림, 보림

20. 몸으로 만드는 문장부호

국어 1학년 1학기 6단원 ②

놀이 소개
문장부호에 알맞은 몸동작을 만들고, 글을 읽다가 문장부호가 나오면 다 함께 몸동작을 표현하는 놀이

놀이 목표
① 문장부호의 이름과 쓰임을 알고, 문장부호와 비슷한 모양의 몸동작을 만들 수 있다.
② 그림책에서 문장부호를 찾아 알맞게 몸동작으로 표현할 수 있다.

그림책 소개
학교에서 돌아오는 길, 아이는 처음 보는 꽃 속에서 작은 코끼리를 발견한다. 아이는 코끼리를 위해 가방 속 물건을 꺼내어 주고 먹을 것도 주며 행복한 시간을 갖는다. 저녁이 되자 아이는 다시 만날 날을 기약하며 코끼리와 헤어진다. 주변의 일상에 관심을 가진 아이에게 일어난 놀라운 만남과 즐거운 추억을 상상 가득 풀어낸 이야기다.

『꽃에서 나온 코끼리』
황 K 글·그림, 책읽는곰

그림책을 읽고 나누기 좋은 질문

① 코끼리는 왜 꽃 속에 있었나요?
② 아이는 어떻게 코끼리를 발견하게 되었나요?
③ 해가 지자 아이와 코끼리는 왜 헤어지게 되었나요?
④ 꽃에서 나온 코끼리를 보고 어떤 생각이 들었나요?
⑤ 작은 코끼리를 만난다면 무엇을 하고 싶나요?
⑥ 어떤 동물을 만나고 싶나요? 왜 그런가요?

놀이 방법

준비물 A4 절반 크기 종이, 색칠 도구

놀이 단계

1단계 몸으로 문장부호 만들기

그림책에 나온 문장부호 4가지(마침표, 쉼표, 느낌표, 물음표)의 이름과 쓰임을 익힌 후 각 문장부호가 무엇을 닮았는지 이야기 나눈다. 학생들은 마침표는 '콩', '돌멩이', '물방울', 쉼표는 '콩나물', '싹 튼 강낭콩', '올챙이' 등과 같이 주변에서 볼 수 있는 친숙한 것을 떠올린다. 그런 다음 2~3명씩 짝을 지어 문장부호를 몸으로 나타내 본다. 4개의 문장부호를 모두 몸으로 표현해 본 후에는 한 팀씩 몸으로 문장부호를 만들고, 나머지 학생들은 그 팀이 어떤 문장부호를 나타낸 것인지 맞힌다.

몸으로 마침표를 표현한 모습

몸으로 물음표를 표현한 모습

팀별로 자유롭게 문장부호를 표현한 후에는 학급 전체가 각 문장부호를 손으로 표현한다면 어떻게 나타낼지 정한다. 너무 어렵지 않은 동작으로 정하여 4개의 문장부호를 손으로 표현하는 연습을 충분히 한다. 그런 다음 그림책에서 4가지 문장부호가 모두 쓰인 페이지를 화면에 띄워 문단을 함께 읽는다. 글을 읽다가 문장부호가 나오면 다 함께 정한 손동작을 하면서 각 문장부호에 알맞게 띄어 읽는다.

손으로 쉼표를 표현한 모습

손으로 느낌표를 표현한 모습

2단계 숨은 문장부호 찾기

그림책에 나온 문장부호를 찾아 손으로 표현한 후에는 종이에 문장부호를 숨긴 그림으로 그려서 나타낸다. 그리고 싶은 그림을 그린 후 그 속에 문장부호를 그려 넣을 수 있고, 순서를 바꾸어 문장부호를 먼저 그린 후에 그 위에 그림을 덧그려서 문장부호를 숨길 수도 있다. 배운 4가지 문장부호를 1개 이상 숨겨 놓도록 하며, 완성한 후에는 친구들과 숨은 문장부호 찾기 놀이를 한다.

둘씩 짝을 지어 가위바위보를 하고, 이긴 사람이 먼저 자신이 만든 숨은 문장부호 찾기 그림을 보여 주고 진 사람은 문장부호를 찾는다. 친구가 문장부호를 다 찾으면 같은 방식으로 상대방의 문장부호 찾기 그림을 보고 숨겨진 문장부호를 찾는다. 찾기가 너무 어려운 경우 힌트를 주도록 하고, 두 사람 모두 숨은 문장부호 놀이를 마쳤으면 교실에서 이동하여 새로운 짝을 찾아 동일하게 놀이를 진행한다.

문장부호를 숨긴 그림

한 걸음 더

　모둠별로 한 사람은 그림책을 읽고 나머지 모둠원은 문장부호를 손으로 표현하는 활동을 할 수 있다. 책을 읽는 사람은 문장부호에 알맞게 띄어 읽고, 모둠원은 문장과 문단의 의미상 어떤 문장부호가 들어가는 것이 알맞을지 손으로 표현한다. 책은 한 사람이 한 페이지씩 돌아가며 읽도록 하여 문장부호에 알맞게 띄어 읽는 연습을 고르게 하고, 문장부호의 쓰임도 고르게 익힐 수 있도록 한다.

같이 읽으면 좋은 그림책

- 『문장부호』 난주 글·그림, 고래뱃속
- 『느낌표』 에이미 크루즈 로젠탈 글, 탐 리히텐헬드 그림, 천개의바람
- 『오! 호? 열두 띠 동물』 최도희 글·그림, 북랩

21 그림 보고 낱말 넣어 문장 말하기

국어 1학년 1학기 7단원 ①

놀이 소개
그림책의 장면을 보고 어울리는 낱말을 넣어 문장을 완성한 후 빠르게 말하는 놀이

놀이 목표
① 그림을 보고 알맞은 낱말을 넣어 문장으로 표현할 수 있다.
② 순간적으로 생각을 정리하고 표현하는 순발력을 향상시킬 수 있다.

그림책 소개
14장의 생기발랄한 어린이 풍속도첩으로 구성되어 있다. 한 장면에 200여 개의 캐릭터가 등장하며 봄, 여름, 가을, 겨울의 놀이와 식물, 동물, 도깨비, 괴물, 옛이야기 등 다양한 주제를 담고 있어 그림을 보고 문장을 완성하는 놀이를 하기에 적합하다.

『한 장 한 장 그림책』
이억배 글·그림, 사계절

그림책을 읽고 나누기 좋은 질문

① 그림 속에 어떤 동물들이 있나요?
② 책을 보는 동물들 사이에서 염소는 무엇을 하고 있나요?
③ 친구들 가운데 있는 아이는 무슨 이야기를 하고 있을까요?
④ 책을 읽는 엄마와 아이 주변에 있는 동물들의 표정은 어떤가요?
⑤ 그림책 속 친구들 중에서 누구와 친구가 되고 싶은가요?
⑥ 만약 이 그림책 속으로 들어간다면 어느 장면으로 들어가고 싶은가요?

놀이 방법

준비물   낱말이 비어 있는 문장과 해당 낱말 카드

놀이 단계

1단계 문장에 알맞은 낱말 찾기

그림책의 장면과 관련된 문장이 적힌 카드와 빈칸에 들어갈 낱말 카드를 준비한다. 문장 카드는 가운데 낱말이 비어 있는 상태로, 낱말 카드는 문장 카드의 빈칸에 들어갈 낱말로 구성한다. 두 학생이 마주 앉아 모든 카드를 뒤집어 섞어 놓는다. 순서를 정한 후, 각자 차례대로 2장의 카드를 뒤집는다. 뒤집은 2장이 서로 어울리는 문장과 낱말이라면, 즉 낱말이 문장의 빈칸에 들어갈 수 있다면 그 2장의 카드를 가져간다. 예를 들어, '호랑이가 ( )을 읽어요.'라는 문장 카드와 '책'이라는 낱말 카드를 뒤집었다면 두 카드는 어울리므로 가져갈 수 있다. 만약 뒤집은 2장의 카드가 서로 어울리지 않는다면 다시 뒤집어 놓고 차례를 넘긴다.

이렇게 번갈아 가며 카드를 뒤집고 짝을 맞추는 과정을 반복한다. 모든 카드가 짝을 이룰 때까지 또는 정해진 시간 동안 놀이를 진행하고, 더 많은 카드 쌍을 모은 학생이 이긴다.

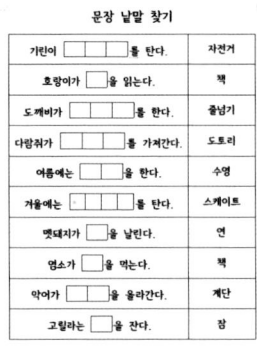
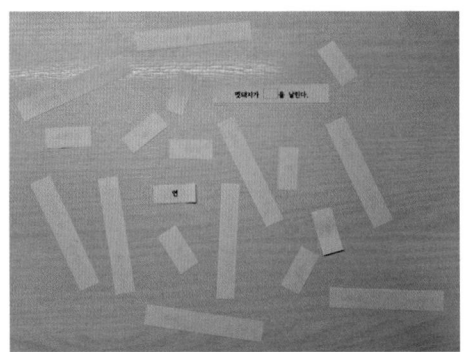

문장 낱말 찾기 카드   문장 낱말 찾기 놀이

2단계 그림 보고 낱말 넣어 문장 말하기

학급을 두 팀으로 나눈다. 각 팀은 교실 앞쪽에 일렬로 줄을 선다. 교사는 실물화상기를 이용하여 그림책의 한 장면을 학생들에게 보여 준다. 이때 교사는 "하나, 둘, 셋!"이라고 외치며 그림을 보여 준다. 신호와 함께 각 팀의 맨 앞에 선 학생들은 그림을 보고 가능한 한 빨리 적절한 문장을 만들어 "정답!"을 외치고 말해야 한다. 예를 들어, 물고기들과 사람이 함께 수영하는 그림을 보여 준다면 "물고기가 헤엄을 쳐요." 또는 "사람이 수영을 해요."라고 말할 수 있다. 정답을 외치고 가장 먼저 적절한 문장을 말한 학생의 팀이 1점을 얻는다. 점수를 얻은 후, 문장을 말한 두 학생은 자기 팀의 맨 뒤로 이동한다. 그다음 학생들이 앞으로 나와 다음 라운드에 참여한다.

이 과정을 반복하여 정해진 라운드(예: 10라운드) 동안 놀이를 진행한다. 각 라운드마다 교사는 새로운 그림을 보여 주며, 학생들은 계속해서 새로운 문장을 만들어야 한다. 놀이가 진행되는 동안 교사는 스티커를 사용하여 각 팀의 점수로 붙여 줄 수 있다. 이 놀이를 통해 학생들은 빠른 관찰력, 문장 구성 능력, 순발력을 기를 수 있다. 또한 모든 학생이 골고루 참여할 수 있어 자신감을 향상시키고 언어 사용에 대한 흥미를 높일 수 있다.

| 그림 예시 | 문장 예시 |

· 사람이 물에서 수영을 해요.
· 사람과 물고기가 놀고 있어요.
· 물고기가 헤엄을 쳐요.

한 걸음 더

그림을 보고 빠르고 정확하게 문장 말하기 놀이에 재미를 더하기 위해 '말하기 카드'를 추가할 수 있다. 카드에는 '큰소리로', '작은 소리로', '천천히', '빠르게' 등 쉬운 지시 사항을 그림과 함께 적는다. 학생이 그림을 보고 문장을 만들면 교사가 카드를 뽑아 그 방법대로 문장을 말하게 한다. 예를 들어, '큰소리로' 카드가 나오면 만든 문장을 큰소리로 말해야 한다. 또한, '동물 흉내 내기' 카드를 추가하여 문장을 말할 때 그림 속 동물 소리를 넣어 말하게 할 수 있다.

같이 읽으면 좋은 그림책

- 『놀이터』 문종훈 글·그림, 늘보의섬
- 『내가 만드는 1000가지 이야기』 막스 뒤코스 글·그림, 국민서관
- 『어느 날』 서선정 글·그림, 향

국어 1학년 1학기 7단원 ②

22 문장 완성 말판 놀이

놀이 소개
빈칸이 있는 문장들을 배치한 말판에서 주사위를 굴려 말을 이동시키고, 말이 멈춘 칸 문장의 빈칸에 알맞은 낱말을 넣어 문장을 완성하는 놀이

놀이 목표
① 낱말을 이용해 문장을 만드는 활동을 통해 문장 구성 능력을 기를 수 있다.
② 주어진 단어나 상황을 바탕으로 새로운 문장을 만들어 내는 과정에서 창의력을 키울 수 있다.

그림책 소개
실제 도서관에 살고 있는 고양이 레오의 이야기를 담고 있다. 도서관이라는 친숙한 배경과 고양이라는 흥미로운 주인공이 학생들의 호기심을 일으키고, 다양한 상황과 감정이 묘사되어 있어 문장 완성 시 풍부한 어휘를 활용할 수 있도록 돕는 그림책이다.

『도서관 고양이』
최지혜 글, 김고둥 그림
한울림어린이

그림책을 읽고 나누기 좋은 질문

① 고양이 레오는 어떻게 도서관에 오게 되었나요?
② 도서관에서 레오가 가장 좋아하는 것은 무엇인가요?
③ 이 책을 읽으면서 가장 재미있었던 장면은 무엇인가요?
④ 레오가 읽은 그림책 중에 여러분이 읽은 그림책은 무엇인가요?
⑤ 여러분이 레오라면 도서관에서 무엇을 하고 싶은가요?
⑥ 도서관에 다른 동물이 살 수 있다면 어떤 동물이 살면 좋을까요?

놀이 방법

준비물 낱말 카드, 공, 문장 완성 말판, 주사위, 말

놀이 단계

1단계 공을 돌리며 제시 낱말을 넣어 문장 만들기

학생들과 함께 『도서관 고양이』 그림책을 읽으며 흥미로운 낱말들에 대해 이야기한다. 그 후 책에서 나온 낱말 중 문장 만들기에 적합한 것을 선별하여 카드로 준비한다. 예를 들어, '레오', '도서관', '그림책', '밤', '고양이', '친구들' 등의 낱말을 선정할 수 있다.

놀이를 시작하기 전, 학생들을 원형으로 앉게 하고 공과 타이머를 준비한다. 선정된 낱말 중 하나를 제시하고 타이머를 설정한 후, 공을 받은 학생은 제시된 낱말을 사용하여 『도서관 고양이』 이야기와 연관된 문장을 만든다. 예를 들어, '레오'가 제시되면 "레오는 밤에 도서관에서 그림책을 봐요."라는 문장을 만들 수 있다. 문장을 만든 학생은 다른 학생에게 공을 전달하고, 이 과정이 반복된다.

이 놀이의 규칙은 이미 나온 문장은 반복하지 않아야 하며, 만들어진 문장은 『도서관 고양이』 이야기의 내용과 연관되어야 한다는 것이다. 타이머가 울렸을 때 공을 들고 있는 학생은 팔 벌려 뛰기 세 번을 하는 등의 신체 활동을 수행한다. 이 놀이를 통해 학생들의 어휘력과 문장 구성 능력을 향상시킬 수 있다.

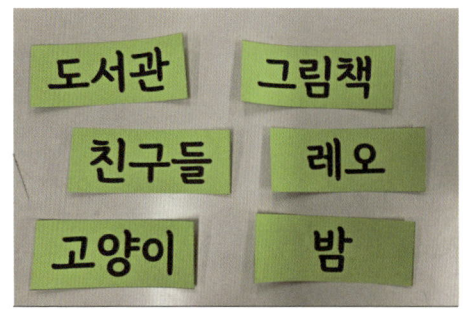
낱말 제시 카드

공 돌리며 문장 만들기

2단계 문장 완성 말판 놀이

놀이를 시작하기 위해서는 먼저 빈칸이 있는 문장들이 적힌 말판을 준비한다. 말판에는『도서관 고양이』그림책의 내용과 연관된 문장들을 선정하여 배치하는 것이 좋다.

학생들은 말판의 출발 지점에 각자의 말을 놓고 순서를 정한다. 주사위를 던져 나온 수만큼 말을 이동시키며, 도착한 칸에 적힌 문장의 빈칸을 완성해야 한다. 빈칸에 적절한 낱말을 넣어 문장을 완성한다. 교사는 정해진 시간 내에 문장을 완성하는 것과 이미 사용된 낱말은 반복해서 사용할 수 없다는 규칙을 안내한다. 문법적으로 올바르고 의미가 통하는 문장을 만들어야 하는 것을 강조하여 학생들이 더욱 신중하고 창의적으로 문장을 구성하도록 유도한다. 학생들은 놀이를 통해 자연스럽게 어휘력을 확장하고, 문장 구성 능력을 발달시키며, 창의적 사고를 기를 수 있다. 또한『도서관 고양이』그림책의 내용을 더욱 깊이 이해하고 재해석하는 기회를 얻을 수 있다.

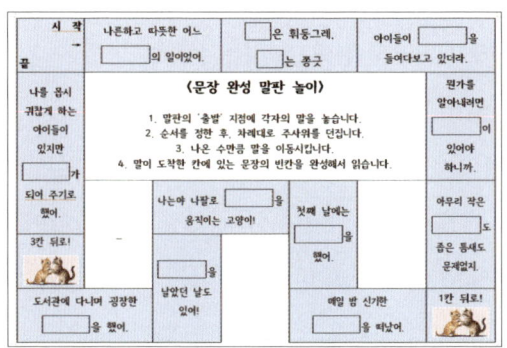

한 걸음 더

여러 가지 문장 만들기의 확장된 활동으로 '이야기 이어 가기' 놀이를 할 수 있다. 먼저 교사와 학생들이 함께 그림책의 주요 내용을 간단히 복습한다. 그 후 교사가 이야기의 시작점을 제시한다. 예를 들어, '어느 날 밤, 레오가 도서관 창문 밖으로 이상한 빛을 보았어요.'라는 문장으로 시작할 수 있다. 이어서 학생들이 순서대로 한 문장씩 이야기를 이어 간다. 각 학생은 앞 사람이 말한 내용을 고려하여 자연스럽게 연결되는 문장을 만들어야 한다. 교사는 필요할 때 적절히 개입하여 이야기의 방향을 잡아 주거나 아이디어를 제안할 수 있다. 모든 학생이 한 번씩 문장을 만들면 한 바퀴가 끝나고, 이를 몇 바퀴 반복하여 하나의 완성된 이야기를 만든다. 놀이가 끝나면 함께 만든 이야기를 정리하고, 재미있거나 인상 깊었던 부분에 대해 이야기를 나눈다. 이 놀이는 학생들의 듣기, 말하기 능력을 향상시키고 창의력을 자극하는 효과적인 언어 학습 활동이다.

같이 읽으면 좋은 그림책

- 『할 수 있어 클로버』 홀리 휴즈 글, 닐라 아예 그림, 교육과실천
- 『칙칙팥팥』 콩양신쨔오 글, 구미 그림, 키위북스
- 『사계절』 퍼트리샤 헤가티 글, 브리타 테큰트럽 그림, 키즈엠

23 국어 1학년 2학기 1단원 ①

난 이렇게 춤을 춰!

놀이 소개

카드에 적힌 흉내 내는 말을 보고 말과 동작을 하며, 나와 같은 흉내를 내는 친구가 있으면 하이파이브를 한 후 카드를 내려놓는 놀이[1]

놀이 목표

① 움직임을 흉내 내는 다양한 말을 알 수 있다.
② 움직임을 흉내 내는 동작을 해 봄으로써 흉내 내는 말의 느낌을 알 수 있다.

그림책 소개

춤으로 자신을 표현하는 과정을 유쾌하게 보여 주는 그림책이다. 춤을 추고 있는 사람들 속에서 주인공은 홀로 소파에 앉아 책을 읽고 있다. 주인공이 "난 안 춰."라고 말하자 사람들은 각자 춤추는 방법을 알려 준다. 마지막에 주인공의 반전이 재미있는 책으로, 몸의 움직임을 나타내는 다양한 흉내 내는 말과 동작들이 나온다.

『넌 어떻게 춤을 추니?』
티라 헤더 글·그림, 책과콩나무

---

[1] '연어는 행복해' 보드게임 놀이 방법 이용

그림책을 읽고 나누기 좋은 질문

① 주인공은 왜 춤을 안 춘다고 했나요?
② 여러분은 춤추는 것을 좋아하나요?
③ 여러분은 어떤 때 춤을 추고 싶나요?
④ 춤을 추면 어떤 기분이 드나요?
⑤ 주인공은 어떻게 춤을 추나요?
⑥ 움직임을 흉내 내는 말은 무엇이 있나요?

놀이 방법

준비물 공카드(1인 12장), 네임펜(4명이 다른 색)

놀이 단계

1단계 움직임을 흉내 내는 동작 해 보기

교사는 그림책에 나오는 움직임을 흉내 내는 말을 칠판에 쓴다. 그림책에 나온 표현 외에 움직임을 흉내 내는 말은 무엇이 있는지 학생들이 발표하고 교사는 칠판에 추가한다. 학생들은 모두 일어서서 교사가 말하는 움직임을 흉내 내는 말에 어울리는 동작을 한다. 예를 들어, "까닥까닥"이라고 말하면 손가락 검지를 까닥까닥한다. 그리고 그림책에 나오는 새로운 춤도 어떤 동작으로 해 보면 좋은지 발표해 본다.

교사	공룡춤은 어떻게 표현할 수 있을까요?
학생	티라노사우르스처럼 두 팔을 가슴에 척 붙이고 손을 흔들흔들해요.

움직임을 흉내 내는 말 적기
학생들이 발표한 움직임을 흉내 내는 말(빨간색)

2단계 '난 이렇게 춤을 춰!' 놀이하기

교사는 학생들과 상의하여 놀이에 사용할 흉내 내는 말로 4개의 단어를 고른다. 이때, 동작이 단순하면서 비슷하지 않은 것으로 고른다. 그런 다음 흉내 내는 말에 알맞은 동작을 전체 학생들이 익숙해질 때까지 연습한다. 예를 들어, '실룩실룩'은 엉덩이를 좌우로 움직인다.

공카드는 1인당 12장을 준비하여 책상 위에 한 단어당 3장씩 4개로 분류해 놓는다. 그리고 모둠원 4명이 모두 다른 색의 네임펜으로 모둠에서 고른 흉내 내는 말을 공카드에 쓴 후(한 단어당 3장씩 4개의 흉내 내는 말을 쓴다) 자신의 카드 12장을 잘 섞는다. 준비된 카드를 자신의 책상 위에 놓고, 책상 4개로 모둠을 만들고 의자를 책상 속으로 넣는다. 학생들은 의자 뒤에 서 있다가 놀이가 시작되면 카드를 글씨가 위로 보이도록 한 손에 쥐고 카드에 적힌 흉내 내는 말을 큰소리로 읽으며 동작을 동시에 한다. 이때, 나와 같은 말과 동작을 하는 모둠원이 있으면 하이파이브를 한 후 그 카드를 자신의 책상 위에 내려놓는다. 그리고 다음 카드의 말과 동작을 한다. 카드에 적힌 말과 동작을 했을 때 아무도 나와 같은 짝이 없다면 재빠르게 다음 카드로 넘어가서 말과 행동을 한다. 먼저 자신의 손 위에 쥔 카드를 모두 책상 위에 내려놓으면 이긴다.

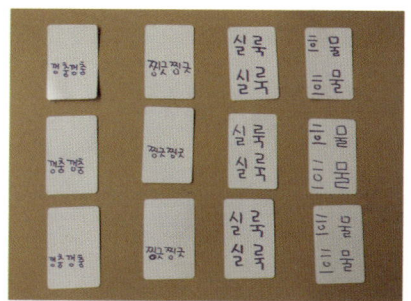
카드에 흉내 내는 말 적기

놀이 모습

한 걸음 더

1단계에서 동작을 한 번씩 해 본 뒤에 파티 놀이처럼 진행할 수도 있다. 예를 들어, 그림책 장면처럼 교실을 어둡게 한 뒤에 휴대용 미러볼을 이용하여 파티 분위기를 만들고, 교사가 "로봇처럼 삐걱삐걱!"을 외치면 학생들이 그 동작을 하고, "얼굴을 꾸깃꾸깃!" 하면 표정을 지으며 신나게 놀면서 흉내 내는 말의 느낌을 살릴 수 있다.

2단계 놀이에서 수줍음이 많아 움직임 표현을 힘들어 하거나 말과 동작을 함께 하기 어려워 놀이에 어려움을 느끼는 학생이 많다면 먼저 큰소리로 말로만 놀이를 진행하여 익숙해진 다음 동작을 추가해서 놀이를 진행한다.

같이 읽으면 좋은 그림책

- 『낙엽이 속닥속닥』 한태희 글·그림, 예림당
- 『훨훨 간다』 권정생 글, 김용철 그림, 국민서관
- 『씨앗 세 알 심었더니』 고선아 글, 윤봉선 그림, 보림

국어 1학년 2학기 1단원 ②

24 기분을 말해 줘!

놀이 소개

기분을 나타내는 말 빙고판을 이용하여 최근 있었던 경험과 기분을 말로 표현하는 빙고 놀이

놀이 목표

① 기분을 나타내는 다양한 말을 알 수 있다.
② 자신의 기분을 나타내는 단어를 알고 경험과 함께 말로 표현할 수 있다.

그림책 소개

다양한 기분을 표현하는 단어들을 소개하는 그림책이다. 기분을 이야기하는 월요일, 선생님이 여동생이 생기니까 기분이 어떠냐고 테오에게 묻는다. 테오는 잘 모르겠다고 대답하고, 친구들은 각자 여동생이 생기는 기분에 관해 자신의 경험에 빗대어 알려 준다. 하나의 일에 다양한 감정이 있을 수 있음을 깨닫게 되는 이야기다.

『오늘 내 기분은…』
메리앤 코카-레플러 글·그림
키즈엠

그림책을 읽고 나누기 좋은 질문

① 오늘 기분은 어떤가요?
② 좋은 기분, 나쁜 기분을 표현하는 말에는 무엇이 있나요?
③ 동생이 있다는 것은 어떤 기분인가요? 어떤 기분일 것 같나요?
④ 기분을 나타내는 다양한 말에는 무엇이 있나요?
⑤ 요즘에 있었던 일은 무엇이고, 그때 느낀 기분은 무엇인가요?

놀이 방법

준비물 활동지 2장(기분 활동지, 빙고판), 풀, 가위, 연필, 색연필

놀이 단계

1단계 오늘 내 기분을 말해 보기

교사는 기분을 나타내는 단어가 든 기분 활동지(그림책에 나오는 기분을 표현하는 단어 12개 포함)를 학생들에게 나눠 준다. 학생들에게 뜻을 모르는 단어가 있는지 물어보고, 그 단어의 뜻과 사용 예를 설명한다. 또한, 기분은 한 가지만 있는 것이 아니라 다양한 기분이 한꺼번에 있을 수 있음도 그림책의 내용을 상기시켜 강조한다.

학생들은 활동지에 오늘 자신의 기분을 나타낼 수 있는 단어를 동그라미 치고 발표한다. 동그라미 개수의 제한은 두지 않는다. 오늘 기분이 당장 떠오르지 않을 때는 최근 있었던 일이나 기분을 떠올려 보고 동그라미 친다.

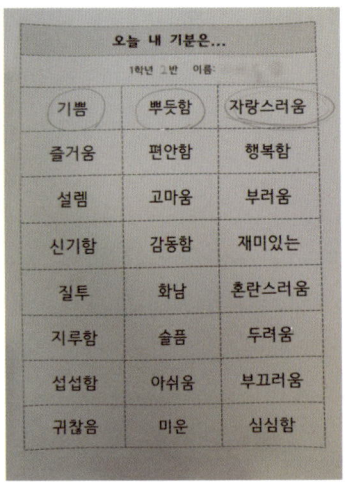

기분 활동지

2단계 '기분을 말해 줘!' 놀이하기

1단계에서 사용한 활동지를 자른 후 24개의 기분 표현 중 16개를 골라서 빙고판에 붙인다. 번호를 뽑거나 발표 프로그램을 이용하여 발표자를 뽑는다. 발표자는 경험한 일과 기분을 연결 지어 말한다. 예를 들어, "놀이터에서 놀다가 나무에서 매미 허물을 발견해서 신기했어."라고 말하면 친구들은 '신기함'을 색연필로 색칠한다. 1단계에서 연필로 동그라미 친 기분도 있으므로, 연필이 아닌 색연필이나 사인펜으로 색칠하여 혼동되지 않도록 한다. 계속하여 번호 뽑기를 하여 빙고 놀이를 한다. 다양한 기분을 말할 수 있도록 세 줄 빙고로 진행하고, 세 줄을 먼저 색칠한 사람이 이긴다.

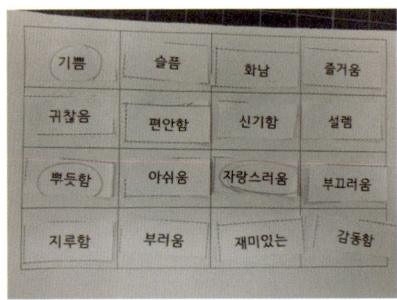

빙고판

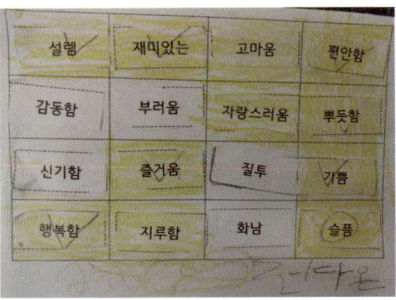

놀이 결과 활동지

한 걸음 더

1단계에서 가능한 많은 학생을 발표시킨다. 그렇게 하면 같은 상황에서도 나오는 다른 감정을 들을 수도 있고, 한 가지 경험에도 여러 감정이 있음을 알게 된다. 또한, 기분만 말하지 않고 그런 기분이 든 원인인 경험을 연결 지어 말할 수 있도록 짚어 준다.

2단계에서 시간적 여유가 있다면 1단계 활동지에서 오린 24개 기분 표현 중 16개는 빙고판에 붙여 놀이하고, 남은 8개의 기분 표현으로 '한 줄 빙고'를 해도 좋다. 2단계 활동을 16칸 빙고 대신 '한 줄 빙고'로 하고 싶으면 '좋은 기분', '나쁜 기분'으로 나눈 뒤 좋은 기분에서 8개의 기분으로 한 줄 빙고를 하는 것이 좋다. 24개 중 8개를 뽑아 한 줄 빙고를 하면 놀이 시간이 너무 길어질 우려가 있다.

같이 읽으면 좋은 그림책

- 『컬러 몬스터: 감정의 색깔』 아나 예나스 글·그림, 청어람아이
- 『오늘 내 마음은…』 마달레나 모니스 글·그림, 열린어린이
- 『내 마음의 색깔들』 조 위테크 글, 크리스틴 루세 그림, 보물창고

25 받침 땅따먹기

국어 1학년 2학기 2단원 ①

놀이 소개
그림책 속 낱말들의 받침을 땅따먹기 칸에 적고 공깃돌을 튕겨 멈춘 칸의 받침이 들어간 낱말을 보드판에 쓴 후, 바르게 읽으면 그 칸을 색칠하는 놀이

놀이 목표
① 겹받침이 있는 낱말을 찾아 바르게 읽을 수 있다.
② 받침이 쓰이는 낱말을 떠올려 쓰고 읽을 수 있다.

그림책 소개
달고 맛있는 참외가 되는 것이 꿈인 참외씨. 선명한 꿈을 머릿속에 그리고, 이루어 내겠다는 확고한 의지가 있으면 언젠간 그 꿈을 이룰 수 있다는 것을 보여 주는 그림책이다. 다양한 흉내 내는 말이 나오고, 겹받침을 포함한 여러 종류의 받침이 골고루 나와 받침을 배울 때 도움이 된다.

『대단한 참외씨』
임수정 글, 전미화 그림
한울림어린이

그림책을 읽고 나누기 좋은 질문

① 참외씨의 꿈은 무엇인가요?

② 참외씨가 만난 인물들은 누구인가요?

③ 참외씨가 새에게 먹혔을 때, 어떤 생각이 들었나요? 참외씨는 어떤 느낌이었을까요?

④ 참외씨가 가장 대단해 보였던 순간은 언제인가요?

⑤ 여러분은 어떤 꿈을 가졌나요? 그 꿈을 위해 어떤 노력을 하고 있나요?

놀이 방법

준비물 땅따먹기 활동지, 보드, 보드마커, 공깃돌, 색연필

놀이 단계

1단계 그림책 속 받침 있는 낱말 함께 익히기

그림책을 한 장씩 넘겨 가며 어떤 받침이 있는 낱말이 쓰이는지를 찾고, 교사가 칠판에 해당 낱말을 쓴다. 그림책 속에 받침으로 쓰이는 자음은 모두 16개(ㄱ, ㄴ, ㄵ, ㄹ, ㄺ, ㄻ, ㅁ, ㅂ, ㅄ, ㅅ, ㅆ, ㅇ, ㅈ, ㅊ, ㅌ, ㅍ)이고, 그중 겹받침은 4개(ㄵ, ㄺ, ㄻ, ㅄ)가 쓰인다. 모든 낱말을 다 쓰지 않아도 되지만 학생마다 한글 해득 속도가 다르므로 받침 자음자마다 낱말 1개 이상을 써 주도록 한다. 함께 찾은 후 소리 내어 읽는 시간을 가진다. 그런 다음 받침 땅따먹기 활동지를 2명당 1장씩 나눠 준다. 그림책의 글 중 받침으로 쓰인 글자를 땅따먹기 활동지에 짝과 번갈아 가며 쓴다. 이때, 칠판에 쓴 내용을 참고해도 좋으며 받침 중 겹받침(ㄵ, ㄺ, ㄻ, ㅄ)을 적어도 3개 쓰도록 한다.

칠판에 써 준 단어들

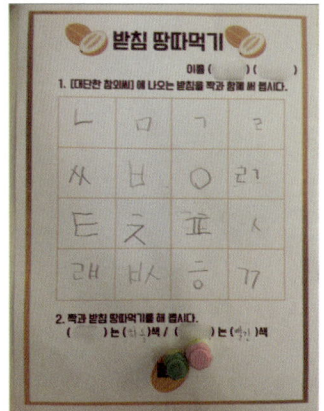 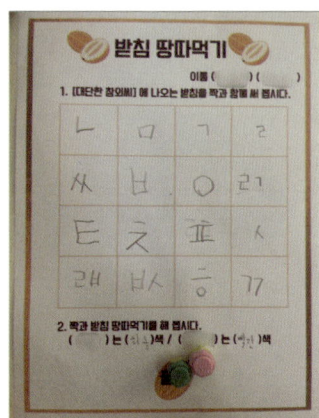

받침 땅따먹기 활동지

2단계 '받침 땅따먹기' 놀이하기

교사는 공깃돌, 보드판, 보드마커를 학생 2명당 1개씩 나누어 준다. 짝끼리 서로 다른 색의 색연필을 준비하고, 내가 선택한 색깔을 활동지에 기록한다. 가위바위보를 한 뒤 이긴 학생이 먼저 활동을 시작한다. 활동지 위 '출발'이라고 적힌 곳에 공깃돌을 놓고 땅따먹기 칸이 있는 쪽으로 튕긴다. 공깃돌이 멈춘 곳에 있는 받침을 확인하고, 그 받침이 쓰인 낱말을 보드판에 쓴다. 그런 다음 낱말이 사용되는 문장을 이야기하고 소리 내어 읽는다. 바르게 읽었다면 그 칸을 색연필로 색칠한다. 많은 칸을 색칠한 학생이 이긴다.

공깃돌이 'ㄼ' 위에 멈춘 경우

학생 1   (보드판에 '넓다'를 쓴다.) '바다가 넓다.' 할 때 써.

학생 2   응. 그럼 어떻게 읽어?

학생 1   [널따]! (맞으므로 자기 색깔 색연필로 'ㄼ' 칸을 색칠한다.)

학생 2   (보드판에 '갋'을 쓴다.)

학생 1   이 낱말은 언제 써?

학생 2   그건 잘 모르겠는데…. 그냥 쓴 거야. (칸을 색칠하지 못하고 학생 1로 차례가 넘어간다.)

공깃돌 튕기기   받침 땅따먹기 활동지

짝끼리 낱말을 쓴 보드판을 교실의 한쪽에 게시해 놓고 다른 팀의 결과물도 읽어 보는 시간을 가진다. 이때 틀린 부분이 있다면 교사에게 와서 확인을 받고 고치도록 한다.

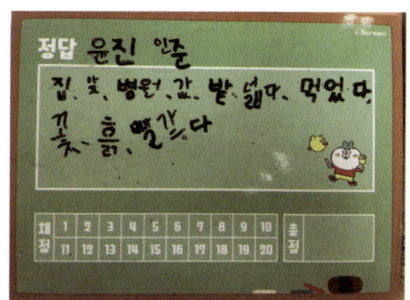

짝과 함께 쓴 보드판   교실 뒤 전시

한 걸음 더

1단계에서 그림책에 나온 받침을 알아볼 때, 모둠별로 페이지를 나누어 글자의 받침들을 찾아서 써 보는 활동으로 진행해도 좋다. 2단계에서 공깃돌을 튕길 때 땅따먹기 칸을 나가면 다음 사람에게 기회가 넘어가도록 하면 공깃돌을 조심해서 튕기는 모습을 보인다.

놀이 후 보드판을 확인해 보면 다 바르게 쓴 경우도 있으나 한두 팀 정도 1~2개의 낱말을 틀리게 쓴 경우가 있다. 이 놀이의 목적은 승패가 아닌 받침이 쓰이는 낱말을 바르게 쓰는 것이므로, 그런 경우에는 놀이의 승패를 다시 판정하는 것보다는 교사가 가서 다른 색의 보드마커로 바르게 고쳐 주는 편이 더 좋다.

같이 읽으면 좋은 그림책

- 『끝없이 웃는 호랑이』 이윤희 글, 윤정주 그림, 하마
- 『받침구조대』 곽미영 글, 지은 그림, 만만한책방
- 『암탉과 빨간 장갑』 안도 미키에 글, 무라오 고 그림, 주니어김영사

26 뒤집어라 맞춰라! 너와 나의 멋진 날

국어 1학년 2학기 2단원 ②

놀이 소개
그림책의 등장인물들이 생각하는 멋진 날들로 카드를 만들어 짝 맞추기 놀이를 하고, 이어서 나의 멋진 날을 글과 그림 카드로 만들고 친구들의 멋진 날을 짝 맞추는 놀이

놀이 목표
① 글에 나타난 인물들의 멋진 날을 파악할 수 있다.
② 자신의 멋진 날을 떠올려 글과 그림으로 표현할 수 있다.

그림책 소개
일상의 소중함이 담긴 그림책이다. 다니엘은 할머니 집에 가는 길에 여러 이웃 사람들에게 멋진 날이란 어떤 날인지를 물어본다. 같은 물음에 다른 대답을 들으며 사람들의 생각이 서로 다를 수 있음을 알게 해 주고, 각자의 생각을 존중하는 태도를 기를 수 있게 하는 그림책이다.

『다니엘의 멋진 날』
미카 아처 글·그림, 비룡소

그림책을 읽고 나누기 좋은 질문

① 다니엘이 만난 사람들은 어떤 사람들인가요?
② 다니엘이 만난 사람 중 가장 기억에 남는 사람은 누구인가요? 그 사람의 멋진 날은 언제였나요?
③ 등장인물의 서로 다른 멋진 날들은 똑같이 중요한가요? 왜 그렇게 생각하나요?
④ 다니엘에게 멋진 날은 언제였나요?
⑤ 여러분에게 멋진 날은 어떤 날인가요?

놀이 방법

준비물   인물 카드 만들기 활동지, 바구니, 필기도구, 가위, 풀, 나의 멋진 날 활동지, 색칠 도구, 자석 집게

놀이 단계

1단계 등장인물의 멋진 날에 대해 파악하기

그림책에 나오는 등장인물은 모두 12명이다. 등장인물의 이름과 멋진 날을 모두 기억하기 어려우므로 그림책에 나오는 등장인물과 멋진 날이 적혀 있는 활동지를 나누어 준다. 그런 다음 모둠별로 그림책 속 등장인물 12명이 적힌 쪽지가 담긴 바구니에서 한 사람당 쪽지를 3장씩 뽑는데, 이때 뽑는 쪽지의 수는 모둠 인원수에 따라 달라질 수 있다. 자신이 뽑은 등장인물을 활동지에 기록하고, 그림책을 함께 읽을 때 자신이 뽑은 등장인물의 멋진 날을 활동지에 정리한다. 함께 그림책을 한 번 더 읽으면서 그림책 속 등장인물의 멋진 날을 정리하고 내가 쓴 활동지의 내용을 확인한다.

2단계 등장인물과 멋진 날 카드를 만들어 짝 맞추기

1단계에서 완성한 활동지를 잘라 카드를 만들고, 책상을 모아 모둠 자리를 만든다. 한쪽에는 '등장인물 카드', 다른 한쪽에는 '멋진 날 카드'를 글자가 보이지 않게 뒤집어서 펼쳐 놓고 모둠원끼리 차례를 정한다. 자신의 차례가 오면 등장인물 카드 1장과

멋진 날 카드 1장을 글자가 보이게 뒤집는다. 짝이 맞으면 카드에 적힌 내용을 읽고 카드 2장을 가지고 간다. 같은 방법으로 놀이를 진행하여 가장 많은 카드를 가진 학생이 이긴다.

등장인물 뽑기

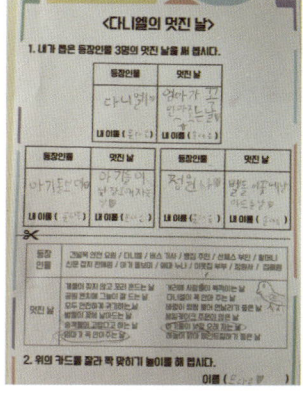

활동지 예시

짝 맞추기 카드 놀이

3단계 나의 멋진 날 카드로 짝 맞추기

나에게 있어 멋진 날은 어떤 날인지 생각하여 글과 그림으로 표현한다. 글과 그림 카드를 각각 오리고, 글과 그림이 보이지 않게 뒤집어서 자석 집게를 활용하여 칠판에 붙인다. 그런 다음 모둠별로 한 명씩 나와서 친구들의 멋진 날 카드 중 글 한 장, 그림 한 장을 선택하여 뒤집는다. 두 카드가 같은 친구의 멋진 날이라면, 칠판 앞에 서서 친구의 멋진 날에 대해 그림과 글을 보여 주고 읽어 준다. "(○○의 그림을 친구들을 향해 보여 주며) ○○의 멋진 날은 엄마가 안아 주는 날입니다." 그런 다음, 카드 2장을 가지고 자리로 돌아간다. 이렇게 하여 모든 학생이 카드 놀이에 참여한 후, 가장 많은 카드를 가지고 있는 모둠이 이기는 놀이다.

 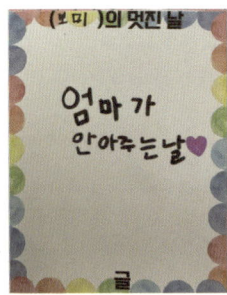  

| 나의 멋진 날 카드 | 친구들의 멋진 날 카드 짝 맞추기 | 친구의 멋진 날 이야기하기 |

한 걸음 더

1단계에서 쪽지를 뽑을 때, 모둠 활동이긴 하지만 쪽지를 뽑은 후 텔레비전 화면을 통해 그림책을 함께 보아야 하기 때문에 학생들이 모두 칠판을 보고 앉아 있는 상태에서 뽑기 활동을 진행하도록 한다.

3단계의 나의 멋진 날 활동지는 두꺼운 도화지에 인쇄하여 뒤집었을 때 뒷면이 보이지 않도록 한다. 3단계 놀이를 할 때, 모둠끼리 점수를 내는 방법 외에도 학급 전체 학생들이 정해진 시간 내에 몇 사람 이상의 멋진 날 카드를 맞히면 전체 보상을 하는 방법으로 기획할 수도 있다. 활동을 마친 후, 나의 멋진 날 카드를 게시판에 전시해 두는 것도 좋다.

같이 읽으면 좋은 그림책

- 『도둑 누스토』 다카바타케 준코 글, 다카바타케 준 그림, 이마주
- 『우리가 꿈꾸는 집』 아르튀르 드레퓌스 글, 라파엘 주르노 그림, 아름다운사람들
- 『이렇게 멋진 날』 리처드 잭슨 글, 이수지 그림, 비룡소

27 내 경험을 맞혀 봐

국어 1학년 2학기 3단원 ①

놀이 소개
발표자가 3가지의 경험을 발표하면 듣는 학생들은 3가지 중 1개의 가짜 경험을 추측하여 맞히는 놀이

놀이 목표
① 자신이 경험한 일을 어디에서, 무슨 일이, 어떻게 되었는지 잘 드러나게 발표할 수 있다.
② 바른 자세로 발표하는 방법을 알고 발표할 수 있다.

그림책 소개
평범한 일상을 특별하게 만들어 가는 아빠와 딸의 이야기가 담긴 가슴 따뜻한 그림책이다. 엄마가 휴가 가고 없는 토요일, 유치원생 콩이는 아빠와 단둘이 지내야 한다. 콩이와 아빠가 놀이터, 그네 타기, 미용실 놀이 등을 하며 1박 2일을 함께 보내는 일상을 그린 그림책이다.

『아빠와 토요일』
최혜진 글·그림, 한림출판사

그림책을 읽고 나누기 좋은 질문

① 태명은 무엇이었나요?

② 부모님이 사진을 많이 찍어 주나요? 주로 언제 찍나요?

③ 부모님과 주말에 주로 무엇을 하나요?

④ 가족과 무엇을 하는 시간을 좋아하나요?

⑤ 가족이 만들어 준 음식 중에 좋아하는 음식은 무엇인가요?

⑥ 주말에 하고 싶은 일은 무엇인가요? 어떤 사진을 찍고 싶나요?

놀이 방법

준비물 활동지 2종류(진진가 활동지, 핸드폰 활동지), 필기도구, 마이크, 하트 스티커

놀이 단계

1단계 '내 경험을 맞혀 봐!' 놀이하기

주말에 학생들이 무엇을 했는지 브레인스토밍을 한다. 교사는 '진진가 활동지'를 나눠 주고 진짜로 있었던 일 2개와 가짜로 있었던 일 1개를 쓰도록 안내한다. 이때 어디에서, 무슨 일이 있었는지, 어떻게 되었는지가 드러나게 쓸 수 있도록 지도한다.

진진가 활동지를 모두 작성하면 번호 순서대로 발표한다. 학생들은 자신의 활동지를 실물 화상기에 놓고 마이크를 사용하여 발표한다. 듣는 학생들은 어떤 일이 가짜 경험인지 추측하고 활동지에 진짜 경험은 ○, 가짜 경험은 ×를 한다. 발표자가 몇 번이 가짜 경험인지 말하면, 가짜 경험을 맞힌 학생들은 발표자의 번호에 동그라미 친다. 마지막 번호까지 발표가 끝나면 동그라미 개수를 세고 많이 맞힌 학생이 이긴다.

진진가 활동지 활동 결과

2단계 경험 발표하고 하트 받기

'핸드폰 활동지'는 그림책의 내용처럼 핸드폰에 주말에 있었던 사진과 경험을 쓸 수 있도록 구성한다. 학생들은 1단계 때 발표한 진짜 경험 2가지 중 하나를 선택한다. 학생들은 친구에게 사진과 문자를 보내 주말에 있었던 일을 알려 주는 것처럼 핸드폰 활동지에 그림과 글을 적는다.

활동이 시작되면 학생들은 핸드폰 활동지와 하트 스티커를 갖고 일어나 친구를 만나고, 누가 먼저 말할지 가위바위보를 한다. 이긴 사람은 친구에게 핸드폰 화면을 보여 주듯 핸드폰 활동지를 보여 주며 주말에 있었던 일을 이야기한다. 친구는 이야기를 듣고 이모티콘을 보내듯 하트 스티커를 붙여 준다. 하트 스티커는 기본으로 1개를 붙여 주며, 친구가 바른 자세로 말하거나 주말에 있었던 일이 인상에 남으면 2개까지 붙여 줄 수 있다. 진 사람도 이긴 사람에게 설명하고 스티커를 받는다. 일정 시간이 흐른 후 교사가 종을 치면 활동이 종료되며 활동지를 교실에 전시한다.

핸드폰 활동지 활동 모습

한 걸음 더

학급에 한부모가정, 조손가정도 있을 수 있으므로 그림책을 읽기 전에 꼭 아빠가 아니라 나를 보살펴 주는 사람과 보내는 주말 이야기라고 말해 둔다. 1단계 발표는 학급의 모든 학생이 발표하므로 수줍음이 많은 학생은 목소리가 작거나 발표에 어려움을 겪을 수 있다. 따라서 내용을 듣는 학생들이 알기 쉽도록 실물화상기를 이용하여 글을 보여 주고, 발표하는 학생은 마이크를 사용하여 큰 목소리로 발표할 수 있게 한다.

2단계는 하트 스티커를 많이 받는 것에 집중하지 않도록 이기고 지는 놀이가 아니라고 미리 설명한다. 놀이의 목표가 경험을 말로 발표하기에 있으므로 활동지 글을 읽지 않고 그림을 설명하는 것에 중점을 두도록 한다.

같이 읽으면 좋은 그림책

- 『가을 아침에』 김지현 글·그림, 위즈덤하우스
- 『미안하고 고맙고 사랑해』 김영진 글·그림, 길벗어린이
- 『금요일엔 언제나』 댄 야카리노 글·그림, 북극곰

28 기억에 남는 일이 뭐냐면

국어 1학년 2학기 3단원 ②

놀이 소개
한 해 동안 우리 반에 있었던 기뻤던 일, 슬펐던 일 등 기억에 남는 일이 무엇인지 말하는 말판 놀이

놀이 목표
① 한 해 동안 우리 반이 함께한 일을 떠올려 보고 재미있었던 일, 놀랐던 일 등으로 정리할 수 있다.
② 우리 반이 함께한 일 중 기억에 남는 일을 이유와 함께 말할 수 있다.

그림책 소개
입학식부터 졸업식까지 학교에서 일어나는 다양한 일들을 시간 순서대로 간결한 문장과 그림으로 보여 주는 그림책이다. 1학년이 되어 처음으로 교실에 간 날, 학교 운동장과 도서관, 친구를 사귀고 싸우는 일 등 학교생활을 잘 보여 준다.

『나와 학교』
다니카와 슌타로 글,
하타 고시로 그림, 이야기공간

그림책을 읽고 나누기 좋은 질문

① 입학하고 처음 교실에 왔을 때 어떤 기분과 생각이 들었나요?

② 학교와 집의 다른 점은 무엇인가요?

③ 학교의 여러 장소 중에서 기억에 남는 곳이 있나요?

④ 초등학교 들어와서 사귄 친구가 있나요? 친구와 싸우고 화해한 적이 있나요?

⑤ 학교에서의 일 중 생각나는 일이 있나요? 기분은 어땠나요?

⑥ 그림책 외에 우리 반에서 있었던 기억나는 일은 무엇이 있나요?

놀이 방법

준비물 활동지 2장(1단계, 2단계), 주사위, 말

놀이 단계

1단계 나와 학교 이야기 나누기

교사는 그림책에 나오는 장면 중 14개의 장면과 추가로 우리 학급에서만 있었던 일을 칠판에 하나씩 적으며 학생들과 이야기를 나눈다. 이때, 입학식부터 시간 순서대로 있었던 일을 칠판에 적는다. 하나씩 적는 것은 여러 가지 일을 한꺼번에 제시하면 학생들이 마구잡이로 기억을 떠올려 소란스러울 수 있기 때문이다. 예를 들어, 입학식을 쓰고 "여러분 입학식은 어땠나요?" 하고 교사가 묻고 학생들이 이야기하며 그동안 학교에서 있었던 일을 돌아볼 수 있도록 한다.

그런 다음에 개별 활동지를 나눠 준다. 활동지는 우리 반에서 있었던 일들을 적고, 그 일들을 재미있었던 일, 놀랐던 일, 슬펐던 일, 싫었던 일로 나누어 볼 수 있도록 구성되어 있다. 우리 반에서 있었던 일에 대해 개인의 경험에 따라 느끼는 감정이 다를 수 있다. 예를 들어, 체육대회에 대해 기뻐한 아이도 있고, 슬퍼한 아이도 있을 수 있다. 활동지를 정리하고 자신의 경험을 문장으로 표현하도록 개인별로 발표시킨다.

입학식	공부 시간
학교 주변 산책하기	곤충, 꽃 관찰하기
점심시간	도서관
좋아하는 친구	잘하게 된 것
친구와 싸운 일	선생님께 혼난 일
학교 가기 싫었던 일	체육대회
밤에 학교 온 일	늘봄, 돌봄교실
방과후학교	

1단계 나와 학교 이야기 나누기

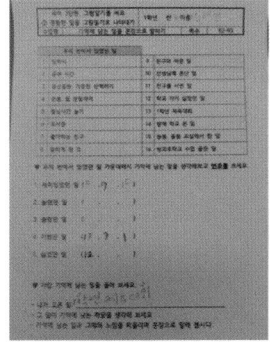

1단계 활동지

2단계 '기억에 남는 일이 뭐냐면' 말판 놀이

 말판 놀이의 중앙 경험 목록에 들어갈 내용은 그림책에 나오는 장면과 우리 반에 있었던 일을 추가해서 20개를 넣는다. 즉, 학생들이 입학 후 학교에서 겪은 경험 목록을 중앙에 놓는다. 말판 놀이의 바깥쪽에는 겪은 일에 관해 느낀 감정을 나타내는 '슬펐던 일', '기뻤던 일', '재미있었던 일' 등의 내용을 넣는다.

 놀이는 모둠으로 진행하며 모둠원은 활동 순서를 정한다. 첫 번째 학생은 주사위를 굴려 나온 숫자만큼 말을 놓고, 그 칸에 적힌 글을 읽고, 그에 해당하는 경험을 활동지 중앙의 경험 목록 중에서 골라서 구체적으로 이야기한다. 다음 순번으로 차례로 진행하며 도착 지점에 가장 빠르게 도착한 사람이 이긴다. 또한, 같은 칸에 말이 2개가 있어도 잡히지 않는다.

학생 1 나는 재미있었던 일이 나왔어. 나는 체육대회 때 큰 공 굴리는 것이 재미있었어. 공이 커서 앞이 안 보여서 재미있었어.

학생 2 놀랐던 일은 점심시간에 2학년이랑 축구 했을 때 우리가 한 번 이겼을 때야.

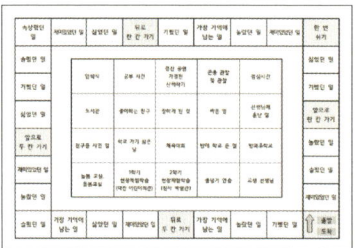 

말판 놀이 활동

한 걸음 더

1단계 활동지 작성에서 기뻤던 일, 싫었던 일 등을 분류할 때 개인의 느낌은 다르므로 적는 번호의 개수를 제한하지 않는다. 즉, 슬펐던 일이 없으면 번호를 쓰지 않아도 된다. 1단계에서 한 해 동안 학급에 있었던 일을 찍어 놓은 사진이나 동영상을 보여 주면 학생들이 기억과 그 당시의 기분을 되살리기에 좋다.

2단계에서는 한 사건에 대해 사람마다 다르게 느끼거나 생각할 수 있음을 인지시키고 놀이를 시작한다. 예를 들어, 체육대회가 구체적인 개인의 경험에 따라 누구에게는 기쁘고 즐거운 일이 될 수 있지만, 다른 학생에게는 슬프거나 속상한 경험이 될 수 있음을 교사가 예시로 들어 설명한다. 또한, 기분에 대한 상황을 구체적으로 말할 수 있도록 한다. "학교에 밤에 왔는데 놀랐어."가 아닌 "학교에 밤에 왔는데 사람이 아무도 없을 줄 알았는데 운동하는 사람이 많아서 놀랐어."라고 말하도록 일러둔다. 놀이의 목표는 자신의 경험을 말하는 것이므로 기억이 잘 떠오르지 않는 학생은 모둠원이 그때 상황을 알려 줘서 발표하는 것을 돕게 한다.

> **같이 읽으면 좋은 그림책**
> - 『당근 유치원』 안녕달 글·그림, 창비
> - 『발견! 우리 학교 이곳저곳』 이시즈 치히로 글, 마마다 미네코 그림, 토토북
> - 『처음 학교 가는 날』 제인 고드윈 글, 안나 워커 그림, 파랑새

29 이야기 눈치 게임

국어 1학년 2학기 4단원 ①

놀이 소개
놀이를 시작하는 사람이 설명한 장면을 듣고, 앉은 자리에서 일어서면서 다음 장면을 이야기하는 놀이

놀이 목표
① 이야기를 읽고 일이 일어난 차례를 파악하여 문장으로 표현할 수 있다.
② 시간을 나타내는 말을 알고, 일이 일어난 차례를 정리할 때 사용할 수 있다.

그림책 소개
아이들에게 상상력을 채워 주고 올바른 가치관을 심어 주는 전래 동화이다. 부자가 되고 싶어 하는 도둑이 임금님이 가진 신기한 맷돌을 훔쳐 도망간다. 신기한 맷돌이 가진 힘은 좋은 뜻을 가지고 쓰면 보물이 되지만, 욕심을 가지고 나만을 위해 쓰면 화가 된다. 나만을 위한 지나친 욕심은 경계해야 한다는 것을 알려 주는 그림책이다.

『소금을 만드는 맷돌』
홍윤희 글, 한태희 그림, 예림당

그림책을 읽고 나누기 좋은 질문

① 표지에서 누가 무엇을 하고 있나요?
② 임금님의 신기한 맷돌은 어떤 힘을 가졌나요?
③ 신기한 맷돌을 시작하고 멈추게 하는 주문은 무엇인가요?
④ 도둑은 무엇을 나오라고 했나요? 그 이유는 무엇일까요?
⑤ 지금 신기한 맷돌이 있다면 어떤 주문을 말할까요? 이유는 무엇인가요?

놀이 방법

준비물 우리 반 이야기꾼 배지(라벨지에 인쇄), 별 스티커, 도움 활동지

놀이 단계

1단계 선생님과 이야기 눈치 게임 한 판!

학생들은 모두 의자에 앉아 있는 상태에서 시작한다. 교사가 그림책 속의 한 문장을 이야기한다. 그러면 학생들이 다음에 일어난 일을 외치며 일어선다. 이때, 동시에 일어서면 동시에 일어선 학생들 모두 아웃으로 의자 옆 교실 바닥에 앉는다. 이야기가 끝나는 장면까지 겹치지 않게 일어서서 있었던 일을 이야기하는 데 성공하면 그 학생들은 '우리 반 이야기꾼'으로 임명하고 라벨지에 인쇄한 이야기꾼 배지를 가슴에 붙이도록 한다. 이 놀이를 3~4번 반복하는데, 이때 교사는 매번 다른 문장으로 시작한다.

교사	사람들은 모였다 하면 너도나도 임금님을 칭찬했어요.
학생 1	(자리에서 일어선 후) 사람들은 임금님에게 신기한 맷돌이 있다고 이야기했습니다.
학생 2	(자리에서 일어선 후) 도둑이 그 이야기를 듣고 훔치려는 마음을 먹었습니다.
학생 3	(자리에서 일어선 후) 도둑이 몰래 궁궐로 숨어 들어가 맷돌을 훔쳐 배를 타고 달아났어요.
학생 4	(자리에서 일어선 후) 도둑은 맷돌을 멈추는 방법을 몰라 맷돌과 함께 깊은 바닷속으로 빠졌어요.
학생 5	(자리에서 일어선 후) 맷돌은 지금까지 바닷속에서 계속 돌고 있답니다.

2단계 친구들과 이야기 눈치 게임 한 판!

학생들이 놀이에서 교사의 역할을 한다. 2단계 전 이야기 속 '시간을 나타내는 말(옛날 옛적에, 그날 밤, 지금도)'을 칠판에 적고 함께 복습한다. 1단계에서 '우리 반 이야기꾼'으로 선정된 학생 중 한 명씩 칠판 앞으로 나와 1단계와 같은 방법으로 진행한다. 2단계에서도 눈치 게임으로 이야기 이어 가기를 성공한 학생에게 '우리 반 이야기꾼' 배지를 붙여 준다. 이때, '시간을 나타내는 말'을 넣어서 문장을 만든 학생들은 이야기꾼 배지에 별 스티커를 더 붙인다.

우리반 이야기꾼 배지

이야기꾼이 진행하는 놀이

친구가 붙여 주는 이야기꾼 배지

3단계 모둠 친구들과 엄지척 눈치 게임 한 판!

모둠원끼리 책상을 모으고 도움 활동지를 모둠당 한 장씩 받아 뒤집어 놓는다. 처음 이야기할 사람을 정하고 그 학생이 엄지를 들어 올린 손을 내밀며 그림책 내용 중 하나의 장면을 떠올려 문장으로 이야기한다. 이때, 그 문장이 떠오르지 않는다면 도움 활동지를 참고할 수 있다. 친구가 이야기한 내용의 다음 내용이 떠오르는 학생이 자신의 엄지를 들어 올린 채 처음 친구의 엄지를 감싸며 다음 차례에 있었던 일을 문장으로 말한다. 마지막에 손을 올리며 이야기하는 학생이 지게 되는데, 벌칙으로 그림책 속에 나오는 시간을 나타내는 말을 제외한 시간을 나타내는 말 1개를 큰소리로 이야기하고, 맞게 이야기하면 다시 놀이를 시작한다. 이때, 벌칙을 수행했던 학생이 다음 판 첫 사람이 된다.

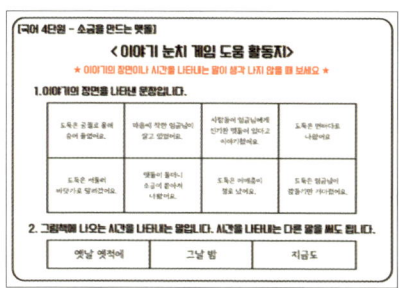 

눈치 게임 도움 활동지　　　　　　엄지척 눈치 게임

한 걸음 더

　이 놀이는 처음 제시한 문장 다음에 오는 문장이 다양할 수 있다. 어떤 일을 건너뛰고 이야기한 경우라도 일어난 차례대로 이야기했다면 맞은 것으로 인정한다. 1, 2단계에서 '우리 반 이야기꾼' 배지를 받은 학생은 다음 문제부터 풀지 않도록 하여 되도록 많은 학생에게 기회를 주도록 한다. 만약 모든 학생이 다 배지를 받았다면 다시 모두가 참여할 수 있도록 한다.

　2단계에서 시간을 나타내는 말을 사용하여 이야기할 때, 그림책에 나오는 시간을 나타내는 말을 포함하여 다양한 시간을 나타내는 말도 상황에 어울리게 사용했다면 답으로 인정해 주고 칠판에 쓴다. 1, 2단계에서 '우리 반 이야기꾼' 배지를 받지 못한 학생들은 3단계 활동이 모두 끝난 후 3단계 활동에 열심히 참여했다면 배지를 붙여 주도록 한다.

같이 읽으면 좋은 그림책

- 『소가 된 게으른 농부』 이상교 글, 이준선 그림, 국민서관
- 『엄마 까투리』 권정생 글, 김세현 그림, 낮은산
- 『팥죽 할멈과 호랑이』 박윤규 글, 백희나 그림, 시공주니어

국어 1학년 2학기 4단원 ②

30 반짝반짝 별 가득 감동 딱지

놀이 소개
그림책을 읽고 있었던 일을 정리해 보고, 재미있었거나 감동적이었던 장면을 생각하여 감동 딱지에 그림과 글로 표현하고, 그것을 친구들에게 말로 표현하는 놀이

놀이 목표
① 이야기를 읽고 내용을 떠올리며 재미있었거나 감동적이었던 장면을 생각할 수 있다.
② 재미있었거나 감동적이었던 내용을 그림과 글, 말로 표현할 수 있다.

그림책 소개
동네에서 성격 고약하기로 소문난 호랑이와 그 호랑이의 꼬리에 운명처럼 딱 붙어 버린 꼬리 꽃의 이야기다. 친구와 친하게 지내고 싶지만 방법을 모르는 호랑이에게 어느 날 꼬리 꽃이 찾아온다. 어떻게 하면 여러 친구들과 좋은 관계를 맺을 수 있는지, 진정한 친구란 어떤 친구인지를 알게 해 주는 그림책이다. 특히 이 그림책은 재미와 감동을 느낄 수 있는 장면이 여러 군데 있어서 다양한 이야기를 나눌 수 있다.

『친구의 전설』
이지은 글·그림, 웅진주니어

141

그림책을 읽고 나누기 좋은 질문

① 호랑이가 "맛있는 거 주면~" 했을 때, 꼬리 꽃은 어떤 말을 했나요?
② 그동안 다른 동물들을 괴롭혔던 호랑이가 왜 다른 동물들을 도와주기 시작했나요?
③ 호랑이와 꼬리 꽃의 성격은 어떻게 다른가요?
④ 꼬리 꽃은 왜 호랑이에게 "호랑이, 우리 이제 친구지?"라고 했나요?
⑤ 어떻게 행동해야 진짜 친구가 될 수 있을까요?

놀이 방법

준비물   딱지 그려진 활동지, 필기도구, 색연필 또는 사인펜, 별 스티커

놀이 단계

1단계 재미있었거나 감동적인 장면을 골라 감동 딱지 만들기

그림책을 읽고 난 뒤 등장인물은 누구였는지, 어떤 일이 일어났는지를 먼저 이야기 나누어 학생들이 이야기의 흐름을 알 수 있도록 한다. 그런 후 자유로운 분위기 속에서 재미있었거나 감동적인 장면이 있었는지, 있었다면 왜 그렇게 느꼈는지에 대해서 이야기 나눈다. 한 번 읽고서는 재미있었거나 감동적인 장면에 대해 떠올리지 못할 수도 있다. 그런 학생들이 많을 때는 다시 그림책을 넘기며 그림만 천천히 살펴보면서 이야기를 나누어 본다.

이야기에서 감동적이었던 부분에 대해 생각을 마쳤다면 그것을 감동 딱지 활동지에 그림과 글로 표현한다. 그림으로 표현할 때는 그림책의 그림을 그대로 따라 그리지 않아도 되고, 사람마다 재미있었거나 감동적인 장면은 다를 수 있다는 것을 한 번 더 이야기해 준다. 글은 한 문장 정도로 간단하게 적을 수 있도록 한다. 밑그림을 그린 후, 색연필 또는 사인펜을 활용하여 선명하게 색칠한다. 감동 딱지 안의 별 모양은 2단계에서 스티커를 붙일 공간이므로 꼭 색칠하지 않아도 된다.

2단계 재미있었거나 감동적인 장면에 대해 말로 표현하며 감동 딱지에 별 모으기

감동 딱지를 모두 완성한 후, 그 내용을 소리 내어 말로 표현하는 연습을 한다. 말로 표현할 때는 재미있었거나 감동적이었던 장면과 그 이유를 함께 이야기하도록 안내한다. 혼자서 연습을 해 본 후 짝과 함께 연습한다. 짝과 연습하기 전, 말하는 태도와 듣는 태도에 대해 한 번 더 지도한다.

신체 가위바위보 장면

다음으로 교사는 학생에게 별 스티커를 10개씩 나누어 준다. 학생들은 감동 딱지 활동지와 별 스티커를 가지고 의자를 자리에 넣고 일어선다. 10분 동안 교실을 다니면서 '신체 가위바위보' 놀이를 한다. 신체 가위바위보는 몸을 활용하여 가위바위보를 표현하는 놀이로, 활동지와 별 스티커를 손에 쥐고 다니며 활동해야 하기에 손으로 하는 가위바위보가 아닌 이 놀이를 활용한다. 머리 위로 두 팔을 들어 ×자로 엇갈리게 두는 모습을 '가위', 두 팔을 가슴 쪽에 ×자로 엇갈리게 두는 모습을 '바위', 두 팔을 옆으로 뻗는 모습을 '보'로 표현한다. 이긴 학생이 진 학생에게 자신이 감동 딱지에 그린 그림을 보여 주며 이야기 속에서 감동받은 부분과 그 이유를 이야기한다.

가위바위보에서 진 학생은 친구의 말을 귀 기울여 들은 후, 들은 내용이 이해가 된다면 감동 딱지에 별 스티커를 붙여 준다. 만약 들은 내용이 이해가 가지 않는다면 다시 한 번 이야기해 달라고 요청할 수 있다.

진 학생   ○○야, 네게 가장 재미있었거나 감동적이었던 부분은 어디야?
이긴 학생   나에게 가장 재미있었던 부분은 호랑이가 "맛있는 거 주면~" 했는데 꼬리 꽃이 "고맙겠다!" 한 부분이야. 왜냐하면 나는 "맛있는 거 주면 안 잡아먹지!"라고 할 줄 알았거든.
진 학생   (이긴 학생의 감동 딱지에 별 스티커를 붙여준다.)

자신의 감동 딱지에 별 스티커 5개를 모두 붙인 학생은 감동 딱지는 자신의 책상 위에 놓아두고 신체 가위바위보를 한다. 그러나 자신이 이기더라도 진 친구의 감동 딱지 내용을 들어주고 별 스티커를 붙여 주는 역할만 한다. 10분의 시간이 지난 후, 5개의 별을 모두 모은 학생은 '감동왕'이 되어 큰 박수를 받고, 별 스티커를 가장 적게 받은 학생은 교실 앞으로 나와 친구들 앞에서 감동 딱지를 보여 주며 그 내용을 설명하고 교사로부터 별 스티커를 받으며 큰 박수를 받는다. 2단계 활동 후, 활동지를 게시판에 게시해 두고 같은 이야기를 듣고서도 마음에 남는 부분이 서로 다를 수 있음을 알 수 있게 한다.

한 걸음 더

1단계에서 그림책을 읽고 난 후, 재미있었던 부분이 없었다고 하는 학생도 있을 수 있다. 그럴 때는 '감동'의 뜻을 이야기해 주며 이야기 중에서 마음을 움직였던 부분을 한 번 더 생각해 보라고 조언해 준다. 재미있거나 감동적인 장면과 그 이유에 대해 이야기할 때, 이유에 대해 이야기하는 것을 어려워하는 학생은 장면에 대한 설명만 할 수 있도록 한다.

2단계에서 딱지 안의 별 스티커 붙이는 곳은 다섯 군데이지만 별 스티커를 5개만 준다면 가위바위보 결과에 따라 별 스티커를 빨리 다 사용하여 활동을 이어 가지 못하는 학생이 생길 수도 있다. 그러므로 별 스티커는 1인당 10개 정도 나누어 준다. 또 2단계에서 모아야 하는 별 스티커 개수를 5개로 한정하지 않고, 정해진 시간 내에 많은 별을 모은 사람을 '감동왕'으로 선정하는 놀이로 변형할 수도 있다.

같이 읽으면 좋은 그림책

- 『너는 내 친구야, 왜냐하면……』 귄터 야콥스 글·그림, 나무말미
- 『내 이름은… 라울』 앙젤리크 빌뇌브 글, 마르타 오르젤 그림, 나무말미
- 『친구에게』 김윤정 글·그림, 국민서관

국어 1학년 2학기 5단원 ①

31 글자 바꿔 땅 차지하기!

놀이 소개

[ㅇㅅㅎ] 초성이 적힌 활동지에 병뚜껑을 튕겨서 멈춘 땅의 [ㅇㅅㅎ] 초성에 다양한 모음자와 받침을 써서 낱말을 완성하고 땅을 차지하는 놀이

놀이 목표

① 모음자, 받침을 바꾸면 다른 글자가 됨을 이해할 수 있다.
② 모음자, 받침을 바꾸어 뜻이 다른 낱말을 만들 수 있다.

그림책 소개

전학 온 아이가 친구를 사귀어 가는 과정에서 일어나는 상황과 마음을 [ㅇㅅㅎ]로 이루어진 낱말로 이야기하는 그림책이다. 전학 온 아이가 반 친구들에게 느끼는 어색함, 질투, 화해 등의 감정과 상황을 보여 준다. 부사, 동사 등 다양한 품사로 이루어진 [ㅇㅅㅎ] 낱말을 통해 중성, 종성만 바뀌어도 어휘가 확장됨을 이해할 수 있다.

『내 친구 ㅇㅅㅎ』
김지영 글·그림, 사계절

그림책을 읽고 나누기 좋은 질문

① "또야?"는 무슨 뜻인가요? 앞으로 어떤 일이 일어날까요?

② 여러분이 전학 간다면 어떤 기분이 들까요?

③ 반 친구들은 어떤 모습인가요? 어떤 느낌이 드나요?

④ 전학을 간다면 교실에서 어떻게 친구를 사귀어 갈 것인가요? 초등학교 입학 후의 경험을 되살려 말해 봅시다.

⑤ 친구와 싸웠을 때는 어떤 기분이 드나요? 화해는 어떻게 하나요?

⑥ 마지막 "내 마음도 이제는 이사해."는 무슨 뜻일까요?

놀이 방법

준비물 화이트보드, 보드마커, 활동지, 병뚜껑, 필기도구

놀이 단계

1단계 그림책에 나오는 낱말 되돌아보기

학생 개인별로 그림책에 나온 [ㅇㅅㅎ]의 낱말을 되돌아보며 생각나는 대로 화이트보드에 적어 본다. 그리고 [ㅇㅅㅎ]로 모음자를 바꿔 만들 수 있는 낱말이 떠오르면 적는다. 발표자가 자신이 쓴 단어 하나를 발표하면 교사는 학생들이 발표한 단어를 칠판에 적는다. 학생들은 칠판에 적힌 단어를 보고 자신의 화이트보드에 쓴 낱말을 빗금을 친다. 이런 방법으로 발표하지 않은 단어를 계속 발표한다. 칠판에 채워진 [ㅇㅅㅎ]로 만들어진 낱말을 다 함께 큰소리로 읽는다.

학생 1 [ㅇㅅㅎ]로 이렇게 많은 말이 생기는 것이 신기하다.

학생 2 이리저리 만들다 보니 "연습해"라는 말이 나왔다. 재미있다.

학생 3 [ㅇㅅㅎ]으로 만들다 보니 "연서해"가 되었다. 우리 반 최연서처럼 줄넘기를 잘한다는 말 같아서 재미있다. 새로운 말을 만들어 낸 것 같다.

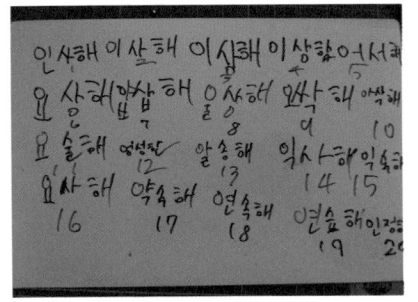
화이트보드에 적기

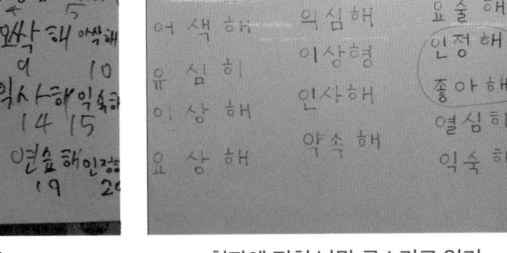
칠판에 적힌 낱말 큰소리로 읽기

2단계 병따개로 차지한 땅에 [ㅇㅅㅎ]으로 된 낱말 적기

2명이 1장의 활동지로 놀이를 할 수 있도록 활동지를 준비한다. 활동지는 각자 따로 땅을 차지하도록 구성한다. 놀이가 시작되면 학생 2명은 책상 1개를 이용하여 앞뒤로 앉는다. 그리고 가위바위보로 놀이 순서를 정한다. 이긴 사람은 병뚜껑을 자신의 출발선 동그라미에 올려놓는다. 손가락으로 병뚜껑을 튕겨 [ㅇㅅㅎ] 초성이 쓰인 칸에 들어가면 모음자, 자음자(받침)를 써서 낱말을 완성하면 땅을 차지하게 된다.

뚜껑이 밖으로 나가거나 이미 차지한 땅에 들어가면 탈락이다. 또한, 병뚜껑이 여러 칸 사이에 걸치게 되었을 때는 원하는 칸에 적는다. 낱말이 생각이 안 날 경우, 칠판에 적혀 있는 낱말을 참고하여 적는다. 먼저 칸을 다 채우거나, 일정 시간이 흐른 후 땅을 많이 차지한 사람이 이긴다.

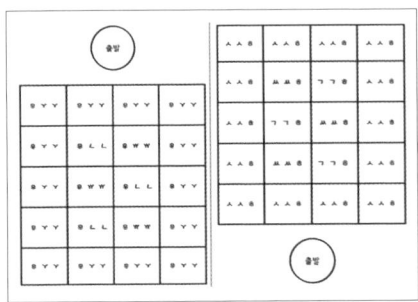
활동지 모습

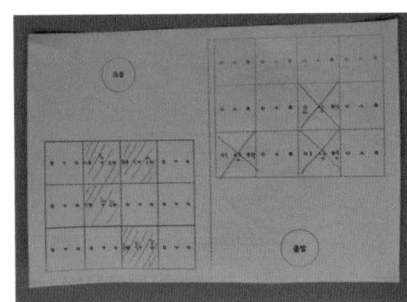
활동 결과

한 걸음 더

그림책을 읽을 때 낱말을 가리고 초성만 알려 준 후에 정답을 맞히는 퀴즈 형식으로 읽으면 많은 단어를 연상하게 되어 좋다. 또한, 활동을 하다 보면 다양한 어휘가 나오는데, "얍삽해", "요상해" 등의 낱말은 뜻을 추측해 보게 한 뒤에 설명해 준다.

1단계에서 [ㅇㅅㅎ]로 만들 수 있는 낱말을 써 볼 때, 그림책에서 초성 1개를 변형한 낱말이 나오는 것처럼 [ㅇㅈㅎ]로 추가로 낱말을 만들어 보게 해도 된다. [ㅇㅅㅎ]로 낱말을 만들 때 "알송해"처럼 새로운 낱말을 만들고 재미있어 하는 학생들도 있다. 언어는 시대의 변화에 따라 함께 변화하므로 학생들에게 새롭게 만든 단어는 무슨 뜻으로 하면 좋을까 물어본다. 또한, 공부한 어휘로 짧은 글짓기를 하면 문장으로 확장할 수 있어 더욱 좋다.

같이 읽으면 좋은 그림책

- 『내 마음 ㅅㅅㅎ』 김지영 글·그림, 사계절
- 『바다로 간 곰』 양미주 글·그림, 파란자전거
- 『글자 셰이크』 홍하나 글·그림, 바람의아이들

국어 1학년 2학기 5단원 ②

32 그림책을 ??하라

놀이 소개
그림책에 나오는 책을 가지고 노는 다양한 방법(책 돌리기, 문지르기, 책장 접기 등)이 적힌 카드를 뒤집어 그 내용을 수행하고, 가장 적절히 수행한 학생이 수 세기 칩을 가져가는 카드 놀이

놀이 목표
① 책의 물리적 성질을 이해하고 이를 이용할 수 있다.
② 놀이를 통해서 책 읽기에 흥미를 가질 수 있다.

그림책 소개
책을 싫어하거나 두려워하는 사람들도 단숨에 책과 사랑에 빠질 수 있는 갖가지 방법을 알려 주는 그림책이다. 책을 거칠게 다루지 말고, 낙서하지 않고, 조용히 읽으라는 어른들의 규칙 때문에 책 읽기를 겁내는 아이들에게 사실 책들은 만지고 갖고 놀아 주었으면 하는 비밀스러운 소원이 있다고 말한다. 만지고 돌리고 던지는 등의 다양한 방법으로 책 놀이를 하는 그림책이다.

『이 그림책을 ??하라』
케리 스미스 글·그림, 우리학교

그림책을 읽고 나누기 좋은 질문

① 평소 책을 어떻게 다루나요?
② 부모님은 책을 어떻게 다루라고 말씀하시나요?
③ 책들의 비밀스러운 소원은 무엇인가요?
④ 책을 가지고 놀 수 있는 다른 방법은 무엇이 있을까요?
⑤ 앞으로 책을 어떻게 사랑해 줄 건가요?

놀이 방법

준비물   개인별 그림책 1권, 놀이 카드, 수 세기 칩

놀이 단계

1단계 그림책과 놀기

학생들에게 학급 문고에서 마음에 드는 그림책을 한 권씩 고르게 한다. 먼저, 책 놀이할 때 위험할 수 있으니 책 모서리를 책상 위에 콕콕 찍어 날카롭지 않게 만든다. 그리고 책 모서리의 위험성, 책장에 손 베기와 같은 안전사고 예방교육을 한다. 또, 책을 구성하고 있는 표지, 책장, 면지와 같은 용어를 알려 준다.

교사는 그림책에 나오는 책과 노는 방법 중에서 전체 학생과 함께할 수 있는 놀이를 하나씩 같이 한다. 예를 들어, 교사가 "책을 깨워 볼까요? 책을 살살 왼쪽, 오른쪽으로 흔들어 보세요. 책이 아직 졸린가 봐요. 이번에는 위아래로 흔들어 깨워 보세요."라며 시범을 보이고 학생들이 따라 하도록 한다. 교사의 안내에 따라 표지 두드려 보기, 냄새 맡아 보기, 책장 접어 보기, 머리 위에 얹어 보기 등 다양한 활동을 해 본다.

책 흔들기(좌우, 위아래, 살살, 세게)	바람 불어 책장 넘기기
책장 문지르기(손가락, 코, 팔꿈치, 발가락)	냄새 맡아 보기
책장 접기(귀퉁이 접기, 돌돌 말기)	무슨 향기를 더할까 생각해 보기
표지에서 색깔 찾아보기	책을 반으로 펼쳐서 날기
책장을 차르르 넘겨 보기, 소리 듣기	책을 옷이라고 생각하고 입기 (팬티, 웃옷, 모자)
두드리기(찌르기, 노크, 주먹 인사)	책 던지고 받기, 떨어트리기, 빙빙 돌리기
책장 사이로 바람 불기	책 거꾸로 들고 읽기

1단계 그림책과 놀기 목록

책 모자 쓰기

책장 사이로 바람 불기

2단계 그림책을 ??하라

    교사는 1단계에서 했던 놀이를 조금 더 구체적으로 공카드에 적어 준비해 놓는다. 예를 들어, '머리 위에 책을 쟁반처럼 올려놓고 오래 버티기'처럼 승패를 알 수 있도록 적는다. 그 외에 책의 물성을 이용하여 할 수 있는 놀이를 몇 개 추가한다. 이러한 카드를 모둠별 20장씩 준비하고, 글자가 보이지 않도록 책상 가운데에 엎어 놓는다. 수 세기 칩이 든 바구니도 준비한다.

    교사는 놀이 전에 학생들에게 카드의 내용을 한 장씩 보여 주며 혼동되지 않도록 설명해 준다. 놀이는 첫 번째 순서의 모둠원을 정한 뒤에 2, 3, 4번으로 반시계 방향으로 돌아간다. 놀이가 시작되면 첫 번째 모둠원은 심판이 된다. 심판은 카드 한 장을 뒤집어 카드에 적힌 내용을 큰소리로 읽는다. 예를 들어, "책으로 머리카락 20번 문지르고 정전기 난 사람"이라고 말하며 "하나, 둘, 셋!" 외치면 다른 모둠원은 그 말을 실행하고, 정전기가 생겨 머리카락이 올라간 학생들을 심판이 판단하여 수 세기 칩을 준다. 수 세기 칩은 성공한 모든 학생에게 준다.

  두 번째 순서가 되면 두 번째 학생이 심판이 되고 1, 3, 4번이 카드에 적힌 내용을 한다. 이와 같은 방법으로 차례대로 심판과 플레이어가 되며 카드에 적힌 활동을 한다. 일정 시간이 지나거나 카드를 다 펼쳤을 때 수 세기 칩이 가장 많은 학생이 이긴다.

책을 머리 위에 쟁반처럼 올려놓고 오래 버티기	책 위로 던지고 받기
책을 머리 위에 모자처럼 쓰고 오래 버티기	책을 한 손 위에 쟁반처럼 놓고 빙글빙글 돌리기
책장 사이로 바람 불어 가장 센 사람	책 거꾸로 들고 책 속의 글씨 읽기
책상 위에서 책을 바닥에 떨어뜨려 소리가 가장 큰 사람	책장을 차르르 잘 넘기는 사람
책 표지 주먹 인사로 소리가 가장 큰 사람	책 표지 색깔 수를 세어서 가장 많은 사람
심판에게 책을 위아래로 10번 부채질해서 가장 시원한 사람	집게손가락으로 책 표지 20번 문지르고 손가락 열이 가장 많은 사람
책을 아무 곳이나 펼쳤을 때 그림만 있는 사람	심판에게 책을 왼쪽, 오른쪽으로 부채질 10번 해서 가장 시원한 사람
책을 아무 곳이나 펼쳤을 때 글만 있는 사람	책 표지에 노크 5번 해서 소리가 큰 사람
책으로 머리카락 20번 문지르고 정전기 난 사람	책 표지에 손가락을 튕겨서 소리가 큰 사람
책 높이가 가장 높은 사람	책이 옆으로 가장 넓은 사람

2단계 놀이 카드 내용

책을 머리 위에 놓고 오래 버티기   책 거꾸로 들고 읽기

한 걸음 더

1단계에서 '책 떨어뜨리기', '던지고 받기' 등 활동성 있는 놀이를 할 때는 안전사고를 방지하기 위해 사전에 교육을 철저히 한다. 2단계는 '책 부채질로 가장 시원한 바람 내기'처럼 심판의 판단이 많이 들어가는 활동이 있으므로, 모둠원이 차례로 심판을 하여 공정성 시비를 없앤다. 그리고 놀이 전에 이 활동은 책으로 신나게 노는 놀이임을 강조한다. 시간이 더 있다면 그림책에 나오는 모험을 떠날 책에게 옷 입히기 활동을 하는 것도 좋다.

같이 읽으면 좋은 그림책

- 『아름다운 책』 클로드 부종 글·그림, 비룡소
- 『나랑 놀자!』 정진호 글·그림, 현암주니어
- 『이 작은 책을 펼쳐 봐』 제시 클라우스마이어 글, 이수지 그림, 비룡소

국어 1학년 2학기 6단원 ①

33 문장 완성 보드게임

놀이 소개
소리는 같고 표기가 다른 낱말이 쓰인 보드게임을 하며 낱말의 올바른 쓰임을 배우게 되는 놀이

놀이 목표
① 소리는 같고 표기가 다른 낱말에는 어떤 것들이 있는지 알 수 있다.
② 소리는 같고 표기가 다른 낱말을 이용해 문장을 완성할 수 있다.

그림책 소개
1학년이 되어 받아쓰기 시험을 보게 된 주인공의 이야기를 통해 실패하더라도 슬퍼하기보다는 다음 기회에 잘할 수 있다는 희망을 가지는 것이 중요하다는 교훈을 전달하는 그림책이다. 받아쓰기에서 학생들이 가장 많이 틀리는 한글 쓰기의 어려운 부분에 대한 경험을 연결하여 생각해 볼 수 있게 한다.

『진짜 일 학년 시험을 치다!』
신순재 글, 김이조 그림
천개의바람

그림책을 읽고 나누기 좋은 질문

① 그림책 표지에 나오는 주인공은 어떤 감정일까요?

② 시험을 볼 때 어떤 마음이 드나요?

③ 받아쓰기를 잘 보는 나만의 방법이 있나요?

④ 그림책에서 가장 인상 깊었던 장면은 무엇인가요?

⑤ 받아쓰기에서 가장 어려운 점은 무엇인가요?

놀이 방법

준비물　　놀이 PPT, 보드게임판, 주사위, 개인별 말

놀이 단계

1단계 소리는 같고 표기가 다른 낱말 찾기

　그림책을 읽고 학생들이 받아쓰기를 할 때 많이 틀리는 부분에 대해 이야기를 나눠 본다. 학생마다 각자 상황에 따라 다른 대답을 할 수 있다. 학생들은 낱말의 받침을 정확하게 쓰지 않거나 소리 나는 대로 글자를 써서 틀렸다고 이야기한다. 이것은 한글은 소리는 같지만 표기가 다른 낱말이 많기 때문임을 학생들에게 알려 준다.

　교사가 보여 주는 PPT를 보며 그림에 어떤 낱말이 맞는지 학생들과 맞혀 본다. 이 활동은 본격적인 놀이 활동 전에 소리는 같지만 표기가 다른 낱말에 대해 배워 보는 기회를 제공한다. 학생들은 PPT를 보며 알맞은 낱말이 무엇인지 자신의 손가락으로 표현한다. 예를 들어, '빛'을 표현하는 그림을 보여 주고 1번에는 '빛' 2번에는 '빗'이라는 글자가 있는 PPT를 보여 주면 학생들은 자신이 생각하는 정답의 번호를 손가락으로 표시한다. 교사는 학생들이 든 손을 확인하고 정답을 이야기해 준다. 그리고 정답인 낱말을 넣어 문장을 함께 만들어 보며 같은 소리가 나지만 낱말이 다른 경우 의미가 다르다는 것을 알게 된다.

손가락으로 정답 맞히기

놀이 PPT

2단계 문장 완성 보드게임

　PPT를 통해 소리는 같지만 표기가 다른 다양한 낱말을 배웠다면, 그 낱말들을 이용한 보드게임을 통해 배운 단어를 활용해 볼 기회를 가져 본다. 우선 짝 활동으로 보드게임판, 주사위, 말을 준비한다. 가위바위보를 해서 순서를 정한다. 이긴 학생이 먼저 주사위를 굴려 홀수가 나온 경우 말은 한 칸만 이동할 수 있으며, 짝수가 나온 경우 두 칸을 이동할 수 있다. 자신의 말을 주사위를 굴린 칸만큼 이동한 후 보드판에 쓰인 낱말을 확인한다. 보드판에 쓰인 낱말을 이용하여 문장을 만들어 이야기한다. 만약 보드판에 '입'이라는 낱말이 쓰여 있다면 그 낱말을 넣어 문장을 완성한다. 예를 들어, '우리 얼굴에는 눈, 코, 입이 있습니다.'라고 알맞게 문장을 만들면 자신의 말을 해당 칸에 둔다. 만약 문장을 만들지 못하거나 틀린 문장을 만들었다면 이동할 수 없다.

　학생들은 차례로 주사위를 굴리며 놀이를 진행하고, 둘 중 한 사람이 먼저 결승점에 도착하면 게임은 종료된다. 이 과정을 통해 학생들은 한글의 소리와 표기 그리고 문장 구성에 대한 이해를 키울 수 있다.

보드게임 준비물

놀이 장면

한 걸음 더

소리는 같지만 표기가 다른 낱말은 1학년 학생들에게 매우 어려운 부분이다. 따라서 교사는 다양한 방법을 통해 반복적으로 학생들에게 이 개념을 지도해야 한다. 수업에서 많이 활용하고 있는 보드판에 직접 낱말을 써 보는 것도 큰 도움이 된다.

교사는 학생들에게 미니 보드판을 나눠 준다. 학생들에게 그림을 보여 주고 그에 맞는 낱말을 소리 내어 들려준다. 예를 들어, '못' 그림을 보여 주며 "못"이라고 말한다. 학생들은 각자 보드판에 자신이 생각하는 낱말을 적는다. 학생들이 자음자와 모음자 소리를 생각해 볼 수 있도록 천천히 정확하게 발음하도록 한다.

모든 학생들이 보드판에 글자를 쓴 것을 확인한 후 교사의 신호에 따라 자신의 보드판을 든다. 교사는 정답이 무엇인지 칠판에 쓰며 알려 준다. 만약 학생이 쓴 낱말이 틀렸다면 교사는 그 학생에게 올바른 낱말을 다시 보여 주고, 어떤 부분이 잘못되었는지 설명한다. 이후, 학생들에게 올바른 낱말을 다시 한번 써 보게 하여 정확한 기억을 도와준다. 이와 같은 과정을 반복함으로써 학생들은 소리와 표기가 다른 낱말을 보다 쉽게 이해하고 기억할 수 있게 된다.

같이 읽으면 좋은 그림책

- 『울렁울렁 맞춤법』 이송현 글, 서정해 그림, 살림어린이
- 『왜 맞춤법에 맞게 써야 돼?』 박규빈 글·그림, 길벗어린이
- 『틀리면 어떡해?』 김영진 글·그림, 길벗어린이

34 다다다 다른 읽기

국어 1학년 2학기 6단원 ②

놀이 소개
그림책에 나오는 문장을 가위바위보 읽기, 액션 읽기, 주인공 찾기와 같이 다양한 읽기 방법을 통해 재미있고 자연스럽게 읽어 보는 놀이

놀이 목표
① 여러 가지 방법으로 문장을 소리 내어 읽을 수 있다.
② 글의 의미를 생각하며 자신감 있게 문장을 읽을 수 있다.

그림책 소개
짧고 리듬감 있게 반복되는 글에 아이들이 쉽게 이해할 수 있는 쉬운 구성의 그림책이다. 주인공은 둥글고 귀여운 외모여서 유아부터 어른까지 친근하게 다가갈 수 있다. 그림책에 반복적으로 등장하는 "오, 괜찮은데."라는 짧고 쉽게 반복되는 말은 긍정적인 메시지를 전달하며 아이들에게 읽는 재미를 제공한다.

『괜찮아 아저씨』
김경희 글·그림, 비룡소

그림책을 읽고 나누기 좋은 질문

① 주인공의 외모는 어떤 특징이 있나요?
② 그림책에서 가장 기억에 남는 문장은 무엇인가요?
③ 그림책 제목을 바꾼다면 어떤 제목으로 바꾸고 싶나요?
④ 여러분이 주인공이라면 머리카락이 하나씩 빠졌을 때 어떤 마음이 들었을까요?
⑤ 주인공의 머리카락이 빠진 이유는 무엇인가요?
⑥ 머리카락 하나 남은 주인공에게 해 주고 싶은 말은 무엇인가요?

놀이 방법

준비물   놀이 PPT

놀이 단계

1단계 짝과 번갈아 가며 읽기

그림책을 짝과 번갈아 가며 읽는 이 놀이는 학생들이 서로의 목소리와 감정을 느끼며 읽기 경험을 공유하는 데 중점을 둔다. 활동을 시작하기 전에 교사는 학생들에게 짝을 지어 주고, 순서를 정하기 위해 가위바위보를 하도록 한다. 또는 주사위를 굴려 더 큰 수가 나온 학생이 먼저 읽는 등 다양한 방법을 통해 순서를 정할 수 있다.

준비가 완료되면 학생들은 교사의 지시에 따라 그림책에 나오는 문장을 번갈아 가며 읽기 시작한다. 짝이 읽는 동안 다음 학생은 친구가 읽어 주는 내용에 귀 기울이며 자신의 순서를 기다린다. 이 단계를 통해 학생들은 서로의 목소리를 듣고 감정을 공유하며 자연스럽게 이야기에 몰입할 수 있다.

가위바위보로 순서 정하기

짝과 번갈아 가며 책 읽기

2단계 액션 읽기

『괜찮아 아저씨』그림책의 특별한 점은 "오, 괜찮은데?"라는 문구가 반복적으로 등장한다는 것이다. 이 독특한 부분을 활용하여 "오, 괜찮은데?"라는 문장이 나올 때 학생들이 함께 그에 어울리는 행동을 해 글을 읽는 재미를 더하고 더욱 실감나게 읽을 수 있는 기회를 마련할 수 있다.

먼저, 학생들에게 "오, 괜찮은데?"라는 문구와 잘 어울리는 액션을 생각해 보게 한다. 학생들은 다양한 아이디어를 제시하며 각각의 액션을 공유한다. 이후, 제안된 액션 중에서 문구와 잘 어울린다고 생각하는 3가지를 골라 투표하여 최종적으로 액션을 정한다.

이제 학급의 모든 학생이 함께 그림책을 읽기 시작한다. "오, 괜찮은데?"라는 문장이 등장할 때마다 학생들은 미리 만들어 둔 액션과 함께 큰소리로 그 문구를 읽는다. 이렇게 함으로써 단순히 읽기뿐만 아니라 신체적 활동까지 더해 이야기에 더욱 몰입하게 된다. 이 과정은 학생들에게 글의 내용을 보다 깊이 있게 이해하도록 돕고, 함께하는 재미를 더해 준다.

자신이 정한 액션 발표하기

액션 읽기

3단계 괜찮아 아저씨를 찾아라

교사는 그림책의 문장 8개가 포함된 PPT 파일을 준비한다. 이 활동은 학생들이 모둠별로 참여하며 재미있게 읽기를 경험할 수 있도록 돕는다. 각 모둠이 돌아가며 PPT에 적힌 문장 중 한 문장을 선택하여 동시에 읽는다.

그 후 교사는 모둠별로 읽은 문장을 PPT에서 클릭하여 결과를 확인한다. 만약 클릭한 문장에 '괜찮아 아저씨' 캐릭터가 등장하면 해당 모둠은 1점을 획득하며, 화면은 다음 읽기 슬라이드로 넘어간다. 반대로 클릭했을 때 '괜찮아 아저씨' 캐릭터가 나오지 않는다면 다음 모둠에게 순서가 돌아가게 된다. 이러한 방식으로 놀이가 진행되며, 모든 모둠이 차례로 참여한 후에는 점수를 모두 더하여 가장 많은 점수를 획득한 모둠이 승리하게 된다. 이 활동은 학생들에게 읽는 과정에 대한 흥미 및 그림책 속 다양한 문장에 관심을 가질 수 있는 기회를 제공한다.

학생 참여 모습

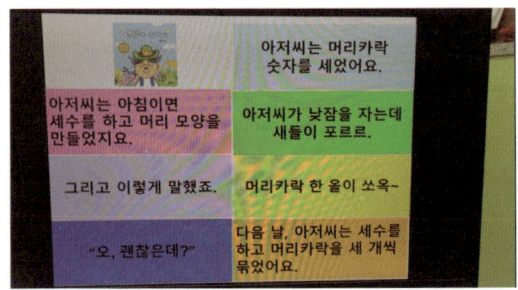

'괜찮아 아저씨 찾아라' 놀이 PPT

한 걸음 더

1단계의 짝과 번갈아 가며 읽기 놀이는 참여 학생 수를 늘려 가는 놀이로 변형하여 운영할 수 있다. 모둠 내에서 순서를 정해 책 내용을 번갈아 가며 읽을 수 있다. 모둠원이 읽는 동안 학생들은 서로의 소리에 경청하며 집중하게 된다.

또 다른 방법은 전체 학생이 돌아가며 한 문장씩 읽도록 한다. 이때 학생 수가 많으면 자신의 차례가 오기까지 기다리는 시간이 늘어나겠지만, 학생들은 그 시간 동안 집중력과 인내를 기르는 기회를 갖게 된다.

같이 읽으면 좋은 그림책

- 『근데 그 얘기 들었어?』 밤코 글·그림, 바둑이하우스
- 『안 돼 삼총사』 나카야마 치나쓰 글, 하세가와 요시후미 그림, 천개의바람
- 『늑대가 뭐래?』 잉그리드 샤버트 글, 모린 푸아뇨넥 그림, 푸른숲주니어

35. 겪은 일의 마음 짝을 찾아라!

국어 1학년 2학기 7단원 ①

놀이 소개
겪은 일을 나타낸 카드와 마음 카드 짝을 맞추어 겪은 일에 들어갈 내용을 익히는 놀이

놀이 목표
① 겪은 일에 들어갈 마음 카드를 빙고 놀이를 통해서 익힐 수 있다.
② 겪은 일 카드와 마음 카드 짝 찾기로 겪은 일 쓰기에 익숙해질 수 있다.

그림책 소개
자기 물건을 지키기 위해 이런저런 방법으로 애쓰는 아이의 노력과 실패 과정을 담아 낸 그림책이다. 초등학교에 입학한 방준수는 오늘 필통을 잃어버린다. 엄마한테 사정해서 새 필통을 사지만, 다음날은 알림장, 그다음 날은 신발주머니, 그리고 급기야 책가방까지 잃어버린다. 1학년 학생들이 물건을 잃어버리는 경우가 많은데, 물건을 잃어버리지 않는 방법을 알려 주는 책이다.

『진짜 1학년 책가방을 지켜라!』
신순재 글, 안은진 그림
천개의바람

그림책을 읽고 나누기 좋은 질문

① 표지에서 남자아이는 왜 신발주머니를 앞으로 내밀고 있나요?
② 책가방을 지킨다는 것은 어떤 의미인가요?
③ 물건을 잃어버린 경험이 있나요?
④ 물건을 잃어버렸을 때 어떻게 찾을 수 있었나요?
⑤ 물건을 잃어버리지 않기 위한 나만의 방법이 있나요?
⑥ 방준수가 찾아낸 책가방을 잃어버리지 않는 비법은 무엇인가요?

놀이 방법

준비물 개인별 마음 카드 24장, 모둠별 겪은 일 카드 20장

놀이 단계

1단계 '마음 카드 빙고' 놀이하기

그림책 내용을 파악하기 위해서 마인드맵으로 정리한다. 주인공이 겪은 일과 그때의 마음을 겪은 일로 쓰기 위해서 다양한 마음 카드로 빙고 놀이를 준비한다. 마음을 나타낼 수 있는 긍정적인 마음 카드 12개와 부정적인 마음 카드 12개의 공통점을 교사와 함께 알아본다. 각 마음 카드를 읽어 보고, 이런 마음이 들었던 경험도 이야기한다.

학생들은 마음 카드 24장을 선 따라 오려서 준비한다. 마음 카드 24개를 잘 섞고 모둠 친구들이 선택할 것 같은 마음 카드를 추측하여 16개만 뽑는다. 16개의 마음 카드를 책상 위에 가로 4줄, 세로 4줄로 맞춰서 글이 보이도록 배치한다.

모둠별로 순서를 정한다. 자신의 차례에 빙고가 되기 위해 유리한 곳에 있는 마음 카드를 크게 읽고 마음 카드를 뒤집는다. 모둠원도 자신의 마음 카드 중에 모둠원이 말한 카드를 찾아 뒤집는다. 4줄이 먼저 빙고가 되어 "빙고!"라고 외치면 승리한다.

1학년 2학기

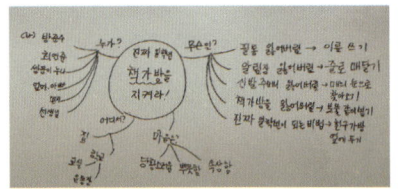
그림책의 내용을 마인드맵으로 정리

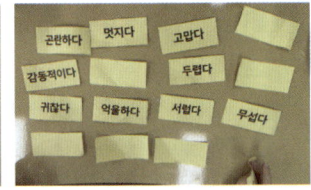
빙고 놀이 장면

사랑한다	행복하다	기쁘다
신난다	만족스럽다	부럽다
설레다	감동적이다	따뜻하다
멋지다	고맙다	힘이 난다

속상하다	두렵다	곤란하다
귀찮다	괴롭다	당황스럽다
서럽다	곤란하다	외롭다
억울하다	무섭다	밉다

마음 카드 자료

2단계 겪은 일의 마음 짝을 찾아라!

그림책의 주인공인 준수가 겪은 일을 이용하여 겪은 일 카드를 만든다. 모둠별로 16장을 만든다. 예를 들어, 4명의 모둠원이 겪은 일 카드를 4장씩 만들어 모둠별로 16장이 되도록 한다. 준수가 겪은 일이 잘 생각나지 않을 경우 도움 자료를 참고하여 한 문장으로 겪은 일 카드를 만든다.

겪은 일 카드가 다 준비되면 1단계에 활용한 마음 카드 16장을 모둠원 각자의 책상에 글씨가 보이도록 올려놓는다. 겪은 일 카드는 잘 섞어서 4장씩 나누어 가진다. 모둠원의 순서를 정하고 순서에 따라 겪은 일 카드에 있는 문장을 소리 내어 읽는다. 친구가 읽은 겪은 일 카드에 알맞은 마음 카드를 고르고 "정답!"이라고 외친다. 겪은 일 카드를 읽은 학생이 정답을 외친 모둠원 중에서 빨리 외친 친구를 지목하면 겪은 일 카드 짝이 되는 마음 카드의 마음을 말한다. 정답을 맞힌 모둠원은 겪은 일 카드를 가져간다. 겪은 일 카드가 모두 사라질 때까지 겪은 일 카드와 마음 카드 짝 찾기 놀이를 계속한다. 겪은 일 카드를 많이 모은 학생이 승리한다.

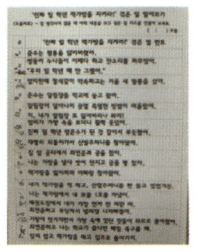 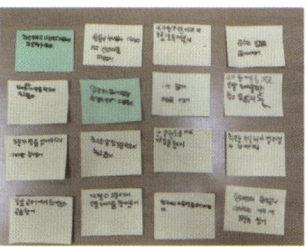 

겪은 일 카드 만들기 도움 자료 겪은 일 카드 만들기 겪은 일 카드와 마음 카드 짝 찾기

한 걸음 더

1단계 마음 카드 빙고 놀이는 다양한 마음을 나타내는 말을 자연스럽게 익히는 놀이로, 1라운드는 교사가 마음 카드 내용을 불러 주고 학생이 자신의 빙고판에 있는 마음 카드를 찾아내도록 한다. 2라운드는 모둠별로 진행하여 모둠원이 순서를 정하고 자신에게 유리한 곳에 있는 마음 카드를 불러 빙고 놀이를 하는 것도 좋다.

2단계 겪은 일 카드와 마음 카드 짝 찾기 놀이에서 겪은 일 카드를 만들 때 주인공이 겪은 일 외에도 자신이 겪은 일을 넣어서 만드는 것도 좋은 방법이다. 겪은 일 카드에 맞는 마음 카드의 짝을 찾는 것은 문제를 낸 모둠원이 생각한 마음 카드가 맞으면 모둠원에게 설명하고, 동의가 되면 정답으로 인정한다.

같이 읽으면 좋은 그림책

- 『두근두근 1학년 새 친구 사귀기』 송언 글, 서현 그림, 사계절
- 『틀려도 괜찮아』 마키타 신지 글, 하세가와 코모코 그림, 토토북
- 『화내지 말고 예쁘게 말해요』 안미연 글, 서희정 그림, 상상스쿨

36 함께 겪은 일을 써 봐!

국어 1학년 2학기 7단원 ②

놀이 소개
그림책에 나오는 겪은 일과 마음을 기억하여 제시된 힌트를 보고 보드판에 겪은 일과 마음을 표현하는 협력 놀이

놀이 목표
① 그림책의 주인공이 겪은 일과 마음을 찾을 수 있다.
② 겪은 일과 마음이 잘 드러나게 겪은 일 쓰기를 할 수 있다.

그림책 소개
텐트를 열면 새로운 장면이 펼쳐지는 그림책이다. 민지는 텐트 안에서 즐겁고 재미있는 경험을 한다. 텐트를 열 때마다 새로운 장면이 펼쳐지고, 그 속에서 민지는 다양한 마음을 경험한다. 대문 접기를 이용하여 나만의 대문 접기 책을 만들어, 내가 겪은 일을 그림과 글로 나타내기에도 좋은 그림책이다.

『텐트를 열면』
민소원 글·그림, 상상의집

그림책을 읽고 나누기 좋은 질문

① 책표지의 여자아이는 무엇을 하고 있나요?
② 텐트에서 놀아 본 경험이 있나요?
③ 텐트에서 무엇을 하며 놀았나요?
④ 민지가 텐트 문을 열면 어떤 장면이 펼쳐지나요?
⑤ 이때 민지의 마음은 어떠했나요?
⑥ 민지처럼 텐트 문을 열 수 있다면 어떤 장면이 펼쳐지길 원하나요?
⑦ 그때 여러분의 마음은 어떠할까요?

놀이 방법

준비물 육각 자석칠판, 빙고 학습지, 힌트 적을 학습지, 모둠 화이트보드, 보드마커와 마커 지우개

놀이 단계

1단계 찢기 빙고 놀이

그림책을 읽고 민지가 텐트를 열 때마다 겪은 일과 마음에 대해 이야기를 나눈다. 학생들은 육각 자석칠판에 민지가 겪은 일과 그때의 마음을 1가지씩 적는다. 다 적은 학생은 앞으로 나와 칠판에 붙인다. 교사는 비슷한 마음끼리 육각 자석칠판을 배치한다.

교사는 8개의 칸이 있는 찢기 빙고 학습지를 학생들에게 나눠 준다. 학생들은 찢기 빙고판을 작성한다. 이때 칠판에 붙어 있는, 다른 친구가 작성한 육각 자석칠판을 보고 빙고 칸을 채워도 좋다. 학생들이 찢기 빙고판을 작성하면 모둠별로 찢기 빙고 놀이를 한다. 모둠에서 순서를 정하고 찢기 빙고 판 가장자리에 적힌 겪은 일이나 마음을 말한다. 모둠 친구가 말한 내용이 자신의 빙고판에 있으면 그 빙고 칸을 찢어 낸다. 계속 반복하여 마지막 한 칸이 남으면 "빙고!"라고 외친다. 먼저 한 칸만 남은 학생이 승리한다.

 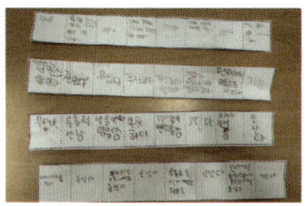 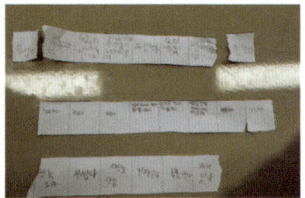

| 민지가 겪은 일과 그때의 마음 찾아내기 | 민지가 겪은 일과 마음을 이용한 찢기 빙고판 만들기 | 찢기 빙고 놀이 |

2단계 '겪은 일을 써 봐!' 놀이

모둠원끼리 1~4번 순서를 정한다. 놀이가 시작되면 학생은 자신의 책상에 엎드린다. 교사의 말에 따라 순서대로 고개를 들어 PPT 화면에 나와 있는 힌트를 보고 다시 엎드린다. 자신의 차례에 고개를 들어 힌트를 보고 학습지에 간단히 힌트를 적고 다음 순서의 모둠원에게 넘긴다. 4명의 모둠원이 힌트를 다 보게 되면 교사의 신호에 따라 모둠원이 고개를 들고 힌트를 이용하여 겪은 일과 마음이 드러나게 협력하여 문장을 만든다. 문장이 완성되면 모둠 칠판에 만든 문장을 적는다. 교사의 신호에 따라 모둠 칠판이 잘 보이도록 머리 위쪽으로 든다. 작성한 문장이 맞았으면 1점을 획득한다. 점수를 많이 얻은 모둠이 승리한다.

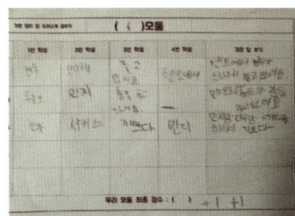  

| 힌트 학습지에 자신이 본 힌트를 간단히 메모하기 | 모둠 친구들과 협력하여 겪은 일과 마음이 드러나게 문장 만들기 | 교사의 신호에 맞춰 모둠 칠판 들기 |

한 걸음 더

2단계 놀이는 모둠별 협동 놀이로 진행하는데, 자신의 차례에 힌트를 제대로 보지 못하여 모둠원에게 불평을 들을 수 있다. 교사는 모둠원이 힌트를 기억하지 못하더라도 비난하지 않도록 놀이 전에 지켜야 할 약속을 인지시킨다.

2단계 놀이 후에 추가 활동으로 나만의 '텐트를 열면' 대문 접기 책을 만들면 좋다. 겉표지에 자신이 좋아하는 텐트를 그리고, 대문 접기 안쪽에 자신이 여행하면서 겪은 일을 그림으로 나타낸다. 대문 접기 책 뒷표지에는 텐트 안쪽에 그림으로 표현한 겪은 일과 마음이 잘 드러나게 글로 써서 완성한다. 완성한 나만의 '텐트를 열면' 책 내용을 발표하면서 다른 친구의 겪은 일과 마음도 알게 되어 겪은 일 쓰기 향상에 효과적이다.

나만의 책 계획서

나만의 책 겉표지

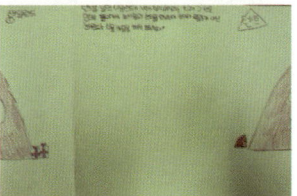
나만의 책 안과 뒷표지

같이 읽으면 좋은 그림책

- 『나에겐 비밀이 있어』 이동연 글·그림, 올리
- 『어제저녁』 백희나 글·그림, 스토리보울
- 『퐁퐁 팡팡! 빗방울 놀이공원』 상자 글, 이수현 그림, 보랏빛소어린이

국어 1학년 2학기 8단원 ①

우리는 오리 왕자

놀이 소개
처음에는 모두 오리가 되어 낭송하고, 다음에는 특정한 수만큼 모여 각자 역할을 나누어 맡은 후 몸짓과 함께 시를 실감나게 낭송하는 놀이

놀이 목표
① 시를 읽고 내용을 이해하여 장면을 떠올릴 수 있다.
② 시 속 인물의 상황과 마음을 생각하며 실감나게 낭송할 수 있다.

그림책 소개
걱정을 가득 안고 있는 막내 오리가 가족의 응원 속에서 자신감을 얻고, 자신을 사랑하는 법을 배우며 성장하는 모습을 그린 동시 그림책이다. 아이들도 공감할 수 있는 상황과 반복되는 시구가 있어 시 낭송의 즐거움을 느끼게 한다.

『오리 왕자』
이정록 글, 주리 그림, 바우솔

그림책을 읽고 나누기 좋은 질문

① 표지에서 누가 무엇을 하고 있나요? 시간은 언제쯤일까요?

② 오리 가족은 모두 몇 마리인가요?

③ 다섯째 오리는 왜 넷째 오리에게 "앞에 엄마 있어?"라고 물어보았을까요?

④ "엄마도 있고 누나도 있고 형도 둘이나 있고 나도 있잖아."라는 말을 들은 다섯째 오리는 어떤 생각 또는 마음이 들었을까요?

⑤ 다섯째 오리는 무엇이 되고 싶다고 했나요? 여러분은 이다음에 어떤 사람이 되고 싶나요?

놀이 방법

준비물   시 활동지, 바둑돌, 붉은 망토

놀이 단계

1단계 오리가 되어 시 낭송하기

그림책을 떠올리며 활동지의 빈칸에 알맞은 낱말을 적는다. 다 적은 후 모두가 그림책을 다시 보며 자신이 적은 것을 확인하고, 교사와 학생들이 함께 시 낭송을 연습한다. 교사는 엄마 오리가 되고, 칠판을 기준으로 칠판 앞의 가로로 첫 번째 줄의 학생들은 첫째 오리, 두 번째 줄의 학생들은 둘째 오리, 마지막 줄 학생들은 막내 오리가 된다. 이때, 학급 인원수에 따라 새끼 오리의 수는 달라질 수 있다. 낭송하기 전 학생들이 자신이 몇 번째 오리인지를 정확히 알 수 있도록 확인한다. 시에서 새끼 오리가 말하는 부분을 제외한 부분은 교사가 낭송하고, 시에 나와 있는 낱말 그대로를 낭송하도록 한다.

1학년 2학기

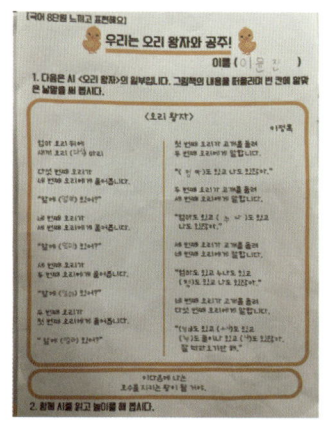

PPT 화면

시 활동지 　　　　　오리가 되어 시 낭송하기

2단계 우리는 시 낭송가!

책상과 의자를 교실 가장자리로 옮기고 자유롭게 선다. 학생들은 모두 바둑돌을 하나씩 받는다. 교사가 "우리는 오리 왕자!"라고 외치며 손가락으로 숫자를 나타내면 그 숫자만큼의 학생들이 모여 줄을 선다. 교사가 말한 수만큼 모이지 못한 학생들은 바둑돌을 보관함에 넣은 후 모이지 못한 학생끼리 한 줄로 서서 활동에 함께 참여한다.

수에 맞게 모인 줄이 먼저 활동지에 있는 시를 낭송하기 시작한다. 첫 번째 학생은 원래 시 구절 그대로를 낭송하고, 두 번째 학생부터는 시 구절에 친구의 이름을 넣어 변형하여 낭송한다. 이때 고개를 돌리는 동작도 함께 한다.

교사	첫 번째 오리가 고개를 돌려 두 번째 오리에게 말합니다.
첫 번째 학생	(고개를 돌리며) 엄마도 있고 나도 있잖아.
교사	두 번째 오리가 고개를 돌려 세 번째 오리에게 말합니다.
두 번째 학생	(고개를 돌리며) 엄마도 있고 (첫 번째 학생 이름)도 있고, 나도 있잖아.

줄의 마지막 학생까지 자연스럽게 낭송하는 데 성공하면 바둑돌 보관함에서 바둑돌을 하나씩 가지고 간다. 성공과 실패에 대한 판정은 교사가 하도록 한다. 이와 같은 방법으로 놀이를 반복하는데, 이때 바둑돌을 하나도 가지고 있지 않은 학생이 있다면 그

학생들이 손을 들어 첫째 오리가 되고 다른 친구들이 그 뒤에 줄을 설 수 있도록 한다.

바둑돌을 3개 모은 학생들은 바둑돌을 모두 보관함에 넣고 붉은 망토를 둘러 '오리 왕자'가 되어 시 전체의 마지막 구절인 "이다음에 나는 호수를 지키는 왕이 될 거야."를 몸짓과 함께 낭송한 후 교사 옆에 선다. 그리고 다시 놀이를 진행하여 교사가 제시한 수에 맞게 줄을 서면 오리 왕자 역할을 하는 학생들은 교사가 낭송했던 부분을 낭송하도록 한다. 오리 왕자 역할을 한 학생들은 다시 일반 오리로 돌아가서 놀이에 참여한다.

오리 가족이 되어 시 낭송하기

오리 왕자가 되어 시 낭송하기

한 걸음 더

1단계 활동을 조금 더 반복하고 싶다면, 활동 후 엄마 오리의 위치를 창 또는 복도 쪽으로 바꾸면 학생들이 다른 순서의 새끼 오리가 되어 낭송할 수 있다. 활동할 때 엄마 오리 그림을 크게 인쇄하여 붙여 두면 학생들이 좀 더 상황에 몰입할 수 있다.

2단계에서 줄별로 낭송하기 전 연습할 시간을 2분 정도 주는 것이 좋다. 그리고 어느 정도 시 낭송이 익숙해졌을 때는 연습 없이 바로 시작하도록 한다. 2단계에서 붉은 망토는 오리 왕자를 표현하기 위한 것이므로 학급 상황에 따라 왕관, 팔찌, 스카프 등으로 바꾸어 활용한다.

같이 읽으면 좋은 그림책
- 『넉 점 반』 윤석중 글, 이영경 그림, 창비
- 『달 조각』 박종진 글, 윤동주 동시, 전지은 그림, 키즈엠
- 『물고기 씨앗』 이상교 글, 이소영 그림, 한솔수북

국어 1학년 2학기 8단원 ②

38 그림책 장면 낚시

놀이 소개
그림책의 장면 카드를 낚시하여 인물이 처한 상황과 생각을 맞게 이야기하면 카드를 가지고 가는 놀이와 모둠별로 두 장면을 선택하여 정지 동작으로 표현하여 모둠끼리 맞히는 놀이

놀이 목표
① 그림책 장면에서 인물이 처한 상황과 생각을 파악할 수 있다.
② 그림책 장면을 몸으로 표현하고 장면에 관한 생각이나 느낌을 말할 수 있다.

그림책 소개
가장 친한 친구와 다툰 뒤 변화하는 여덟 살 송이의 마음을 다양한 색깔과 모양으로 표현한 그림책이다. 친구와 다투었을 때의 불편한 마음과 벌어지는 상황을 글과 그림으로 잘 표현해 놓아 비슷한 상황에서 나라면 어떻게 생각하고 행동하는 것이 좋을지에 대해 이야기를 나누며 건강한 친구 관계를 유지하는 데 도움을 주는 그림책이다.

『마음이 그랬어』
박진아 글·그림, 노란돼지

아이들이 싫어하는 채소 1위에 뽑힌 브로콜리가 사랑받는 채소가 되기 위한 도전을 담은 그림책이다. 그 과정에서 실패와 좌절을 맛보지만 결국 자신만의 멋진 모습을 찾는다. 브로콜리의 표정과 몸짓에서 마음과 생각의 변화를 잘 엿볼 수 있어 읽고 나면 힘을 얻는 그림책이다.

『브로콜리지만 사랑받고 싶어』
별다름·달다름 글, 서영 그림
키다리

늑대 아저씨와 여우가 어색함에 첫인사를 나누지 못한 이후로 오해가 쌓이면서 벌어지는 눈치 게임을 담은 그림책이다. 이 상황은 늑대 아저씨가 이사를 가게 되며 마무리되는 듯하지만 반전이 있다. 비슷한 경험을 나누며 슬기로운 해결책을 함께 찾아볼 수 있는 그림책이다.

『인사』
김성미 글·그림, 책읽는곰

그림책을 읽고 나누기 좋은 질문

『마음이 그랬어』
① 친구와 싸운 적이 있나요? 싸운 후 어떻게 행동했나요?
② 그림책의 장면에서 송이의 표정을 보고 송이의 마음이 어떻게 달라졌는지 이야기할 수 있나요?

『브로콜리지만 사랑받고 싶어』
① 브로콜리는 자신만의 매력을 찾기 위해 어떤 노력을 했나요?
② 자신만의 매력을 찾은 브로콜리처럼 여러분도 자신만의 매력을 찾았나요?

『인사』
① 인사를 적절하게 하지 못해 오해받거나 오해한 경험이 있나요? 기분이 어땠나요?
② 여우와 늑대 아저씨 중 누가 잘못 행동했다고 생각하나요? 이유는 무엇인가요?

놀이 방법

준비물 그림책 장면 카드 18장, 자석 낚싯대, 스테이플러 또는 클립

놀이 단계

1단계 그림책 장면 낚시하기

세 권의 그림책 내용이 담긴 장면 카드와 자석 낚싯대, 파란색 4절 도화지를 모둠별로 1세트씩 나누어 준다. 이때 장면 카드에는 스테이플러의 철심 또는 클립이 꽂혀 있어야 한다. 장면 카드를 파란색 4절 도화지 위에 뒤집어서 펼쳐 놓고 가위바위보로 낚시 순서를 정한다.

첫 번째 장면 낚시꾼은 자석 낚싯대로 그림책의 장면 하나를 건져 올린다. 장면 카드에 쓰인 글을 읽고 그 상황에서의 인물의 감정 또는 생각을 짐작하여 이야기한다. 장면

낚시꾼이 바르게 이야기했다면 그 장면 카드는 장면 낚시꾼이 가지고 가고, 만약 틀리게 이야기했다면 그 장면 카드는 다시 원래의 자리에 뒤집어 놓는다. 같은 방법으로 돌아가며 장면 낚시를 하고, 정해진 시간 안에 가장 많은 장면 카드를 가지고 간 사람이 이긴다.

그림책 장면 카드 일부   모둠별 장면 낚시하기

2단계 그대로 멈춰라!

모둠별로 1단계에서 낚시한 그림책 장면 중에서 두 장면을 정하고, 모든 장면 카드를 문장이 보이도록 파란색 도화지 위에 펼쳐 놓는다. 모둠별로 선택한 두 장면을 정지 동작으로 표현하는 연습을 한다. 연습을 마친 후, 모둠 순서대로 나와 정지 동작을 보여 주고 다른 모둠은 교사의 "하나, 둘, 셋!" 구호에 맞추어 그 동작과 관련 있는 장면 카드를 든다. 맞힌 모둠 중 장면에 대한 생각이나 느낌을 말할 수 있는 모둠원이 빠르게 손들어 그 장면에 맞게 이야기하면 득점하고 가장 많은 점수를 얻은 모둠이 이긴다.

(한 모둠이 정지 동작을 보여 준 후)

교사	표현하고 있는 장면 카드를 들어 봅시다. 하나, 둘, 셋!
다른 모둠	(늑대 아저씨와 여우가 편의점 앞을 걸어가고 있는 장면 카드를 든다.)
교사	맞힌 모둠 중에서 이 장면에 대한 생각이나 느낌을 이야기할 수 있는 모둠 있나요?
학생	그냥 기다리지 말고 누가 먼저 인사했으면 좋겠다는 생각이 들었어요.

정지 동작

한 걸음 더

1단계에서 장면 카드와 낚싯대는 교사가 만들어서 줘도 되고, 학생들과 함께 만들어도 좋다. 1단계 놀이 시작 전에 모둠에서 낚시하여 가지고 간 장면 카드가 2단계 놀이에서 활용된다는 것을 미리 말해 주면 놀이가 좀 더 박진감 있어진다.

2단계에서 모든 학생이 그림책의 장면을 신체로 표현하는 경험을 하기 위해 한 모둠 내 학생 수에 따라 정지 동작으로 표현할 장면 수를 늘려도 좋다. 동작을 맞힐 때 장면 카드를 들지 않고 정지 동작으로 표현하는 상황을 말로 설명하는 방법도 있다. 1, 2단계를 마친 후, 놀이 중에 나오지 않았던 장면을 파악하여 그 장면에 대해 함께 이야기 나누는 시간을 가지도록 한다.

같이 읽으면 좋은 그림책

- 『친구가 미운 날』 가사이 마리 글, 기타무라 유카 그림, 책읽는곰
- 『주름 때문이야』 서영 글·그림, 키다리
- 『인사를 나눠 드립니다』 이한재 글·그림, 킨더랜드

국어 2학년 1학기 1단원 ①

내 이야기 들어 봐!

놀이 소개
문장 카드를 뽑아 차례로 이야기를 이어 가며 완성하는 놀이

놀이 목표
① 대화할 때 말차례를 지키면서 상대방의 말을 경청하고 존중하는 태도를 기를 수 있다.
② 자신과 타인을 이해하며 상호 소통을 통해 의사소통 역량을 키울 수 있다.

그림책 소개
오웬 맥피는 하루 종일 쉴 새 없이 자기 말을 하기에 바빠 다른 사람의 말을 놓치기 일쑤다. 그러던 어느 날 심한 목감기에 걸려 말을 할 수 없게 된 오웬 맥피는 의사소통에 어려움을 겪으면서 그동안 자신이 다른 사람의 말에 귀 기울이지 못했을 때 상대방의 기분이 어땠을지 이해하게 된다. 상대방의 이야기를 잘 들어주는 게 얼마나 중요한지, 그 가치를 깨달아 가는 과정을 그린 그림책이다.

『말이 너무너무너무 많은 아이』
트루디 루드위그 글,
패트리스 바톤 그림, 책과콩나무

그림책을 읽고 나누기 좋은 질문

① 오웬 맥피는 왜 쉴 새 없이 말을 했나요?
② 월요일 과학 시간에 무슨 일이 일어났나요?
③ 오웬 맥피는 왜 다른 사람의 말을 듣지 못할까요?
④ 마커스는 왜 불같이 화를 냈나요?
⑤ 오웬 맥피 팀은 어떻게 상을 받을 수 있었나요?
⑥ 오웬 맥피가 심한 목감기에 걸려 말을 할 수 없게 되었을 때 새롭게 경험한 건 무엇인가요?

놀이 방법

준비물 문장 카드

놀이 단계

1단계 '내 이야기 들어 봐!' 상황극

'내 이야기 들어 봐!' 상황극 놀이는 '이야기 듣고 이야기 이어 가기' 놀이를 하기 전에 필요한 활동이다. 이 놀이를 통해 상대방의 말을 경청하는 것이 얼마나 중요한지 알고, 차례를 지키며 말하는 방법을 익힐 수 있다.

먼저 그림책 표지를 보면서 어떤 이야기가 펼쳐질지 상상하며 이야기를 나눈다. 책을 읽을 때 주인공의 말은 말풍선에 나오는데 쉴 새 없이 말하는 느낌을 살려 교사가 읽어 준다. 그림책을 읽은 후 돌아가면서 주인공의 말풍선 말을 읽어 본다.

앞에 나와 발표할 술래 한 명을 정한다. 술래에게 말할 주제 한 가지를 알려 주고, 교실 밖에서 말할 내용을 생각하면서 기다리라고 한다. 이번 놀이는 아침에 일어나 학교 오기 전까지의 일에 대해 발표하기로 했다. 그때 교실에 있는 학생들에게 경청하지 않는 상황과 경청하는 2가지 상황을 연출하도록 안내한다. 경청하지 않는 상황은 술래가 발표를 시작할 때 오웬 맥피가 말풍선에서 말했던 내용으로 짝과 이야기를 나눈다. 교사는 상황극의 일부로 학생들이 집중하지 못하는 것에 대해 주의를 준다.

그런 다음 술래는 다시 교실 밖에서 기다리도록 하고, 교실에 있는 학생들에게는 경청하는 상황을 어떻게 연출할지 안내한다. 술래가 들어와서 발표할 때 학생들은 경청하면서 듣는다. 상황극 놀이가 끝나면 경청하지 않았던 상황과 경청했던 상황에서 느꼈던 점을 나눈다.

2단계 이야기 듣고 이야기 이어 가기

먼저 문장 카드를 준비한다. 문장은 그림책에서 이야기 만들기에 좋은 내용, 학생들이 흥미를 느끼고 이야기를 이어 가기 쉬운 내용으로 뽑는다. 학생들을 4~5명씩 모둠으로 나눈 후, 각 모둠은 준비된 문장 카드 중 하나를 뽑아 해당 문장을 시작으로 이야기를 만들어 간다.

문장 카드를 뽑은 모둠원 중 한 명이 먼저 이야기를 시작한다. 뽑은 카드의 문장을 큰소리로 읽고, 문장을 바탕으로 짧은 이야기를 덧붙인다. 첫 번째 학생이 이야기를 마치면 다음 학생이 앞선 이야기를 잘 듣고 자연스럽게 내용을 이어 간다. 모둠원이 돌아가며 반복해 이야기를 완성하고, 완성된 이야기는 모둠별로 발표한다. 발표를 들은 다른 모둠은 흥미로웠던 부분이나 재미있었던 점에 대해 피드백을 나눈다. 놀이가 끝난 후 이야기를 이어 가며 느꼈던 점, 어려웠던 점, 즐거웠던 점, 경청의 중요성 등에 대해 이야기 나누며 활동을 마무리한다. 이 활동을 통해 학생들은 경청과 소통의 중요성을 배우고, 창의적으로 이야기를 만들어 가는 즐거움을 경험할 수 있다.

• 질문 카드 예시

① 우리 집 강아지는…
② 아이가 조심조심 문을 열었더니…
③ 나 어제 진짜 이상한 꿈을 꿨어. 무슨 꿈이냐면…
④ 저기 봐, 공룡 구름도 있어! 그리고 저 구름은…

- **이야기 만들기 예시 : 우리 집 강아지는…**

① 우리 집 강아지는 털이 곱슬이야.

② 곱슬이 너무 심해서 목욕하기가 힘들어.

③ 힘들게 목욕하고 수건으로 닦으면서 말려 줘.

④ 말린 후 복슬복슬한 곱슬을 보면 귀여워서 힘들었던 것을 잊어 버려.

한 걸음 더

상황극 놀이에서 처음 술래는 2가지의 상황을 알지 못하고 진행하지만 이후 다른 술래를 정해서 놀이를 반복할 수 있다. 이미 어떤 상황인지 알더라도 경청하지 않은 상황과 경청하는 상황을 직접 경험해 보는 것은 학생들이 경청에 대해 이해하는 데 도움이 될 수 있다.

상황극을 하면서 느낀 점 말하기, 이야기 듣고 이야기 이어 가기를 할 때 토킹 피스를 갖고 있거나 정해진 동작을 하는 경우만 말할 수 있다. 누군가 말할 때는 자신의 이야기를 멈추고 말하는 상대방에게 집중해야 한다는 것을 가시적으로 보여 줄 수 있다. 이야기 듣고 이야기 이어 만들기 활동이나 그림책 줄거리를 한 문장씩 말해서 완성하는 활동을 학급 전체로 진행할 수 있다.

같이 읽으면 좋은 그림책

- 『내 말 좀 들어 주세요, 제발』 하인츠 야니쉬 글, 질케 레플러 그림, 상상스쿨
- 『남의 말을 듣는 건 어려워』 마수드 가레바기 글·그림, 풀빛
- 『내 얘기를 들어주세요』 안 에르보 글·그림, 한울림어린이

40 나는 누구일까요?

국어 2학년 1학기 1단원 ②

놀이 소개
나를 소개하는 글을 써서 누구인지 맞히는 놀이

놀이 목표
① 소개하는 방법을 알고 소개하는 글을 쓸 수 있다.
② 독자를 고려하여 소개하는 글을 쓰면서 상호 소통하는 역량을 기를 수 있다.

그림책 소개
다양한 동물들의 특징을 통해 자신을 발견하고 받아들이는 과정을 담은 그림책이다. 자기를 표현하는 동물 친구들의 이야기를 따라가면서 아이는 자신이 누구인지 질문을 던진다. 이 책은 내 안의 다양한 모습을 인정하고, 있는 그대로 나를 사랑하도록 한다. 내가 누구인지 생각해 보면서 나를 만나고 표현하는 시간을 가질 수 있다.

『나는요,』
김희경 글·그림, 여유당

그림책을 읽고 나누기 좋은 질문

① 그림책에는 어떤 동물들이 나오나요?
② 자신과 가장 비슷한 동물은 무엇인가요?
③ 표현해 보고 싶은 동물은 무엇인가요?
④ 왜 자신을 동물로 표현했을까요?
⑤ 자신을 무엇으로 표현하고 싶은가요?
⑥ 자신을 어떻게 소개할 수 있을까요?

놀이 방법

준비물 빈 카드, A4 용지

놀이 단계

1단계 다섯 고개

그림책을 읽을 때 동물의 특징을 나타내는 문장을 들으면서 어떤 동물인지 맞혀 본다. 책을 다 읽고 그림책에 나오는 동물들을 찾아 빈 카드에 동물의 이름을 적는다. 이어서 '예, 아니오'로 대답하는 다섯 고개를 한다. 술래는 동물을 하나 떠올리고 다른 사람들은 '예, 아니오'로 대답할 수 있는 질문을 돌아가면서 한다. 5개의 질문이 끝나면 어떤 동물인지 맞힌다.

• 다섯 고개 예시

코끼리	호랑이
① 날 수 있나요? (아니요)	① 네 발로 걷나요? (예)
② 물속에 사나요? (아니오)	② 초식동물인가요? (아니오)
③ 몸이 큰가요? (예)	③ 사막에서 사나요? (아니오)
④ 육식 동물인가요? (아니오)	④ 털이 있나요? (예)
⑤ 코가 긴가요? (예)	⑤ 어흥 소리를 내나요? (예)

다음에는 동물 이름이 적힌 카드를 하나씩 뽑는다. 각 모둠은 뽑은 동물을 표현하는 문장을 적는다. 맞히기 어려운 문장부터 단계별로 문장을 만든다. 문장이 완성되면 모둠별로 나와서 차례대로 문장을 보여 주고 다른 모둠은 어떤 동물인지 맞힌다.

- 모둠별 동물 이름 맞히기 예시 : 토끼
  ① 내리막길은 잘 못 달린다.
  ② 잘 달린다.
  ③ 초식동물이다.
  ④ 집에서도 기른다.

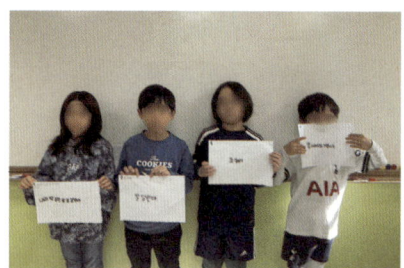 

모둠별 동물 맞히기

2단계 나는 누구일까요?

다섯 고개를 통해 소개하는 문장을 연습한 후 나는 누구인지 글을 쓰고 맞히는 놀이를 한다. 먼저 나를 소개하는 글을 쓸 때 필요한 질문은 어떤 것이 있는지 이야기 나눈다. 질문을 바탕으로 글을 쓸 때 그림책에서 나온 문장도 활용하여 쓴다.

- 나를 소개하는 글을 쓸 때 필요한 질문
  ① 내가 좋아하는 것은 무엇인가?
  ② 내가 싫어하는 것은 무엇인가?
  ③ 나는 어떻게 생겼나?
  ④ 내 가족은 누구인가?

그림책에 나온 문장 중 자신을 표현하는 문장을 1~3개를 골라 나를 소개하는 글에 넣어 글을 완성한다. 글을 다 쓰면 학생이 쓴 글을 교사가 읽어 주고 누구를 설명하는 것인지 맞힌다.

그림책 문장   나를 소개하는 글 쓰기

한 걸음 더

자신이 좋아하는 동물이나 사물을 선택해서 설명하는 글을 써 볼 수도 있다. 다섯 고개를 할 때 정확한 답을 얻기 위해 어떤 질문을 하면 좋을지 모둠별로 의논해 볼 수 있다.

2단계에서 나를 소개하는 글을 쓸 때 그림책에 있는 문장을 활용했지만, 스스로 문장을 다 완성해 본다. 소개하는 글을 쓸 때는 다른 친구들이 궁금해 할 만한 질문을 떠올리고, 그 질문에 답할 수 있는 문장을 만들어 본다.

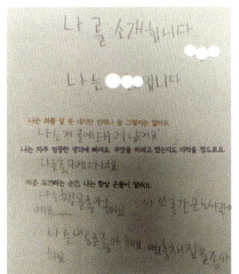

2학년 1학기

같이 읽으면 좋은 그림책

- 『이게 정말 나일까?』 요시타케 신스케 글·그림, 주니어김영사
- 『너는, 너야?』 크리스티앙 볼츠 글·그림, 바람의아이들
- 『나는 ( ) 사람이에요』 수전 베르데 글, 피터 H. 레이놀즈 그림, 위즈덤하우스

41 말놀이 한마당

국어 2학년 1학기 2단원 ①

놀이 소개

시장에서 파는 것을 찾아 카드에 적고, 카드에 있는 낱말로 문장 만들기, 끝말잇기, 꼬리따기 등 말의 재미를 경험하는 다양한 말놀이 하기

놀이 목표

① 낱말을 찾아 다양한 말놀이를 하면서 말의 재미를 느낄 수 있다.
② 말놀이를 통해 협업하며 공동체·대인관계 역량을 기를 수 있다.

그림책 소개

아이와 강아지 토리가 잃어버린 소중한 무언가를 찾아 서울의 전통시장과 거리를 탐험하는 그림책이다. 노량진수산시장, 남대문시장 등 각 시장의 독특한 풍경과 다양한 사람들을 섬세하게 담아냈다. 아이는 장바구니를 채워 가며 시장에서만 만날 수 있는 물건과 사람들의 이야기를 경험한다. 숨은그림찾기와 같은 재미난 요소도 책 곳곳에 숨어 있어 읽는 재미를 더한다. 전통시장의 매력을 생생히 느끼며 시장 탐방을 간접 체험할 수 있는 그림책이다.

『시장에 가면~』
김정선 글·그림, 길벗어린이

그림책을 읽고 나누기 좋은 질문

① 아이는 누구를 찾고 있었나요?
② 아이는 시장에서 무엇을 보았나요?
③ 여러분이 가 본 시장은 어디인가요?
④ 가 보고 싶은 시장은 어디인가요?
⑤ 시장에서 만난 사람이나 물건 중 가장 인상 깊었던 것은 무엇인가요?
⑥ 만약 시장에서 물건을 판다면 어떤 물건을 팔고 싶나요?

놀이 방법

준비물 장소 카드, 빈 카드, 원마커

놀이 단계

1단계 시장에 가면~

'시장에 가면~'을 4박자에 맞춰 함께 외치고, 돌아가면서 시장에서 볼 수 있거나 살 수 있는 물건을 1가지씩 이야기한다. 모두 함께 "시장에 가면~"을 외치고 처음 사람이 "오징어가 있고"를 말한다. 그런 다음 다시 모두 함께 "시장에 가면~"을 외치고 다음 사람은 "신발이 있고"를 말하는 방식으로 모두 한 번씩 돌아가면서 말한다.

이 놀이가 익숙해지면 처음 학생은 1개를 말하고, 두 번째 학생은 앞 사람이 말한 것까지 2개를 말한다. 모두 함께 "시장에 가면~"을 외치고 처음 사람이 "오징어가 있고"를 말하고, 모두 함께 "시장에 가면~"을 외치면 두 번째 사람은 "오징어가 있고, 신발이 있고" 이렇게 차례대로 앞 사람이 말한 것에 자신이 말하는 것까지 점점 쌓아 가면서 말하는 놀이를 한다.

놀이를 한 후에는 그림책에 나온 장소(수산시장, 꽃 시장, 과일 시장, 문구/완구 시장 등)가 적힌 카드를 뽑는다. 뽑은 장소에서 파는 물건을 빈 카드에 각각 하나씩 적는다. 이때 장소마다 카드 색깔을 다르게 한다.

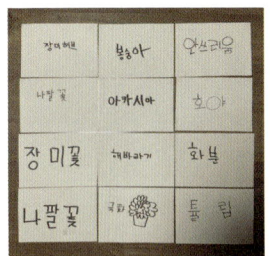 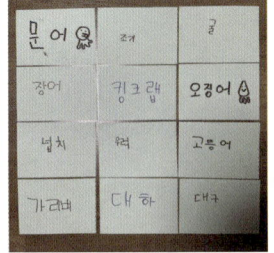 

꽃 시장에서 파는 것   수산시장에서 파는 것   과일 시장에서 파는 것

2단계 말놀이 한마당

이 단원의 목표는 말놀이를 통해 말의 재미를 느끼는 것이므로 학생들이 다양하고 재미있는 말놀이를 경험하도록 한다.

① 꼬리따기

꼬리따기 놀이는 문장을 이어 가는 말놀이다. 먼저 "원숭이 엉덩이는 빨개, 빨가면 사과, 사과는 맛있어, 맛있으면 바나나, 바나나는 길어, 길으면 기차, 기차는 빨라, 빠르면 비행기, 비행기는 높아, 높으면 백두산…" 같은 우리 구전 동요를 같이 불러 본다. 그리고 낱말이 적힌 카드를 뽑아서 그 낱말과 관련된 문장을 만들고, 이를 이어 가는 방식으로 놀이를 진행한다. 학생들은 카드에 적힌 낱말을 활용해 창의적으로 문장을 이어 가면서 상상력을 발휘하고, 문장이 막히면 친구들과 함께 해결 방법을 찾으며 협동심도 기를 수 있다.

- 튤립은 예뻐 - 예쁘면 사과 - 사과는 달아 - 달면 탕후루 - 탕후루는 맛있어 - 맛있으면 음식 - 음식은 먹으면 키 커 - 키 크면 키다리 - 키다리는 나무…
- 연필은 길어 - 길면 다리 - 다리는 튼튼해 - 튼튼하면 바위 - 바위는 무거워 - 무거우면 코끼리 - 코끼리는 코가 길어 - 길면 코브라 - 코브라는 기어 - 기면 지렁이 - 지렁이는 땅속에 살아 - 땅속에는 지하철 - 지하철은 빨라 - 빠르면 자동차…

② 끝말잇기

끝말잇기 놀이는 주어진 단어에서 마지막 글자를 이용해 새로운 단어를 이어 가는 놀이다. 첫 번째 사람이 낱말을 말하면 다음 사람은 그 낱말의 마지막 글자로 시작하는 새로운 낱말을 말한다. 시장에서 파는 물건을 쓴 낱말 카드를 책상 위에 뒤집어서 놓고 바닥에는 원마커를 놓는다.

끝말잇기 놀이가 시작되면 두 팀의 첫 번째 사람이 책상 위에 있는 낱말 카드 1개씩을 들고 각각 양쪽 출발점에서부터 원마커를 1개씩 차례대로 밟고 상대편과 마주칠 때까지 간다. 그리고 가지고 있는 낱말을 동시에 상대편에게 보인다. 이때 상대편의 낱말로 끝말잇기를 먼저 말하는 사람이 이긴다. 이긴 사람은 진 사람의 낱말 카드를 갖고 계속 원마커를 밟으면서 가고, 진 사람은 원래 자리로 돌아간다. 진 팀의 다음 사람은 책상에서 카드를 집어 와서 원마커를 밟으며 상대 팀과 마주치는 자리까지 가서 끝말잇기 대결을 한다. 이렇게 반복하면서 상대 팀의 원마커 시작점에 도착하는 팀이 승리한다.

각 팀의 출발점에서 시작해서 원마커를 한 개씩 밟고 서로 만나는 지점에서 끝말잇기

동시에 낱말 카드를 보여 주고 상대 팀의 낱말로 끝말잇기를 먼저 하는 사람이 승리

③ 낱말 문장 만들기

낱말 문장 만들기 놀이는 모둠별로 진행한다. 첫 번째 사람이 낱말 카드 2개를 가져와서 낱말이 들어간 문장을 쓰고, 문장을 큰소리로 읽는다. 문장이 완성되었으면 다음 사람도 동일한 방법으로 진행한다. 이 놀이를 통해 창의력과 언어 능력을 키울 수 있다.

- 장미, 연필 : 연필로 장미꽃을 그렸다.
- 문어, 로봇 : 로봇이 배를 타고 바다에 가서 문어를 잡았다.
- 축구공, 바나나 : 축구공으로 축구하다가 배가 고파서 바나나를 먹었다.

한 걸음 더

꼬리따기는 제주도 꼬리따기 노래 『시리동동 거미동동』 그림책을 읽고 노래로 불러 본 후 진행한다. 또한 낱말 카드를 모두 펼쳐 놓고 카드에 적힌 낱말을 연결해서 꼬리따기를 해 볼 수 있다. 이때 사용한 낱말은 가지고 가서 모둠별로 많이 모은 팀이 승리한다. 문장이 막히지 않도록 모둠 친구들과 함께 협력하면서 가능한 긴 문장을 만들어 보는 도전도 흥미롭다.

끝말잇기는 글자 수를 정하거나 첫 글자 잇기 등으로 변형하여 진행할 수 있다. 낱말 카드를 모두 펼쳐 놓고 카드로 끝말잇기를 해 볼 수 있다.

낱말로 문장 만들기는 낱말의 수를 늘려서 할 수 있고, 술래가 낱말 카드를 뽑으면 가장 먼저 문장을 만든 모둠이 승리하는 방법으로 진행할 수도 있다.

같이 읽으면 좋은 그림책

- 『집, 물건 그리고 고양이』 가이아 스텔라 글·그림, 한솔수북
- 『일과 도구』 권윤덕 글·그림, 길벗어린이
- 『우리 동네 한 바퀴』 정지윤 글·그림, 웅진주니어

42 세 글자 내 마음을 맞혀 봐

국어 2학년 1학기 2단원 ②

놀이 소개
초성에 해당하는 단어를 그림 카드로 만들어 메모리 카드 게임을 하고, 자신의 느낌을 세 글자 초성으로 문장을 만들어 맞히는 놀이

놀이 목표
① 다양한 느낌을 찾아 글과 그림으로 표현하면서 언어적 감수성을 기를 수 있다.
② 자기 생각이나 느낌을 문장으로 표현하고 말하면서 의사소통 역량을 높일 수 있다.

그림책 소개
일상에서 표현하는 마음의 단어들을 'ㅅㅅㅎ' 글자로 산뜻하게 시각화하여 어린이의 마음을 투명하게 그린 그림책이다. 어느 날, 아이의 마음에 낯설고 이상한 변화가 찾아온다. 좋아하던 아이스크림도 시시하고 모든 게 갑갑하게 느껴지는 순간, 아이는 자기 마음을 들여다보며 글자로 표현해 본다. 일상 속 어린이의 다채로운 감정을 'ㅅㅅㅎ' 초성으로 재미있게 풀어낸 그림책이다.

『내 마음 ㅅㅅㅎ』
김지영 글·그림, 사계절

그림책을 읽고 나누기 좋은 질문

① 지금 자신의 마음과 비슷한 단어는 무엇인가요?

② 싱숭한 마음이 든 적이 있나요?

③ 섭섭한 마음은 왜 생길까요?

④ 아무도 내 마음을 몰라줘서 속상한 적이 있나요?

⑤ 심심할 때 어떻게 하면 좋을까요?

⑥ 그림책에 나온 세 글자 초성 외에 만들 수 있는 글자는 무엇일까요?

놀이 방법

준비물 빈 카드(A4 1/4 크기 220g), 색칠 도구

놀이 단계

1단계 감정 메모리 카드 놀이

학생들은 그림책 표지를 보고 책 내용이 어떻게 전개될지 상상한 후 각자의 생각을 말해 본다. 그림책을 읽을 때는 등장하는 그림과 글자를 관찰하며 'ㅅㅅㅎ'과 같은 세 글자 초성 낱말을 맞히면서 읽는다. 그림책을 다 읽은 후 등장하는 감정 낱말 중 자신이 느껴 본 적 있는 감정에 관해 이야기를 나눈다. 친구들이 생활 속에서 느낀 감정 이야기를 들으면서 다양한 세 글자 감정의 의미를 좀 더 구체화할 수 있다.

그림책에 없는 세 글자 감정 낱말도 새롭게 찾아보고, 찾은 낱말 중 자신이 표현하고 싶은 낱말을 하나 정한다. 학생들은 준비된 빈 카드에 자신이 선택한 세 글자 감정 낱말을 적는다. 다른 카드에는 감정 낱말에 어울리는 그림을 그린다. 학생 수가 많은 경우 단어를 중복해서 선택할 수 있다.

세 글자 감정 낱말

세 글자 감정 낱말에 해당하는 그림

    감정 메모리 카드 놀이는 그림이나 낱말이 적힌 카드를 뒤집어 짝을 찾는 기억력 놀이다. 학생들이 제작한 카드이기 때문에 뒤집어 맞힐 때 어떤 것이 짝인지 알 수 있도록 먼저 각자 만든 카드의 그림을 보여 주고 어떤 감정인지 맞혀 보는 활동을 한다.

    감정 메모리 카드 놀이는 학생들이 만든 카드를 모두 섞어 뒤집은 상태로 바닥에 펼쳐 놓고 시작한다. 학생들은 순서대로 돌아가며 카드 2장을 뒤집어 글자와 그림의 짝이 맞는지 확인한다. 짝을 맞추면 해당 카드를 가져가고 한 번 더 기회를 얻는다. 짝을 맞추지 못하면 카드를 다시 뒤집어 원래 자리에 놓는다

감정 메모리 카드 놀이

2단계 세 글자 초성 문장 만들어 맞히기

놀이 활동 후 자신이 느낀 감정을 세 글자 초성을 활용해 창의적으로 표현하는 활동을 한다. 먼저 학생들은 놀이를 마친 후 자신이 느낀 감정을 떠올린다. 그런 다음 빈 카드에 세 글자 초성을 넣어 문장을 작성하는데, 문장에는 반드시 세 글자 초성에 해당하는 감정이나 상황을 표현한다. 문장을 다 작성한 후 카드 뒷면에 초성을 나타내는 낱말을 적는다.

학생들은 차례대로 자신의 문장을 읽고, 다른 학생들은 어떤 감정을 나타내는 낱말인지 추측하고 정답을 맞힌다. 만약 초성이 어려운 경우, 작성한 학생이 힌트를 주거나 감정을 표현하는 데 도움이 될 간단한 설명을 덧붙일 수도 있다. 모든 학생이 문장을 읽고 맞힌 후 각자의 감정 표현에 관해 이야기를 나누면서 서로의 감정을 더 잘 이해할 수 있다. 이를 통해 학생들은 자신이 느낀 감정을 자연스럽게 표현하고, 다른 사람의 감정에 공감하는 능력을 기를 수 있다. 또한, 세 글자 초성을 활용해 새로운 낱말을 배우고, 감정을 다양하게 표현하는 방법을 익히는 데 도움이 된다.

세 글자 초성을 넣어 만든 문장

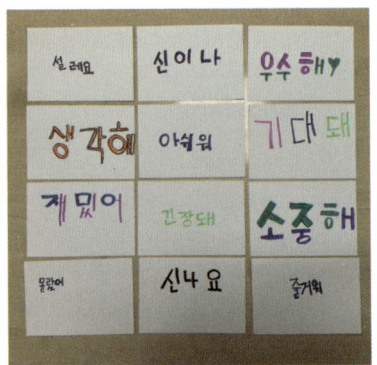
세 글자 감정 낱말

한 걸음 더

그림책에 'ㅅㅅㅎ'을 한 번 돌려 'ㄱㄱㅎ', 한 번 더 돌려 'ㄴㄴㅎ', 더해 'ㅆㅆㅎ' 세 글자도 나오는데 모둠별로 해당하는 낱말 많이 찾아보기 놀이를 할 수 있다. 이 단원의 놀이 목표는 언어적 감수성을 높이기 위한 것이므로 다양한 낱말을 찾으면서 흥미를 유발하고 즐거움을 경험하도록 한다.

모둠별로 세 글자 감정에 해당하는 동작을 만들어 맞히는 놀이를 할 수도 있다. 감정에 관한 표현을 모둠별로 논의하면서 협업을 통해 공동체·대인관계 역량을 기를 수 있다.

같이 읽으면 좋은 그림책

- 『내 친구 ㅇㅅㅎ』 김지영 글·그림, 사계절
- 『단어 수집가』 피터 H. 레이놀즈 글·그림, 문학동네
- 『오늘 내 마음은…』 마달레나 모니스 글·그림, 열린어린이

국어 2학년 1학기 3단원 ①

43 완벽한 계란 후라이를 찾아라!

놀이 소개
낱말의 특징을 떠올린 후 브레인스토밍을 통해 낱말을 꾸며 주는 여러 가지 말을 생각해 보고, 눈치 게임으로 다양한 꾸며 주는 말을 찾고 모으는 놀이

놀이 목표
① 낱말에 어울리는 다양한 꾸며 주는 말을 생각하며 어휘력을 기를 수 있다.
② 꾸며 주는 말을 넣어 자기 생각과 느낌을 표현하는 능력을 기를 수 있다.

그림책 소개
새롭게 연 가게의 요리사가 자리를 비운 사이, 손님이 완벽한 계란 후라이를 주문한다. 가게에 있던 요리사의 친구들이 '완벽한 계란 후라이'가 무엇일지 생각하며 자신들이 생각하기에 완벽한 크기부터 모양, 가격, 시간 등 모두 다른 계란 후라이를 만들기 시작한다. 그림책 속에 나온 완벽한 계란 후라이를 알아보고, 완벽한 계란 후라이를 꾸며 주는 다양한 말을 생각해 볼 수 있다.

『완벽한 계란 후라이 주세요』
보람 글·그림, 길벗어린이

그림책을 읽고 나누기 좋은 질문

① '완벽한 계란 후라이'라는 단어를 처음 들었을 때 어떤 생각이 떠올랐나요?
② 그림책을 읽고 난 후 완벽한 계란 후라이는 무엇이라고 생각하나요?
③ 그림책의 손님이 생각한 완벽한 계란 후라이에 대해 어떻게 생각하나요?
④ 다른 사람의 생각이 나와 다를 때, 어떻게 하면 좋을까요?
⑤ 사람마다 생각하는 완벽한 또는 맛있는 계란 후라이는 같나요, 다른가요? 그렇게 생각한 이유는 무엇인가요?

놀이 방법

준비물   꾸며 주는 말 개인 학습지, 꾸며 주는 말 모둠 학습지

놀이 단계

1단계 완벽한 계란 후라이를 꾸며 주는 말 모으기(모둠)

그림책을 읽고, 책에 나온 완벽한 계란 후라이를 꾸며 주는 말을 특징별로 살펴본다. 모양, 요리 방법, 먹는 상황, 담는 방법 등에 따라 계란 후라이의 특징을 떠올려 꾸며 주는 말을 생각해 본다.

각자 학습지에 자신이 생각하는 완벽한 계란 후라이를 꾸며 주는 말을 떠오르는 대로 쓴다. 학습지에는 10개까지 적을 수 있지만, 더 적게 적거나 더 많이 적어도 괜찮다. 개인 학습지에 꾸며 주는 말을 쓴 후에는 모둠 친구들과 함께 살펴본다. 모둠 학습지에 모둠 친구들이 의견을 낸 꾸며 주는 말을 한 칸에 하나씩 쓴다. 겹치거나 비슷한 말은 하나만 적고, 개인 학습지에 있는 것 이외에도 떠오르는 말이 있다면 더 쓸 수 있다. 완벽한 계란 후라이에 어울리는 다양한 말을 모으는 것이 놀이의 목표임을 안내한다.

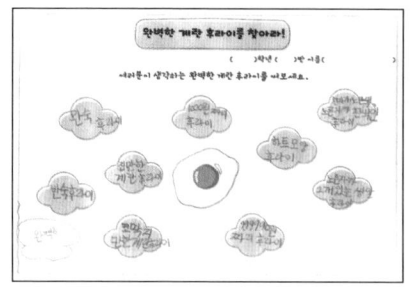 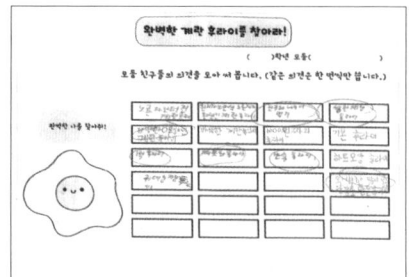

완벽한 계란 후라이를 꾸며 주는 말 학습지

2단계 완벽한 계란 후라이를 꾸며 주는 말 나누기(전체)

1단계를 통해 모둠 내에서 '완벽한 계란 후라이'를 꾸며 주는 여러 가지 말을 찾았다면, 2단계에서는 전체 학생이 눈치 게임을 통해 다양한 꾸며 주는 말을 모을 수 있다.

각 모둠 내에서 꾸며 주는 말을 발표할 순서를 정한다. 교사가 "완벽한 계란 후라이는?"이라고 외치면 모둠 내에서 첫 번째 발표 순서 학생이 재빠르게 일어난다. 가장 빨리 일어난 모둠의 학생이 발표권을 얻는다. 이때 동시에 일어나면 가위바위보를 해서 순서를 정한다. 발표권을 얻은 학생은 모둠 학습지에 있는 꾸며 주는 말 중 하나를 이야기한다. 다른 모둠 학생들은 첫 번째 발표자가 이야기한 꾸며 주는 말을 듣고 자기 모둠 학습지에 있다면 동그라미를 한다. 이어 다음으로 빠르게 일어난 학생에게 발표권이 넘어간다. 각 모둠 첫 번째 순서 학생들이 참가하여 3~4회 정도 놀이를 진행한 후, 모둠의 다음 순서 학생들이 놀이 과정을 계속 반복하여 완벽한 계란 후라이를 꾸며 주는 다양한 말을 모은다.

한 걸음 더

2단계 완벽한 계란 후라이를 꾸며 주는 말을 모둠 순서대로 돌아가며 이야기할 때, 한 종류로만 이야기하지 않도록 주의한다. 예를 들어, 보라색, 초록색, 노란색 등 색만을 넣어 꾸며 주는 말을 하지 않도록 한다.

2단계에서 놀이가 눈치 게임으로 진행되어 발표권을 얻지 못하는 학생이 있을 경우에는 여러 사람이 발표할 수 있도록 한 번 발표권을 얻은 학생은 다음번 놀이에는 참여하지 않도록 안내한다.

　추가 활동으로 모둠이나 학급에서 발표한, 완벽한 계란 후라이를 잘 꾸며 주는 말을 허니콤보드에 써서 칠판에 붙인다. 교사는 학생들이 붙인 꾸며 주는 말을 같은 종류끼리 분류한다. 꾸며 주는 말 중 완벽한 계란 후라이의 특징을 잘 살린 3개를 학생들과 뽑아 본다.

　놀이가 끝난 후에는 학급 친구들의 의견을 살펴보고, 자신이 생각하는 꾸며 주는 말과 그렇게 생각한 이유를 포스트잇에 1~2개의 문장으로 쓰고 발표한다.

 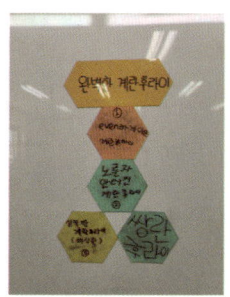

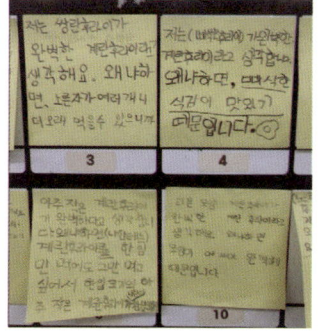 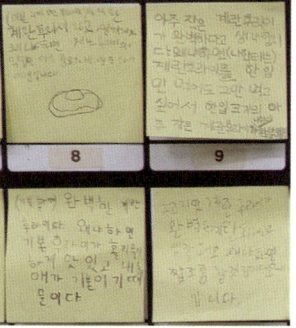

같이 읽으면 좋은 그림책

- 『너는 ( ) 고양이』 이혜인 글·그림, 한솔수북
- 『세상의 많고 많은 초록들』 로라 바카로 시거 글·그림, 다산기획
- 『내가 제일 맛있어!』 이수연 글, 백유연 그림, 보랏빛소어린이

국어 2학년 1학기 3단원 ②
빛나는 너의 하루를 써 봐!

놀이 소개
다양한 장소와 시간, 인물이 적힌 각각의 주사위를 굴려 멈춘 칸과 관련된 겪은 일과 느낌을 떠올려 이야기하고, 겪은 일 중에서 가장 기억에 남는 것을 일기로 쓰는 놀이

놀이 목표
① 겪은 일과 느낌을 생생하게 기록하는 일기를 쓰면서 글쓰기 능력을 향상시킬 수 있다.
② 일기 쓰기를 통해 과거에 있었던 일을 되돌아보며 자기 자신을 잘 이해할 수 있다.

그림책 소개
서로 다른 시대를 사는 두 아이가 학교에 입학하기까지 겪은 일을 그림일기로 나타낸 책이다. 국민학교에 입학하기 위해 이발소와 대중목욕탕을 간 동준이의 이야기. 초등학교 입학 전 유치원에서 학교 가는 연습을 하고, 자기 방을 꾸미는 지윤이의 이야기. 두 아이의 일기를 보며 학교 입학 풍경도 비교해 보고, 자신의 경험을 떠올려 본다.

『학교 가는 날』
송언 글, 김동수 그림, 보림

그림책을 읽고 나누기 좋은 질문

① 동준이와 지윤이가 입학을 준비하는 모습에서 같은 점과 다른 점은 무엇인가요?
② 두 아이의 입학 모습에서 가장 인상 깊었던 일은 무엇인가요?
③ 여러분이 입학했을 때를 떠올려 보세요. 두 명의 마음과 비교해 보면 어떤가요?
④ 다른 시대의 동준이와 지윤이를 주인공으로 이야기를 만든 이유는 무엇일까요?
⑤ 동준이와 지윤이가 쓴 일기 글에는 어떤 내용이 들어가 있나요?

놀이 방법

준비물 장소·시간·인물이 쓰인 색이 다른 주사위 3개, 일기 쓰기 학습지

놀이 단계

1단계 주사위를 굴려 겪은 일 이야기하기

입학을 준비하며 두 아이가 겪은 일과 감정을 비교해 보고, 같은 점과 다른 점을 생각하며 책을 읽는다. 자신이 입학했을 때를 떠올리며 그림책을 읽으면 내용을 잘 이해할 수 있고 공감할 수 있다. 기억에 남는 일을 일기로 쓰기 위해 자신이 겪은 일과 느낌을 되돌아보는 것이 이 놀이의 목적이다. 우선 학급 전체로 자신이 겪은 일과 느낌을 하나씩 이야기해 본다.

교사는 색이 다른 주사위 3개를 준비한다. 각 주사위에는 시간(아침·점심·저녁·자기 전·원하는 시간 2칸), 장소(학교·집·학원·놀이터·원하는 장소 2칸), 인물(가족·친구·물건·혼자·원하는 사람이나 물건)이 적혀 있다. 주사위에 적을 내용은 학생들의 나이, 상황에 따라 교사가 변경하여 사용한다.

교사는 3개의 주사위 중 하나를 골라 굴린다. 주사위가 멈춘 칸과 관련해 겪은 일이 있는 학생들은 일어나서 순서대로 있었던 일과 느낌을 이야기한다.

시간, 장소, 인물 3개의 주사위를 각각 2~3번 정도 굴려서 학생들 모두 한 번씩 겪은 일과 느낌을 이야기해 본다. 이 과정을 통해 자신의 생활을 되돌아보면서 일기 쓸 내용도 찾는다. 다른 친구들의 발표 내용을 듣고 자신에게 비슷한 경험은 없었는지도 생각해 본다.

이번에는 모둠별로 시간, 장소, 인물이 적힌 주사위를 3개씩 나눠 준다. 시간, 장소, 인물 주사위 중 처음 굴릴 하나를 선택한다. 모둠 내에서 주사위를 굴릴 순서를 정하고, 주사위를 굴려서 멈춘 칸과 관련해서 겪은 일과 느낌을 친구들에게 이야기한다. 주사위가 멈춘 칸과 관련해서 겪은 일이 없다면 추가로 두 번까지 주사위를 더 굴릴 수 있다. 남은 2개의 주사위도 같은 방법으로 굴리고 겪은 일과 느낌을 돌아가며 이야기한다.

3개의 주사위 모습

주사위를 굴리고 겪은 일,
감정을 이야기하는 모습

2단계 인상 깊었던 일을 일기로 쓰고, 다른 친구 일기 내용을 맞혀 보기

모둠원과 다양한 시간, 장소, 인물과 관련해서 겪은 일과 느낌을 자세히 나누고, 자신이 이야기한 내용 중 일기를 쓰고 싶은 내용을 고른다. 최근에 겪었던 일, 생생하게 기억나거나 인상 깊었던 일 중에서 하나를 고른다. 고른 내용으로 겪은 일과 느낌이 잘 드러나게 일기를 쓰고, 제목을 정하고 그림을 그려서 일기를 완성한다.

일기 중 친구들과 함께 나누는 것에 동의한 일기를 골라, 다른 친구들과 일기에서 겪은 일, 느낌을 맞혀 보는 놀이를 한다. 교사가 일기의 제목, 내용, 이름을 가리고 그림만을 보여 주면 다른 친구들이 어떤 내용의 일기인지 맞혀 본다. 일기 내용을 맞힌 다음에는 일기 쓴 친구의 느낌을 다른 친구들이 맞혀 본다. 놀이 과정을 통해 다른 친구가 일기로 쓴 겪은 일, 느낌을 생각해 보고, 같은 상황에서 나라면 어떤 마음을 가졌을지 비교해 볼 수 있다.

학생들이 쓴 일기

한 걸음 더

놀이 과정 중 주사위를 두 번 더 굴렸지만 멈춘 칸에 관해 겪은 일이 없다면 맨 마지막 순서에서 주사위를 굴리지 않고 자신이 겪은 일을 이야기한다. 학생들이 시간, 장소, 인물에 대해 겪은 일과 느낌을 잘 이야기한다면, 느낌 주사위를 추가하여 주사위를 굴려 멈춘 칸의 느낌과 관련된 경험한 일을 이야기해 보는 것도 좋다.

같이 읽으면 좋은 그림책

- 『일기 쓰고 싶은 날』 니시타카 타쿠시 글·그림, 천개의바람
- 『마음일기』 자현 글, 차영경 그림, 노란돼지
- 『지렁이의 일기』 도린 크로닌 글, 해리 블리스 그림, 보물창고

45 겹받침 스피드 챌린지

국어 2학년 1학기 4단원 ①

놀이 소개
술래가 읽는 겹받침 낱말을 듣고, '한글 놀이 라온'을 이용하여 해당 타일을 찾아 빠르게 조합하는 놀이

놀이 목표
① 겹받침이 있는 낱말의 소리와 표기가 다를 수 있음을 알 수 있다.
② 겹받침이 있는 낱말을 바르게 읽을 수 있다.

그림책 소개
마법의 알사탕을 통해 타인의 속마음을 듣게 되는 동동이의 이야기를 담고 있는 그림책으로, 겹받침이 포함된 다양한 낱말이 많이 등장한다. 이야기의 흐름을 따라가며 자연스럽게 겹받침을 익힐 기회를 제공하여, 언어에 대한 호기심을 키울 수 있다.

『알사탕』
백희나 글·그림, 스토리보울

그림책을 읽고 나누기 좋은 질문

① 표지에 등장하는 주인공은 알사탕을 보며 무슨 생각을 하고 있을까요?
② 동동이는 다른 사람의 속마음을 듣고 나서 어떤 감정을 느꼈나요?
③ 동동이가 들었던 마음의 소리 중 가장 기억에 남는 것은 무엇인가요?
④ 만약 마법의 알사탕이 있다면 누구의 마음을 듣고 싶나요? 그 이유는 무엇인가요?
⑤ 그림책의 작가라면 마지막 장면 이후에는 어떤 내용을 쓰고 싶나요?

놀이 방법

준비물 한글 게임 라온, 그림책 속 겹받침이 적힌 낱말 카드, 빈 카드, 종, 모래시계

놀이 단계

1단계 겹받침이 있는 낱말 찾기

그림책에 어떤 겹받침이 나왔는지 학생들과 이야기를 나눈다. 만약 겹받침 낱말을 잘 기억하지 못하면, 그림책을 다시 천천히 살펴보며 낱말을 찾아보게 한다. 찾은 겹받침 낱말은 다 함께 큰소리로 읽고, 정확한 발음을 익힌다. 이후 학생들은 겹받침이 적힌 카드를 모둠별로 살펴보며 겹받침의 발음 규칙을 찾아본다. 이 활동을 통해 겹받침은 대부분 하나의 받침으로만 발음된다는 규칙을 학생들이 이해했는지 확인할 수 있다.

교사	받침 'ㄶ'이 쓰인 '않다', '많다' 등을 살펴보고 'ㄶ' 받침이 어떻게 발음되는지 말해 볼까요?
학생들	'ㄴ' 발음이 됩니다.
교사	받침 'ㄺ'이 쓰인 '읽어라', '늙어서' 등을 살펴보고 'ㄺ' 받침이 어떻게 발음되는지 말해 볼까요?
학생들	'ㄹ' 발음이 됩니다.

교사	겹받침 발음 규칙을 찾으며 새롭게 알게 된 내용은 무엇인가요?
학생들	겹받침 대부분이 앞 받침으로 발음한다는 것을 알았습니다.

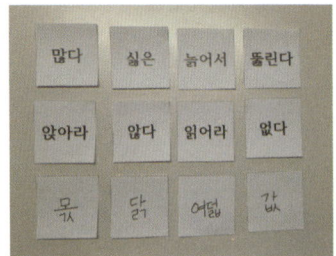 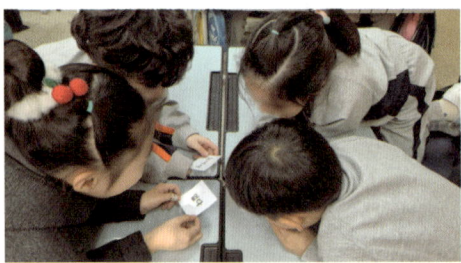

놀이에서 사용하는 겹받침이 있는 낱말의 범위를 넓히기 위해 학생들에게 겹받침이 있는 낱말을 빈 카드에 적게 한다. 교사는 학생들이 쉽게 겹받침 낱말을 떠올릴 수 있도록 칠판에 '몫', '닭', '여덟', '값' 등과 같은 겹받침이 있는 낱말을 예시로 적어 둔다. 학생들과 함께 빈 카드에 적은 낱말 카드도 소리 내어 읽어 본다.

2단계 겹받침 낱말 만들기

'한글 게임 라온' 보드게임과 1단계에서 살펴보았던 겹받침이 적힌 카드 더미를 모둠별(4명 기준)로 1세트씩 배부한다. 겹받침이 적힌 카드 더미는 낱말이 보이지 않게 뒤집어 놓고, 자음 타일과 모음 타일은 앞면이 보이도록 둔다.

놀이 순서를 정하기 위해 4명이 가위바위보를 한다. 이긴 학생은 사회자가 되어 겹받침이 적힌 카드 더미 1장을 뒤집고 적혀 있는 낱말을 소리 내어 읽는다. 사회자는 낱말 카드의 글자가 다른 학생들에게 보이지 않게 주의한다. 나머지 학생들은 자음과 모음 타일을 조합하여 사회자가 읽은 겹받침이 들어간 낱말을 만든다.

사회자는 다른 학생들이 타일을 조합하여 만든 낱말을 확인하고, 정답인 경우에만 1점을 부여한다. 틀린 낱말을 만든 학생에게는 점수를 부여하지 않는다. 첫 번째 라운드가 끝나면 시계 방향으로 사회자를 바꿔 가며 놀이를 계속한다. 겹받침이 적힌 카드 더미가 없어지면 놀이는 끝나고, 가장 높은 점수를 얻은 학생이 승리한다. 놀이가 잘 진행되면 모래시계를 두고 정해진 시간 안에 낱말을 빠르게 만들 수 있도록 한다.

3단계 겹받침이 있는 낱말로 문장 만들기

3단계 놀이는 2명이 한 팀이 되어 4명까지 함께 할 수 있다. '한글 게임 라온'의 자음과 모음 타일을 분류하여 뒤집어 놓고, 종과 카드 더미를 한가운데 놓는다. 먼저 가위바위보로 순서를 정하고, 순서대로 자음 타일 12개와 모음 타일 5개를 가져간다. 남은 타일은 뒤집어서 가장자리에 둔다. 가운데 있는 카드 더미 1장을 뒤집어 확인한 후, 내가 가진 타일을 활용하여 겹받침이 들어간 낱말을 만든다. 가장 먼저 겹받침이 들어간 낱말을 만든 학생은 가운데 있는 종을 친다. 올바른 겹받침 낱말을 만든 팀 중 가장 빠르게 종을 친 팀이 1점을 얻는다.

종을 먼저 친 순서대로 팀이 만든 겹받침 낱말을 넣어 문장의 형식으로 말한다. 겹받침이 있는 낱말을 사용하여 자연스러운 문장을 만든 팀은 보너스 1점을 얻는다. 타일을 바꾸고 싶은 경우, 라운드당 최대 5개까지 가장자리에 놓여 있는 뒤집힌 타일과 교환할 수 있다.

한 걸음 더

학생들이 혼자서 겹받침이 들어간 낱말을 만들기 어려워할 때는 팀을 구성하는 학생 수를 늘려서 놀이를 진행할 수 있다. 놀이 참여 인원을 늘리면 친구와의 상호 교류를 통해 더 다양한 겹받침 낱말을 재미있게 배울 수 있어 놀이 활동에 적극적으로 참여할 수 있다.

학생들이 놀이에 익숙해지면 심화 단계로 겹받침이 들어간 낱말을 만들어 자신의 타일을 버리는 '타일 버리기' 놀이도 해 볼 수 있다. 2명이 한 팀이 되어 최대 6명까지 놀이에 참여할 수 있다.

먼저, 자음 타일 15개, 모음 타일 5개를 가져간 후 겹받침 낱말을 만든다. 겹받침 낱말을 만들 때 사용한 타일은 책상 가운데 버린다. 단, 자기 차례에 겹받침 낱말을 만들지 못할 때는 겹받침 낱말을 만드는 대신 자신이 가지고 있는 타일과 책상 가운데 있는 타일 1개를 교환한다.

다음 차례에는 교환한 타일을 이용하여 겹받침 낱말을 만든다(자기 차례에 놀이하는 대신 계속 타일 1개씩 교환 가능). 누군가가 타일을 모두 버리거나, 더 이상 만들 수 있는 겹받침 낱말이 없으면 놀이는 종료된다. 놀이가 종료된 시점에서 가장 적은 타일을 가지고 있는 학생이 승리한다.

같이 읽으면 좋은 그림책

- 『받침구조대』 곽미영 글, 지은 그림, 만만한책방
- 『꽁꽁꽁』 윤정주 글·그림, 책읽는곰
- 『너는 특별하단다 시리즈』 맥스 루케이도 글, 세르지오 마르티네즈 그림, 고슴도치

46 재미있는 시 올림픽

국어 2학년 1학기 4단원 ②

놀이 소개
시 읽기에 흥미를 느끼고, 리듬감과 운율을 자연스럽게 익히도록 돕는 3가지 종류 (속도를 다르게 하여 낭독하기, 손뼉 치며 낭독하기, 술래잡기하며 낭독하기)의 낭독 놀이

놀이 목표
① 시 읽기를 통해 말의 재미와 즐거움을 느낄 수 있다.
② 여러 가지 방법으로 시를 읽으며 시의 분위기를 살펴볼 수 있다.

그림책 소개
밤이 되어 세상이 고요해지면서 잠자리에 드는 동물들과 아기의 모습을 담고 있는 시 그림책으로, 반복적인 질문과 답변 형식으로 구성되어 있다. 운율감이 있는 말과 소리가 리듬감을 주어 자연스럽게 시의 분위기를 느낄 수 있다.

『누가 누가 잠자나』
목일신 시, 이준섭 그림
문학동네

그림책을 읽고 나누기 좋은 질문

① 아기별, 산새 들새, 예쁜 아기는 어떻게 자고 있나요?
② "누가 누가 잠자나"라는 말이 반복되면 어떤 느낌이 드나요?
③ 이 시를 읽고 어떤 기억이나 경험이 떠올랐나요?
④ 이 시를 음악으로 표현한다면 어떤 종류의 음악이 어울릴까요?
⑤ 이 시에서 어느 부분을 주고받으며 읽어야 할까요?

놀이 방법

준비물 타이머, 팀별 조끼

놀이 단계

1단계 속도를 다르게 하며 읽기

40초, 1분, 2분 등 다양한 시간을 제시하고, 해당 시간에 가장 가깝게 읽는 학생이 승리하는 놀이다. 가장 빠르게 시를 읽거나, 정해진 시간에 가장 가깝게 시를 읽는 팀에게 금메달을 수여한다. 학생들이 시를 다양한 속도로 읽으며, 시에 알맞은 속도를 스스로 찾는 것이 중요하다.

먼저, 칠판에 타이머를 붙이거나 화면에 타이머를 띄워 모든 학생이 시간을 볼 수 있도록 준비한다. 4명이 한 팀이 되어, 팀원 중 한 명이 대표로 나와 가위바위보를 하여 놀이 순서를 정한다. 이긴 학생의 팀이 먼저 자신의 놀이 순서를 결정할 수 있다. 교사가 시작 신호를 주고 타이머를 켜면, 학생들은 〈누가 누가 잠자나〉 시를 빠른 속도로 낭독한다. 시를 모두 낭독하는 데 걸린 시간을 측정하여 가장 빠른 속도로 읽는 팀이 승리한다. 중간에 발음이 틀리거나 낱말을 잘못 읽었으면 처음부터 다시 시작한다.

다음으로, 타이머를 가린 채 특정 시간을 칠판에 적어서 모든 학생이 볼 수 있게 한다. 예를 들어, '2분'이라고 적혀 있으면 2분에 맞춰 팀별로 1명씩 대표로 나와 시를 낭독하는 방식으로 진행한다. 교사는 시작 신호를 주고 학생들에게 시간이 보이지 않게 타이머를 작동시키고, 팀별로 1명씩 낭독이 종료될 때마다 시간을 기록한다. 낭독이 끝나면 타이머로 시간을 확인하고, 제시된 시간에 가장 가깝게 시를 낭독한 팀에게 1점을 부여한다. 여러 라운드를 진행한 후, 누적 점수가 가장 높은 팀 순으로 금 - 은 - 동메달을 받는다. 참고로 〈누가 누가 잠자나〉 시의 경우 분위기에 맞는 낭독 시간은 40~50초 내외이다.

 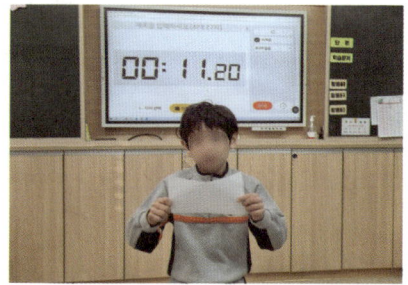

2단계 특정 단어에 손뼉 치며 읽기

각 팀에서 대표로 1명씩 나와 '3, 6, 9 게임'과 유사하게 두 글자씩 순서대로 읽다가 특정 단어인 '누가', '누가', '잠자나'가 나오면 손뼉을 치는 놀이다.

먼저, 각 팀의 대표 학생은 앞에 나와 가위바위보를 하여 순서를 정하고, 1명씩 차례대로 시를 두 글자씩 읽는다. 특정 단어가 나오면 단어를 읽는 대신 손뼉을 친다. '누가'가 나오면 1번, '잠자나'가 나오면 2번 친다.

틀린 학생이 생기면 그 학생은 탈락하고, 다른 대표로 교체하여 놀이를 진행한다. 마지막까지 살아남은 학생이 가장 많은 팀이 1점을 얻고, 총 5라운드를 진행하여 점수가 높은 순으로 금 - 은 - 동메달을 수여한다. 익숙해지면 손뼉 치는 단어를 바꾸어 난이도를 조절할 수 있다.

```
학생 1 : 넓고
학생 2 : 넓은
학생 3 : 밤하
학생 4 : 늘엔
학생 1 : (박수) 짝!
학생 2 : (박수) 짝!
학생 3 : (박수) 짝! 짝!
학생 4 : 하늘
학생 1 : 나라
학생 2 : 아기
학생 3 : 별이
```

3단계 네 걸음 술래잡기

박자에 맞춰 한 발씩 움직이며 술래잡기를 하는 놀이로, '한 걸음' 전래놀이와 방법이 비슷하다. 먼저, 가위바위보를 하여 순서를 정하고, 진 팀의 학생들이 술래 역할을 맡는다. 술래는 교실 한가운데 서고, 나머지 친구들은 술래에서 멀리 떨어진 교실 가장자리에 선다.

이후, 시를 번갈아 읽으며 1행에 네 걸음씩 움직인다. 술래의 손에 닿거나 네 걸음으로 이동하지 않은 학생들은 모두 아웃이다. 시를 끝까지 다 읽는 동안 가장 많은 학생을 잡은 팀이 1점을 얻는다. 놀이가 끝나면 점수가 높은 순서로 금 - 은 - 동메달을 수여한다.

놀이에 익숙해지면 단어의 개수를 2개 또는 1개로 줄여서 진행할 수 있다. 예를 들어, '넓고 넓은'이라는 단어에서는 다른 친구들이 박자에 맞춰 2걸음으로 도망가고, '밤하늘엔'이라는 단어에서는 술래가 박자에 맞춰 2걸음을 이동하여 친구들을 잡으러 간다. 걸음의 수를 다르게 하면서 변화를 주면 소리와 리듬의 재미를 더 잘 느낄 수 있다.

한 걸음 더

　재미있는 시 올림픽에 참가하기 전, 각 팀이 협력하여 전략을 세우도록 유도하는 활동을 진행하면 팀워크를 강화할 수 있다. 팀별로 나라 이름과 국기를 만들어 진짜 올림픽처럼 입장과 퇴장을 하는 것도 좋은 방법이다.

　3단계의 네 걸음 술래잡기를 할 때는 넓은 공간을 확보하여 학생들이 자유롭게 움직일 수 있도록 하는 것이 좋다. 처음에는 속도를 느리게 하여 학생들이 규칙에 익숙해지도록 하고, 점차 속도를 높여 난이도를 조절한다. 또한, 술래에게 스펀지 막대기를 주어 팔 길이를 늘려 주는 등의 특별한 능력을 부여하면 더욱 흥미롭게 놀이를 할 수 있다.

같이 읽으면 좋은 그림책

- 『노란 카약』 니나 레이든 글, 멜리사 카스트리욘 그림, 소원나무
- 『넉 점 반』 윤석중 글, 이영경 그림, 창비
- 『둥그렁 뎅 둥그렁 뎅』 전래동요, 김종도 그림, 창비

국어 2학년 1학기 5단원 ①

47 마음 의자 주인을 찾아라!

놀이 소개
오늘 하루 있었던 일을 생각해 보고, 마음에 남았던 경험과 그때의 감정을 각각 다른 카드에 적어 다른 사람이 그 경험과 감정을 맞혀 빈 의자에 올려놓으면 의자의 주인이 되는 놀이

놀이 목표
① 하루 동안 있었던 일을 떠올려 보고 그때의 마음을 표현할 수 있다.
② 다른 사람의 이야기를 듣고 그 마음을 짐작할 수 있다.

그림책 소개
마음 의자는 누가 앉느냐에 따라 마음을 바꿀 수 있는 마법의 의자이다. 주인공의 마음에도 의자가 하나 있다. 학원도 가기 싫을 때가 있고, 숙제도 하기 싫고, 배도 고프고, 핸드폰을 떨어뜨려 속상해 할 때마다 마음 의자의 주인이 바뀐다. 누가 주인공의 마음을 차지하게 될까? 어떤 마음이 의자 주인이 되어야 주인공이 행복할까? 매 순간 감정 변화를 '의자'라는 익숙한 사물을 사용하여 이해하기 쉽게 표현한 그림책이다.

『마음 의자』
허아성 글·그림, 리틀씨앤톡

그림책을 읽고 나누기 좋은 질문

① 철호의 마음 의자에 가장 먼저 들어온 것은 어떤 마음인가요?
② 하마는 어떤 마음을 표현한 동물인가요?
③ 불고릴라와 킹콩 마음의 공통점은 무엇인가요?
④ 엉망진창이 되어 버린 철호의 마음에 누가 들어와야 행복할까요?
⑤ 여러분의 마음 의자에는 지금 누가 앉아 있나요?
⑥ 가장 지키고 싶은 마음 의자의 주인은 누구인가요?

놀이 방법

준비물 의자 4개, 색깔이 다른 카드 2세트(1세트는 하트 모양), 유성매직

놀이 단계

1단계 경험 카드와 감정 카드 쓰기

오늘 하루 동안 있었던 일들을 떠올려 본다. 그중 가장 기억에 남는 경험을 경험 카드에 적는다. 예를 들어, '친구와 놀이터에서 그네를 탔다.'가 가장 재미있는 일이었다면 경험 카드에 '친구와 놀이터에서 그네를 탄 일'이라고 적는다. 그리고 그때 기분이나 마음이 어땠는지 생각해 본다. '신났다', '재미있었다', '즐거웠다' 등 기분이나 마음을 나타내는 낱말 중 가장 적절한 마음을 선택한다. 그리고 하트 모양 감정 카드에 기분이나 마음을 적는다.

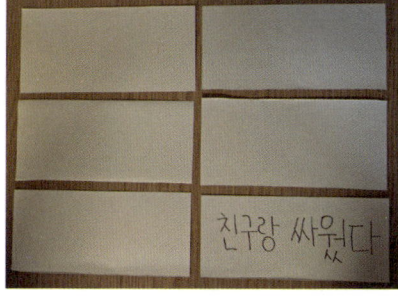

경험 카드

감정 카드

2학년 1학기

2단계 마음 의자의 주인 알아맞히기

모둠별로 빈 의자 4개 준비하여 경험을 적은 카드를 의자 등받이 또는 위에 올려놓는다. 경험 카드를 의자에 올려놓는 이유는 학생들이 감정을 추측하는 데 도움이 되기 때문이다. 한 명씩 차례로 나와서 의자 뒤에 선 다음 각자의 경험 카드에 적힌 이야기를 자세히 들려준다. 이때의 감정 카드(하트 모양)는 친구들에게 보여 주지 않고 감추고 있어야 한다.

경험을 발표할 때는 감정이나 느낌, 마음 등은 말하지 않고 어떤 일이 있었는지 사실만 이야기하도록 한다. 학생들은 경험을 듣고 그때 어떤 마음이 들었을지 추측하여 발표자의 마음과 일치하는 감정을 찾는다. 정답이 나오면 발표자는 자신의 감정 카드를 의자 위에 올려놓는다. 4개의 마음 의자 주인이 모두 찾아지면 놀이가 끝난다.

마음 의자의 주인 찾기

한 걸음 더

상황이나 경험에 따라 자신의 마음을 잘 표현하지 못할 경우, 우선 다양한 감정 단어들을 찾아보는 활동을 먼저 해 본다. 어떤 학생들은 단순히 '재밌었다', '좋았다' 외의 표현을 잘 못하는 경우가 있다. 같은 상황에서도 '서운했다', '안타까웠다', '불편했다', '조마조마했다' 등 다양한 표현이 있음을 충분히 연습한 후 마음 의자의 주인 찾기 놀이를 하면 어휘가 훨씬 더 확장될 것이다.

같이 읽으면 좋은 그림책

- 『오늘 내 마음은…』 마달레나 모니스 글·그림, 열린어린이
- 『마음여행』 김유강 글·그림, 오올
- 『42가지 마음의 색깔』 크리스티나 누녜스 페레이라·라파엘 R. 발카르셀 공저, 레드스톤

국어 2학년 1학기 5단원 ②

48 나의 감정을 알아줘!

놀이 소개
칠판을 등지고 의자에 앉아 자신의 감정을 나타내는 상황을 설명하면 나머지 학생들이 칠판에 발표자의 감정을 짐작하여 낱말을 적고, 그중 발표자가 가장 적절한 낱말을 고르는 놀이

놀이 목표
① 상황에 따라 다양한 감정이 있음을 알고 감정을 표현할 수 있다.
② 다른 사람의 이야기를 듣고 그 감정을 짐작할 수 있다.

그림책 소개
이 책에는 모두 80개의 감정 낱말이 들어 있다. 감정 낱말이 들어 있는 상황을 보여 주고, 그 단어의 뜻과 사용하는 방법을 예문을 통해 연습할 수 있다. 또한 5개의 큰 주제로 구성되어 있어 상상력이 풍부한 재미있는 이야기를 읽으면서 자연스럽게 '행복', '감사', '부러움', '걱정', '억울함' 등 다양한 감정을 배울 수 있다.

『두근두근 이 마음은 뭘까?』
김세실 글, 김도윤 그림
한빛에듀

그림책을 읽고 나누기 좋은 질문

① '호랑이를 깨우지 않는 방법' 이야기에서는 어떤 감정 낱말이 나왔나요?
② '행복을 모으는 요정' 이야기에 나오는 '행복하다'의 반대말은 무엇일까요?
③ 5개의 이야기 중 가장 재미있었던 것은 무엇인가요?
④ 책에 나온 낱말 중 그 뜻을 이해하기 힘든 단어는 어떤 것이었나요?
⑤ 책에 나온 감정 낱말 중 가장 기억에 남는 것은 무엇인가요? 그 낱말을 언제 사용해 보았나요?
⑥ 가장 말하기 힘든 감정 낱말은 무엇인가요?

놀이 방법

준비물   칠판, 의자 1개, 안대

놀이 단계

1단계 감정이 들어 있는 상황 발표하기

발표자 1명이 나와 의자에 앉아서 오늘 하루 동안 있었던 일 중 가장 기억에 남는 경험을 발표한다. 이때 감정이나 느낌, 생각은 말하지 않고 일어났던 상황만 사실 위주로 설명한다. 육하원칙(누가, 언제, 어디서, 무엇을, 어떻게, 왜)을 기준으로 말하면 발표자도 말하기 쉽고, 듣는 학생들도 이해하기 쉽다.

① 누가 : 저는
② 언제 : 점심시간에
③ 어디서 : 급식실에서
④ 무엇을 : 급식판을
⑤ 어떻게 : 손으로 들고 가다
⑥ 했나 : 친구와 부딪혔습니다.

발표자의 이야기를 듣고 나머지 학생들은 그 친구가 어떤 감정을 느꼈을지 3분 동안 상상해 본다. 사실이 너무 간단하여 마음을 짐작하기 어려울 경우 1~2가지 간단한 질문을 할 수도 있다.

2단계 감정 낱말을 칠판에 적고, 발표자가 가장 적절한 낱말에 동그라미하기

발표자는 안대를 하거나 눈을 가리고 그대로 앉아 있고, 나머지 학생들은 발표자의 감정을 나타내는 낱말을 칠판에 적는다. 되도록 많은 감정 낱말이 나올 수 있도록 충분히 생각할 시간을 준다. 한 사람씩 나와서 칠판에 짐작한 감정을 적는다.

감정 낱말을 모두 적은 후 발표자는 뒤를 돌아 칠판의 감정 낱말을 살펴본다. 이때 칠판에 적힌 낱말을 큰소리로 한 번씩 읽어 보는 것도 도움이 된다. 그중 자신의 감정과 가장 가까운 낱말에 동그라미를 한다. 그 낱말을 쓴 사람이 다시 술래가 되어 의자에 앉는다.

칠판에 친구의 감정 낱말 적기

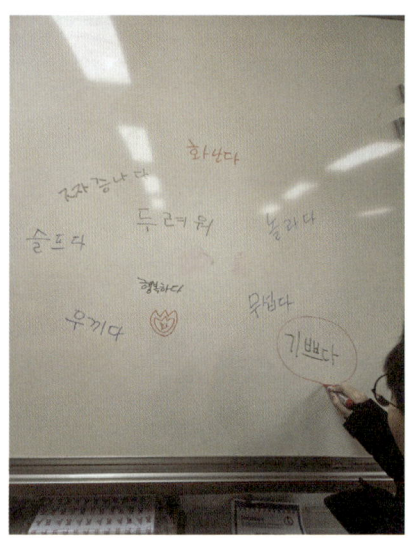
자신의 감정에 해당하는 낱말 찾기

한 걸음 더

발표자의 감정을 짐작하지 못하는 학생들에게는 다양한 감정 낱말 카드를 다시 보여 준다. 또한 같은 상황에서도 다양한 감정이 생길 수 있으므로 발표자에게 질문할 기회를 만들어 주는 것도 감정을 짐작하는 좋은 방법이다. 이때 감정이나 기분을 질문하기보다 상황이나 사실 등을 중심으로 질문한다. 예를 들면, "친구와 급식판을 부딪혔을 때 음식이 옷에 묻었나요?", "친구가 사과를 했나요?" 등 상황을 통해 감정을 짐작하도록 질문한다.

같이 읽으면 좋은 그림책
- 『마음아 안녕』 최숙희 글·그림, 책읽는곰
- 『감정 호텔』 리디아 브란코비치 글·그림, 책읽는곰
- 『그려볼까? 나만의 감정』 엘레나 바보니 글·그림, 명랑한책방

국어 2학년 1학기 6단원 ①

49 마음이 통통!

놀이 소개
핵심 낱말이나 중요한 내용을 찾아 쓰고, 많은 사람이 쓴 내용일수록 높은 점수를 받는 놀이

놀이 목표
① 중요한 내용을 찾는 방법을 알고, 중요한 내용을 생각하며 그림책을 읽을 수 있다.
② 그림책에서 핵심 낱말이나 중요한 내용을 찾아 쓰고 '마음이 통통!' 놀이를 할 수 있다.

그림책 소개
달에 대한 중요한 정보를 귀여운 그림과 함께 전달하는 지식 그림책이다. 달이 어떻게 만들어졌는지, 달의 모양은 어떻게 바뀌는지, 달은 어떻게 지구를 돕는지 등을 아이들의 눈높이에 맞춰 잘 알려 준다. 태양, 지구, 달 등 평소 아이들이 많이 들어 본 것이 의인화되어 나와서 등장인물로 '마음이 통통!' 놀이를 하기에 적합하다.

『달은 어떻게 달이 될까?』
롭 호지슨 글·그림, 북극곰

'깃털의 쓰임새 16가지'라는 부제가 붙은 이 지식 그림책은 16종의 새를 예시로 하여 깃털의 쓰임새를 알기 쉽게 설명해 준다. 담요, 베개, 양산 등 일상생활에서 흔히 사용하는 사물에 빗대어 깃털의 쓰임새를 설명하여 아이들의 이해를 돕는다. 내용에 깃털의 쓰임새가 명확하게 드러나 있어 중요한 내용을 찾는 놀이에 활용하기 좋다.

『새들은 왜 깃털이 있을까?』
멜리사 스튜어트 글,
세라 S. 브래넌 그림, 다섯수레

그림책을 읽고 나누기 좋은 질문

『달은 어떻게 달이 될까?』
① 이 그림책에는 어떤 등장인물이 나오나요?
② 달은 모양에 따라 어떤 이름으로 불리나요?
③ 달에 대해 새롭게 알게 된 점은 무엇인가요?

『새들은 왜 깃털이 있을까?』
① 그림책의 부제목은 무엇인가요?
② 이 그림책에서 많이 나오는 낱말은 무엇인가요?
③ 깃털의 쓰임새는 모두 몇 가지가 소개되었나요?
④ 깃털을 어떤 사물에 비유하여 표현하고 싶나요?

놀이 방법

준비물   A4 용지 또는 붙임 종이

놀이 단계

1단계 핵심 낱말 찾아 쓰기

먼저, 『달은 어떻게 달이 될까?』 그림책을 반복하여 두 번 읽어 주고, 등장인물을 찾아 쓴다. 많은 학생들이 쓴 낱말일수록 높은 점수를 받을 수 있다. 그래서 놀이의 이름이 서로 마음이 통한다는 뜻으로 '마음이 통통!'이다. 따라서 이 그림책에 많이 나온 낱말부터 쓴다.

모든 학생이 다 쓰면, 돌아가며 쓴 낱말을 하나씩 말한다. 같은 낱말을 쓴 학생은 손을 들도록 한다. 같은 낱말을 쓴 학생이 몇 명인지 세어 본 뒤, 점수 칸에 학생 한 명당 1점씩으로 하여 점수를 쓴다. 나오지 않은 낱말이 없을 때까지 이 과정을 반복한 뒤, 점수를 더하여 합계를 낸다. 가장 높은 점수가 나온 학생이 이긴다. 이 놀이에서 이기려면 그림책에 등장하는 주요 인물을 파악해야 한다. 따라서 지식 그림책뿐만 아니라 서사가 있는 문학 그림책으로도 활동해 볼 수 있다.

마음이 통통(주제어 :)		
번호	단어	점수
1		
2		
3		
4		
5		
합계		

〈마음이 통통!〉 (주제어: 등장인물)
1. 태양   17
2. 지구   17
3. 달   20
4. 보름달 8
5. 함승달 7
   합계: 69

2단계 중요한 내용 찾아 쓰기

그림책 『새들은 왜 깃털이 있을까?』를 읽어 주고, 그림책에 나오는 글만 학생들에게 제공한다. 한 번 들은 글의 중요한 내용을 외워서 쓰기에는 어려움이 있기 때문이다. 학생들은 그림책의 글을 보고 깃털의 쓰임새 5가지를 찾아 종이에 쓴다. 1단계와 같은 방법으로 놀이를 진행한다.

여기에서는 깃털의 쓰임새를 모두 썼다고 하더라도 다른 친구들이 많이 골라 쓴 중요한 내용일수록 높은 점수를 받게 되어 놀이에 운이 작용한다. 이러한 운은 학생들에게 재미의 요소로 느껴질 수 있다. 혹시 깃털의 쓰임새가 아닌 다른 문장을 썼는데, 같은 문장을 쓴 학생이 있을 때는 점수를 부여하지 않는다.

마음이 통통(주제어 :)		
번호	단어	점수
1		
2		
3		
4		
5		
	합계	

〈마음이 통통!〉 (주제어: 깃털의 쓰임새)
1. 따뜻하게 해 준다.   20
2. 쿠션이 된다.   16
3. 햇빛을 가려 준다.   18
4. 피부를 보호한다.   9
5. 물을 빨아들인다.   10
   함께   73

한 걸음 더

그림책 『새들은 왜 깃털이 있을까?』는 담요, 베개, 양산 등 일상생활에서 흔히 사용하는 사물에 빗대어 깃털의 쓰임새를 설명한다. 따라서 깃털의 쓰임새를 비유하여 표현한 사물의 이름을 기억하여 돌아가며 말하는 '시장에 가면~' 변형 놀이를 할 수 있다.

학생 1   깃털은 마치, 담요 같고,

학생 2   깃털은 마치, 담요 같고, 베개 같고,

학생 3   깃털은 마치, 담요 같고, 베개 같고, 양산 같고…

2학년 1학기

같이 읽으면 좋은 그림책

- 『달과 지구가 다툰 날』 데이비드 더프 글, 노에미 볼라 그림, 북극곰
- 『같을까? 다를까? 개구리와 도롱뇽』 안은영 글·그림, 천개의바람
- 『한라산 대 백두산 누가 이길까?』 김성은 글, 채상우 그림, 봄개울

국어 2학년 1학기 6단원 ②

50 신호등 토론

놀이 소개
초록, 노랑, 빨강의 신호등 색깔을 이용하여 토론 주제에 대한 학생의 의사를 찬성, 중립, 반대로 표현하며 토론하는 놀이

놀이 목표
① 주제에 대한 자기 의견을 색깔로 표시하고, 간단한 까닭을 말할 수 있다.
② 의견과 까닭을 정리하여 편지를 쓸 수 있다.

그림책 소개
바다 쓰레기의 대부분을 차지하는 플라스틱 쓰레기가 환경에 미치는 영향을 아이들이 이해하기 쉬운 글과 개성 있는 그림으로 담아낸 지식 그림책이다. 이 책은 바다 쓰레기가 어떻게 바다 생태계를 황폐화시키는지, 인간뿐만 아니라 바다 생물에게 어떻게 위협이 되는지를 잘 보여 준다. 따라서 이 책을 읽고 플라스틱 쓰레기에 대해 토론하기 좋다.

『고래를 삼킨 바다 쓰레기』
유다정 글, 이광익 그림
와이즈만북스

그림책을 읽고 나누기 좋은 질문

① 이 그림책의 제목을 듣고 어떤 느낌이 들었나요?
② 향유고래가 죽은 이유는 무엇인가요?
③ 고래는 왜 쓰레기를 먹었을까요?
④ 누가 바다에 쓰레기를 버리나요?
⑤ 바다에 버려지는 쓰레기는 얼마나 될까요?
⑥ 바다에 쓰레기가 늘어나면 어떤 일이 생길까요?

놀이 방법

준비물 색종이(학생 수만큼의 초록, 노랑, 빨강 색종이)

놀이 단계

1단계 자기 의견과 까닭 밝히며 신호등 토론하기

먼저 교사가 그림책을 읽어 주고, 학생들은 내용을 파악한다. 대상이 저학년이므로 토론 주제는 교사가 만들어 제시한다. 교사는 초록, 노랑, 빨강의 색종이를 모든 학생에게 3장씩 나누어 준다. 교사가 토론 주제를 말하면 학생들은 신호등 색깔로 자기 의견을 표현한다. 초록은 찬성, 노랑은 중립, 빨강은 반대를 뜻한다. 신호등 색깔이 다르게 나왔을 때, 서로 다른 의견을 가진 학생 여러 명을 지명하여 그 까닭을 말하도록 한다.

학생들의 까닭을 들어 보고 나서 교사는 다시 한번 똑같은 토론 주제를 말한다. 그러면 학생들은 다시 자기 의견에 따라 신호등을 든다. 교사는 토론 전후에 학생들의 의견이 어떻게 변화되었는지 칠판에 숫자로 표시해 준다. 학생들은 자신의 의견을 신호등 카드로 표시하고, 다른 친구들의 의견도 신호등 카드로 빠르게 확인할 수 있다는 점에서 이 토론 놀이에 재미와 흥미를 느낀다.

플라스틱을 사용해도 된다.	중립	플라스틱을 사용하면 안 된다.
·편리하다. ·너무 많이 쓰고 있어서 쓰지 않는 것이 어렵다. ·싸다. ·설거지를 할 때도 물과 세제가 든다. ·우리 몸에 안전하다.	·플라스틱은 싸고 가벼워서 편리한 점이 많다. ·플라스틱을 쓰지 않는 것은 불가능해 보인다.	·플라스틱 쓰레기가 많아서 바다 생물들이 죽는다. ·플라스틱 쓰레기를 둘 곳이 없다. ·미세플라스틱은 우리 몸에 해롭다.

2단계 자기 의견과 까닭 정리하여 편지 쓰기

 신호등 토론이 끝난 뒤, 토론 주제에 대한 자기 의견과 까닭을 정리하여 편지로 쓴다. 편지에는 받는 사람, 첫인사, 하고 싶은 말, 끝인사, 보내는 날짜, 보내는 사람 등의 내용을 쓰도록 하되, 편지 형식에 얽매이기보다는 글쓴이의 의견과 까닭이 잘 담기도록 한다. 편지를 다 쓴 뒤에는 모둠 친구들과 '돌아가며 읽기'의 방법으로 나눈다. 모둠에서 의견과 까닭이 잘 담겨 있는 편지에 스티커 붙이기로 평가하고, 반 친구들 앞에서 발표한다.

> 지금도 플라스틱을 사용하는 사람들에게
>
> 안녕하세요?
> 저는 ○○초등학교 2학년 △△△입니다.
> 저는 오늘 『고래를 삼킨 바다 쓰레기』라는 그림책을 보았어요. 제목처럼 우리가 거의 매일 쓰는 플라스틱은 거대한 고래도 삼킬 정도로 무시무시했어요.
> 제가 주말에 가족들과 함께 배달 음식을 시켜 먹었는데, 플라스틱 쓰레기가 많이 나와서 무척 놀랐어요. 가게에 가서 냄비에 음식을 사 오면 귀찮지만 플라스틱 쓰레기를 줄이려면 어쩔 수 없어요. 앞으로는 플라스틱 쓰레기를 만들지 않도록 노력해 주세요.
>
> 2024년 12월 24일
> ○○초등학교 2학년 △△△

한 걸음 더

2단계에서 쓴 편지에 답장 쓰기 활동을 할 수 있다. 플라스틱을 사용해서는 안 된다는 의견을 가진 학생이 편지를 썼으므로 답장은 플라스틱을 사용해도 된다는 의견을 가진 학생이 쓰는 것이다. 또한 '플라스틱을 사용해도 된다' 등 학생들의 수준으로 토론이 가능한 주제, 우리 학급이나 학교에서 시급한 문제를 주제로 학급 회의를 할 수도 있다.

같이 읽으면 좋은 그림책
- 『미세미세한 맛 플라수프』 김지형·조은수 글, 김지형 그림, 두마리토끼책
- 『뿔라스틱』 김성화·권수진 글, 이명하 그림, 만만한책방
- 『플라스틱이 온다』 빅토리아 퍼즈 글·그림, 한울림어린이

국어 2학년 1학기 7단원 ①

51 네 경험은 어떤 느낌이니?

놀이 소개
다양한 감정을 돌림판에 적고, 돌림판을 돌려 자신이 겪은 경험과 그때의 감정을 이야기하며 마음 퍼즐을 채워 완성하는 놀이

놀이 목표
① 자신의 경험과 그때 느낀 감정을 자연스럽게 이야기할 수 있다.
② 갈등 상황에서 감정을 표현해 보고 공동체 구성원으로서 대인관계 역량을 높일 수 있다.

그림책 소개
45가지 감정을 다양한 상황이 담긴 그림과 예시를 통해 쉽게 이해하고 알아볼 수 있도록 구성한 책이다. 그림책을 통해 다양한 감정에 관해 알아본다. 일상에서 겪은 경험과 느낀 감정을 생각해 보고, 제목처럼 감정에 이름을 붙여 봄으로써 자신의 감정을 소중히 여기고 표현할 수 있다.

『감정에 이름을 붙여 봐』
이라일라 글, 박현주 그림
파스텔하우스

그림책을 읽고 나누기 좋은 질문

① 눈을 감고 있었던 일을 떠올려 봅니다. 지금 기분이 어떤가요?
② 최근에 느껴 본 감정은 무엇이었나요? 그때 어떤 일이 있었나요?
③ 감정은 왜 찾아올까요?
④ 감정을 좋은 감정과 나쁜 감정으로 나눌 수 있을까요?
⑤ 찾아온 감정을 알고 이름을 붙이면 어떤 점이 좋을까요?

놀이 방법

준비물 감정 돌림판 종이(10~12칸으로 나누어진 원이 그려진 활동지), 연필, 색칠 도구, 마음 퍼즐 모양 종이, 클립(한쪽 끝을 길게 편 상태)

놀이 단계

1단계 다양한 감정으로 돌림판 채우기

그림책을 읽으면서 45가지 상황과 감정의 이름을 알아본다. 책 속 감정을 느껴 보았는지, 그때 어떤 일이 있었는지를 묻고 답하면서 학생들은 감정에 대해 이해할 수 있다.

그림책을 읽은 후 뒷면지의 45가지 감정 이름표가 적힌 페이지를 펼쳐 보여 준다. 2명이 짝이 되어 상의하면서 자신이 경험했던 일을 떠올리고, 그때의 감정을 생각해 본다. 45가지 감정 이름표에서 11~12개 정도 골라 한 칸에 하나씩 감정 돌림판에 적는다.

 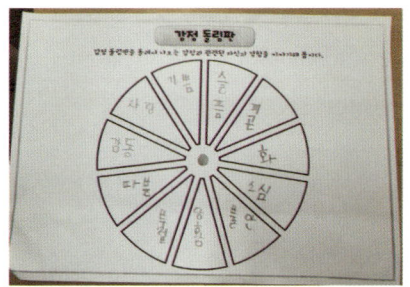

2단계 돌림판을 돌려 경험과 감정으로 마음 채우기

놀이 시작 전, 마음 모양 퍼즐 종이를 학생들에게 1장씩 나누어 주며 각자의 마음이라고 설명한다. 돌림판을 돌려 나온 감정과 경험을 자세히 이야기하고, 놀이에서 나온 감정을 하나씩 적어 다양한 감정으로 마음 퍼즐을 완성하는 놀이임을 안내한다.

1단계에서 다양한 감정으로 채운 감정 돌림판의 중심에 클립을 놓고 클립 안에 연필을 세운다. 자기 차례가 되면 손가락으로 클립의 펼쳐진 곳을 튕기고, 클립이 멈춘 칸 감정을 확인하고 그때 겪었던 자신의 경험을 자세히 이야기한다.

하나의 경험과 감정을 이야기하면 마음 모양 퍼즐 한 칸에 해당 감정을 쓰고 색칠하여 채운다. 짝과 번갈아 가며 놀이하면서 자신의 마음 퍼즐을 다양한 감정과 경험으로 채워 완성하면 놀이가 끝난다.

학생 1 (돌림판을 돌린다. 클립이 '기쁨'에 멈추면) 어제 마트에 갔는데 엄마가 원하는 장난감을 사줘서 기뻤어. (마음 모양 퍼즐 한 칸에 '기쁨'을 쓰고 색칠한다.)

학생 2 (돌림판을 돌린다. 클립이 '피곤해'에 멈추면) 어제 놀이터에서 늦게까지 놀아서 오늘 아침에 너무 피곤했어. (마음 모양 퍼즐 한 칸에 '피곤해'를 쓰고 색칠한다.)

한 걸음 더

놀이의 참여 인원을 변형하여 활용할 수 있다. 놀이를 혼자서 하면 돌림판에 더 다양한 감정을 적게 되고 관련한 경험을 말할 수 있다. 놀이 참여 인원을 모둠으로 변형하면, 놀이를 통해 더 많은 친구의 다양한 감정과 경험에 관해 알 수 있어 다른 친구를 이해하는 데 도움이 된다. 추가로 '감정 카드 메모리' 놀이도 해 볼 수 있다. 10~20개의 감정 카드를 뒤집고 짝을 찾는 놀이로 감정 카드의 짝을 찾은 후 감정과 관련된 경험을 말하고 카드를 가져오는 놀이다.

같이 읽으면 좋은 그림책

- 『마음 기차』 보람 글·그림, 제제의숲
- 『감정 호텔』 리디아 브란코비치 글·그림, 책읽는곰
- 『컬러 몬스터』 아나 예나스 글·그림, 청어람아이

국어 2학년 1학기 7단원 ②

52 세상에서 가장 힘이 센 말로 이야기해요

놀이 소개
마음을 전하는 말이 적힌 카드를 고르고, 다른 친구들의 설명을 듣고 카드에 적힌 마음을 전하는 말을 맞히는 놀이

놀이 목표
① 여러 가지 마음을 전하는 말을 배울 수 있다.
② 마음을 전하는 말이 사용되는 상황을 이해하고 설명할 수 있다.

그림책 소개
우리가 사용하는 여러 말 중에서도 세상에서 가장 힘이 센 말에 관한 책이다. 우리가 매일 사용하는 말은 다른 사람을 행복하게 하거나 기쁘게 만들고, 가끔 상처를 주기도 한다. 책을 통해 나와 다른 사람에게 마음을 전하는 힘이 센 말에 대해 알아보고, 놀이를 통해 배운 말을 반복적으로 소리 내어 말해 본다.

『세상에서 가장 힘이 센 말』
이현정 글, 이철민 그림
달달북스

그림책을 읽고 나누기 좋은 질문

① 마음을 전하는 말 중 최근에 했던 말은 무엇이고, 누구에게 말했나요?
② 가까운 사람에게 하고 싶은 말은 무엇이고, 누구에게 말하고 싶나요?
③ 가까운 사람에게 듣고 싶은 말은 무엇인가요?
④ 마음을 전하는 말 중 최근에 들었던 말은 무엇이고, 누구에게 들었나요?
⑤ 마음을 전하는 말 중 마음에 가장 와닿은 말은 무엇인가요?

놀이 방법

준비물 마음을 전하는 말이 적힌 카드(모둠별 1세트)

놀이 단계

1단계 '집어' 놀이로 마음을 전하는 말 알아보기

그림책을 읽고 마음을 전하는 말과 그 말이 사용되는 상황을 익히기 위한 단계이다. 교사는 그림책에 나온 마음을 전하는 말 16개가 적힌 코팅된 카드를 만든다. 모둠별로 카드 한 묶음씩 나누어 준다. 마음을 전하는 말이 나오도록 카드를 책상 위에 펼친다. 마음이 적힌 말을 하나씩 읽어 보고, 그림책에서 그 말이 쓰이는 상황을 상기시켜 이야기를 나눈다.

교사가 그림책에서 마음을 전하는 말이 나오는 상황에 대해 읽고, "1, 2, 3, 집어!"를 외친다. 학생들은 신호에 맞추어 해당하는 마음을 전하는 말 카드를 집어서 머리 위로 든다. 예를 들어, 교사가 "실수했을 때, 틀렸을 때, 무엇인가를 못할 때, 이 말을 들으면 괜히 힘이 나요. 다음에는 잘할 수 있을 것 같아요."라고 말하면 학생들은 펼쳐진 카드에서 해당하는 말을 찾는다. "1, 2, 3, 집어!"를 외치면 '괜찮아' 카드를 집어 머리 위로 든다. 같은 카드를 여러 명이 집으면 가위바위보를 해서 가져갈 사람을 정한다. 위 방법으로 놀이를 통해 나머지 마음을 전하는 말에 대해서도 알아본다.

교사가 설명하는 상황에 / 알맞은 마음을 전하는 말 골라
알맞은 말 고르기 / 높이 들기

2단계 마음을 전하는 말 카드를 고르고, 설명을 듣고 맞히기

마음을 전하는 말이 보이지 않도록 카드를 뒤집어 책상 위에 펼친다. 모둠 내에서 놀이할 순서를 정한다. 첫 번째 학생이 카드 2장을 고르고 모둠의 다른 친구들에게 준다. 그 학생들은 카드 내용이 보이지 않게 들고, 카드를 고른 학생에게 왼쪽, 오른쪽 중 하나를 선택하게 한다. 카드 고른 학생이 "왼쪽!"을 외치면 다른 학생이 왼쪽에 적힌 마음을 전하는 말에 관해 설명한다. 설명을 듣고 카드에 적힌 말을 맞히면 카드를 내려놓고 모든 카드를 다시 섞어 뒤집어 놓는다. 다음 순서의 학생이 카드를 2장 고르고 정해진 시간 동안 앞의 놀이 과정을 반복한다.

학생 1	(카드 2장을 고르고 다른 친구들에게 건넨다.)
다른 학생들	"왼쪽(안녕 카드)? 오른쪽(보고 싶어)?"
학생 1	"왼쪽(안녕 카드)!"
다른 학생들	친구를 처음 만났을 때 하는 말이야. 학교에 와서 친구나 선생님을 만나면 하는 말이야.
학생 1	(설명을 듣고 그림책에서 익혔던 마음을 전하는 말을 떠올린다.) "정답은 안녕!"

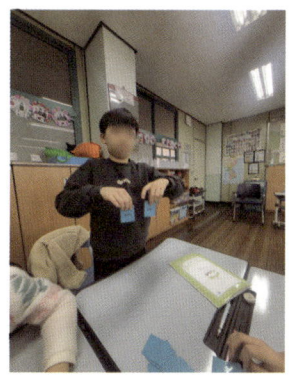 

| 뒤집어 놓은 카드에서 2개를 뽑기 | 선택한 카드의 마음을 전하는 말을 다른 친구들이 설명하기 |

모둠별로 정해진 시간 동안 놀이를 하고, 끝난 후에는 마음을 전하는 말 카드를 모두 모아서 쌓는다. 교사가 차례대로 카드에 적힌 낱말을 읽으면, 학급 전체 학생들이 순서를 정해서 한 명씩 카드에 적힌 말을 보고 말이 사용되는 상황을 이야기하거나 말을 넣어 한두 문장을 만든다. 한 학생이 이야기를 마치면 교사가 다음 카드를 보여 주고 다른 학생이 카드의 말이 사용되는 상황이나 말을 넣어 이야기한다. 학급 전체 학생들이 모두 한 번씩 마음을 전하는 말을 넣어 이야기할 수 있도록 한다.

한 걸음 더

2단계에 익숙해지면 고르는 카드를 2개에서 3개로 늘려서 그중 하나를 골라 놀이할 수도 있다. 마음을 전하는 말이 적힌 카드를 만들 때는 카드 내용이 보이지 않도록 두꺼운 종이를 사용한다.

같이 읽으면 좋은 그림책
- 『마음에 상처 주는 말』 엘리자베스 베르딕 글, 마리카 하인렌 그림, 보물창고
- 『고정욱 선생님이 들려주는 다정한 말, 단단한 말』 고정욱 글, 릴리아 그림, 우리학교
- 『나에게 들려주는 예쁜 말』 김종원 글, 나래 그림, 상상아이

53 마음 탐정, 그림 수사대

국어 2학년 1학기 8단원 ①

놀이 소개
이야기 속 말과 행동을 보고 기억에 남는 장면이나 떠오르는 장면을 그림으로 그려 다음 학생에게 전달하고, 마지막 학생이 그림을 보고 어떤 마음인지 맞히는 놀이

놀이 목표
① 인물의 마음이 드러난 말이나 행동을 찾고, 마음을 짐작할 수 있다.
② 이야기를 읽고 생각이나 느낌을 표현할 수 있다.

그림책 소개
실수에 대한 두려움을 극복하고 도전하는 어린이의 이야기를 담은 그림책으로, 다양한 감정 변화를 섬세하게 묘사하고 있다. 인물의 말과 행동을 통해 등장인물이 어떤 마음일지 짐작하고, 깊이 있게 감상하는 능력을 길러 준다.

『틀리면 어떡해?』
김영진 글·그림, 길벗어린이

그림책을 읽고 나누기 좋은 질문

① '틀리면 어떡해?'라는 제목을 보고 어떤 내용이 상상되나요?
② 그린이는 어떤 실수를 했을 때 부끄러움을 느꼈나요?
③ 그림책에는 어떤 마음이 등장하나요?
④ 다른 사람이 실수했을 때 어떻게 말해 주면 좋을까요?
⑤ 그린이와 같은 경험을 한 적이 있나요?
⑥ 그린이에게 용기를 주는 편지를 쓴다면 어떤 내용을 담고 싶나요?
⑦ 새로운 것을 시도할 때 용기를 내는 방법에는 어떤 것이 있을까요?

놀이 방법

준비물 마음이 적혀 있는 하얀색 카드, 인물의 말이나 행동이 적혀 있는 노란색 카드, 화이트보드, 보드마커

놀이 단계

1단계 내 짝을 찾아라!

그림책 속 등장인물의 마음이 드러난 말과 행동을 찾고, 등장인물이 어떤 마음일지 함께 이야기를 나눈다. 먼저 이야기의 전체적인 흐름을 파악한 후, 세부적인 인물의 말과 행동을 찾게 하는 것이 좋다. 이를 통해 학생들은 작품을 해석하는 데 나름의 방법이 있다는 것을 깨닫게 된다.

그런 다음 인물의 말이나 행동이 적혀 있는 노란색 카드 또는 마음이 적혀 있는 하얀색 카드를 무작위로 1장씩 받는다. 인물의 말이나 행동이 적혀 있는 노란색 카드를 받은 학생은 인물의 마음이 적혀 있는 하얀색 카드를 가지고 있는 짝을 만나야 하고, 하얀색 카드를 받은 학생은 노란색 카드를 가진 짝을 만나야 한다. 단, 하나의 노란색 카드에 여러 마음이 존재할 수 있으므로, 노란색 카드를 가진 학생은 하얀색 카드를 가진 여러 명의 짝이 생길 수 있다.

카드를 1장씩 받은 학생들은 모두 손을 들고 다닌다. 다른 학생을 만나면 하이파이

브를 하고 "반갑다 친구야!"를 외친 후 자신의 카드에 적혀 있는 글을 읽는다. 짝을 찾기 전까지는 한 번에 1명씩 일대일로만 만날 수 있다. 인물의 말이나 행동이 마음과 맞지 않을 때는 "잘 가, 친구야."라고 말하고 헤어진다. 짝이 된 팀은 함께 손을 잡고 다른 짝을 찾기 위해 이동한다.

짝 찾기 활동이 끝난 후에는 각 팀이 찾은 짝꿍들의 카드가 서로 잘 맞는지 점검하고, 어떤 팀이 가장 많은 짝꿍을 찾았는지 확인한다.

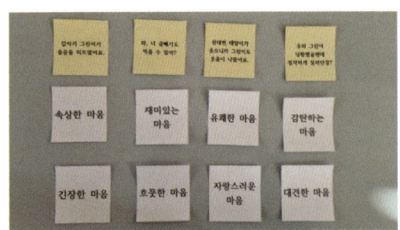 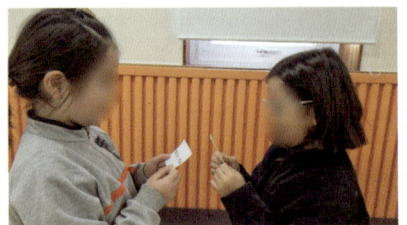

2단계 마음 탐정, 그림 수사대

4~6명이 한 모둠이 되어 놀이를 진행한다. 각 모둠에서 대표로 1명씩 나와 가위바위보를 하여 순서를 정한다. 첫 번째로 하게 된 모둠의 학생들은 모두 나와 일정한 간격을 두고 일렬로 줄을 선 후 자리에 앉는다. 맨 뒤에 앉은 학생만 뒤로 돌아앉고, 나머지 학생들은 앞을 보고 앉는다. 이때, 맨 뒤에 앉는 학생은 그림을 볼 수 없으므로, 누가 맨 뒤에 앉아 마음을 맞출지 미리 정하는 것이 좋다.

교사가 1단계에서 사용한 노란색 문장 카드를 맨 뒤에 앉은 학생을 제외한 모든 학생에게 보여 주면, 맨 앞에 앉은 학생부터 카드에 적힌 이야기 속 말과 행동을 보고 기억에 남는 장면이나 떠오르는 장면을 화이트보드에 그림으로 표현한다. 30초가 지나고 교사가 "다음!"이라고 외치면 화이트보드를 뒤로 넘겨 다음 친구에게 전달한다. 놀이 중에는 서로 의논하거나 대화할 수 없으며, 화이트보드에 직접적인 마음이 드러나는 글자를 사용할 수 없다. 하지만 앞 사람이 그린 그림을 다음 차례의 사람들이 지우거나 수정하는 것은 가능하다. 모든 학생들이 그림을 그렸다면, 맨 뒤에 앉아 있던 학생이 화이트보드에 있는 그림을 보고 어떤 마음인지 맞혀 본다.

한 걸음 더

  2단계 놀이 시작 전, 다양한 감정 카드를 활용하여 그림으로 표현하는 시간을 가지면 학생들이 추상적인 감정을 그림으로 나타내는 방법을 익힐 수 있다. 예를 들어, 감정 카드를 뽑았을 때 '미안한 감정'이 나오면 미안한 감정을 느꼈던 상황을 떠올리고 울고 있는 모습, 사과하는 모습, 고개를 숙이고 있는 모습 등을 그림으로 표현할 수 있다. 또한 30초가 너무 짧게 느껴지는 경우, 처음에는 30초보다 긴 시간을 주고 익숙해지면 점차 시간을 줄이도록 한다.

  그림은 자세하게 묘사하는 것이 아니라 크로키처럼 간단하게 스케치하는 느낌으로 정확하고 빠르게 그리도록 안내하여, 그림을 그리는 데 시간을 너무 많이 쓰지 않도록 한다. 그림을 그리기 어려워하는 학생들이 많은 경우, 그림 대신 몸짓으로 상황을 표현하고 마지막 학생이 그 상황에서 느낀 감정을 맞히는 방식으로 놀이를 바꿀 수 있다.

같이 읽으면 좋은 그림책

- 『마음여행』 김유강 글·그림, 오올
- 『마음 꽃이 피었습니다』 다카하시 사키 글·그림, 봄볕
- 『라라의 하얀 우편함』 아사이 유키 글, 이와가미 아야코 그림, 푸른숲주니어

그림자 인형극 놀이

국어 2학년 1학기 8단원 ②

놀이 소개
종이나 OHP 필름으로 만든 인형을 막대를 이용하여 조종하고, 밝은 빛 앞에서 움직여 스크린에 그림자를 투영하는 방식으로 이야기를 전달하는 놀이

놀이 목표
① 막대 인형으로 그림자 인형극 놀이를 할 수 있다.
② 작품을 감상하고, 즐거움을 나눌 수 있다.

그림책 소개
오누이의 숨바꼭질 이야기로 시작되는 이 그림책은 우리의 일상에 빛과 그림자의 과학이 숨어 있다는 사실을 재미있게 소개한다. 특히, 등장인물을 오려내어 세워 놓고 실제로 조명을 비추어 촬영하여 사물이 빛을 가로막아서 생기는 그림자를 정확하게 표현하고 있다. 책을 읽고 나면 쉽게 그림자의 원리를 이해할 수 있다.

『그림자는 내 친구』
박정선 글, 이수지 그림
길벗어린이

그림책을 읽고 나누기 좋은 질문

① 표지에서 주인공들은 무엇을 하고 있나요?
② 그림자를 친구라고 표현한 이유는 무엇인가요?
③ 그림자는 어떻게 생기나요?
④ 여러분의 그림자는 어떤 모습인가요?
⑤ 빛을 비추는 위치에 따라 그림자가 어떻게 달라지나요?
⑥ 추장과 고양이와 뱀 대신 누구의 그림자가 숨겨져 있었나요?

놀이 방법

준비물 두꺼운 도화지, 나무젓가락(또는 아이스크림 막대), 가위, 테이프, 네임펜, OHP 필름, 셀로판지, 그림자 스크린(또는 흰 천), 랜턴

놀이 단계

1단계 그림자 인형극 이야기 창작하기

먼저 4~5명이 한 모둠이 되어 어떤 이야기를 그림자 인형극으로 만들지 자유롭게 아이디어를 나눈다. 『그림자는 내 친구』 그림책에서 영감을 얻어 주인공과 그림자의 새로운 모험 이야기를 만들 수도 있고, 좋아하는 동화나 전래동화를 각색하거나 학생들이 직접 새로운 이야기를 창작할 수도 있다.

이야기를 구성할 때는 브레인스토밍을 통해 나온 아이디어를 바탕으로 이야기의 줄거리를 간략하게 정한다. 처음 - 가운데 - 끝을 명확하게 하고, 등장인물과 배경, 사건을 간단하게 정리한다. 한 편의 이야기를 인형극으로 완성하기보다는 특정 장면을 중심으로 이야기를 풀어나가는 것이 좋다. 인형극으로 표현할 장면을 만화 형식으로 표현하거나 간단하게 대사를 나누어 써 보는 활동을 병행하면 더 효과적이다.

이후 두꺼운 도화지에 그림을 그리고 오려서 인형을 만든다. 교사는 학생들이 창의력을 발휘해서 다양한 모양과 크기의 인형을 만들 수 있도록 격려한다. OHP 필름이나 셀로판지를 이용하여 색깔을 넣거나, 꾸미기 재료를 활용하여 개성 있는 인형을 만

들 수 있도록 한다. 만든 인형에 나무젓가락이나 아이스크림 막대를 테이프로 붙여서 조종할 수 있다. 모둠에서 누가 어떤 막대 인형을 조종하고, 어떤 역할의 목소리를 낼지, 무슨 역할이 더 필요할지 생각해 본다.

 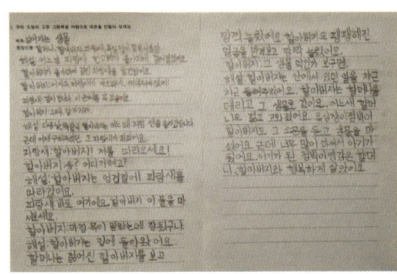

2단계 그림자 탐색하기

손전등을 이용하여 빛과 그림자의 관계를 탐색하는 활동을 한다. 빛을 비추는 각도와 거리에 따라 그림자의 크기와 모양이 어떻게 달라지는지 관찰하고, 다양한 사물의 그림자를 만들어 보며 그림자의 특성을 이해한다. OHP 필름이나 셀로판지를 이용하여 그림자의 색깔을 변화시키는 활동을 해 보는 것도 좋다.

손을 이용하여 동물이나 사물의 그림자를 만들어 본다. 『그림자는 내 친구』에 나오는 동물 그림자를 따라 해 보거나, 그림자의 모양을 관찰하며 새로운 그림자 만들기를 해 본다. 그림자 탐색하기 활동이 충분히 이루어진 다음에는 서로의 그림자가 무엇인지 맞혀 보는 놀이를 하는 것도 재미있다.

3단계 그림자 인형극 놀이하기

흰 천이나 그림자 스크린을 설치하고, 스크린 앞에 램프나 손전등을 설치하여 빛을 비춘다. 흰 천이나 그림자 스크린이 없는 경우에는 얇은 화선지나 전지 등을 활용하는 것도 좋다. 만든 막대 인형을 이용하여 이야기 순서대로 인형극 연습을 한다. 인형의 움직임과 목소리 연기를 맞춰 보고, 배경음악이나 도구를 이용한 효과음을 넣어 더욱 실감이 나게 연출해 본다.

준비한 그림자 인형극을 다른 모둠의 친구들에게 보여 주고 함께 감상한다. 인형극을 발표하는 학생은 정확한 발음과 알맞은 목소리 크기와 속도로 대사를 전달할 수 있도록 한다. 서로의 작품에 대한 이야기를 나누고 칭찬과 격려를 한다.

한 걸음 더

학생들이 인형극의 내용을 구성할 때는 이미 잘 알려진 옛이야기나 명작 동화를 변형하여 재현하도록 하면 보다 쉽게 이야기를 만들 수 있다. 또한, 그림자 인형극이라는 것을 강조하여 막대 인형을 만드는 시간을 최소화하고, 인형의 완성도에 너무 신경을 쓰지 않도록 한다.

같이 읽으면 좋은 그림책

- 『그림자 놀이』 이수지 그림, 비룡소
- 『누구 그림자일까?』 최숙희 글·그림, 보림
- 『불을 꺼 봐요』 리처드 파울러 글·그림, 보림

국어 2학년 2학기 1단원 ①

55 시 감상 나누기

놀이 소개
시의 내용, 표현, 관련된 경험을 스틱 모양 종이에 쓰고, 친구에게 말하며 종이를 바꾸는 놀이

놀이 목표
① 시를 읽고 시의 내용, 표현, 관련된 경험을 간단한 문장으로 쓸 수 있다.
② 시에 대한 생각이나 느낌을 친구에게 말할 수 있다.

그림책 소개
동시가 아닌 어린이 시로 만든 시 그림책으로, 또래 아이가 쓴 시라 공감이 잘되어 시에 대한 생각이나 느낌을 말하기 좋다. 학생들은 교사가 읽어 주는 그림책을 듣고 시의 장면을 상상할 수 있다. 또한, 시의 내용, 표현, 관련된 경험 등을 쓰고 말하며 시에 대한 감상을 나눌 수 있다.

『선생님 과자』
장명용 글, 김유대 그림, 창비

그림책을 읽고 나누기 좋은 질문

① 속표지를 보면 어떤 일이 벌어졌나요?
② 혼자 과자를 먹는 선생님을 바라보는 아이들의 마음은 어떠한가요?
③ 이 시에서 가장 재미있게 느껴진 표현은 무엇인가요?
④ 가장 인상 깊은 장면은 무엇인가요?
⑤ 이 시와 비슷한 경험을 한 적이 있나요?
⑥ 이 시를 누구에게 읽어 주고 싶나요?

놀이 방법

준비물 막대 모양 종이(1인당 3장씩, 학토재 스틱앤아이 사용)

놀이 단계

1단계 시 감상을 종이에 쓴 뒤 친구에게 말하고 바꾸기

교사가 읽어 주는 그림책을 듣고, 시에 대한 자신의 생각이나 느낌을 막대 모양 종이에 쓴다. 막대 모양 종이 3장에 각각 시의 내용, 표현, 관련된 경험을 하나씩 쓴다. 다 쓰고 나면 먼저 모둠 친구들과 시에 대한 감상을 나눈다. 그런 다음 교실을 돌아다니며 만난 친구와 인사하고, 서로 한 가지씩 말하고 종이를 바꾼다.

종이에 쓸 때는 한두 문장 정도로 간단하게 쓰더라도 친구를 만나서 말할 때는 내용을 덧붙여 자세히 말하는 것이 좋다고 알려 준다. 두 번 더 반복하여 자기가 가지고 있던 종이를 모두 친구의 것과 바꾸며 서로 시에 대한 감상을 나눈다. 이렇게 자신의 감상을 여러 친구를 만나 말하는 활동으로 시에 대해 더 깊이 이해할 수 있고, 시를 매개로 하여 학급 친구들과 소통할 수 있다.

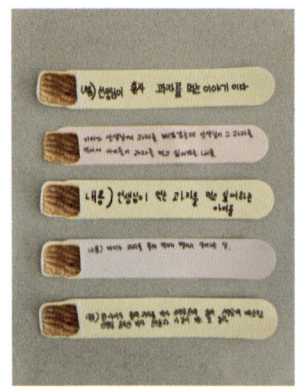  

2단계 모둠으로 돌아와 모둠 친구에게 내용 소개하기

모둠 친구가 아닌 다른 학급 친구 3명을 만나 친구들이 쓴 종이로 모두 바꾸면 자기 자리로 돌아와서 종이를 펼쳐 놓는다. 처음에는 시의 내용, 표현, 관련된 경험이 하나씩 있었지만 친구들과 종이를 바꾸는 과정에서 시의 내용, 표현, 관련된 경험이 하나씩 골고루 들어 있지 않을 수 있다. 다른 친구를 만나 들은 시 감상 가운데 가장 인상 깊었던 내용을 중심으로 모둠 친구들에게 소개한다.

학생 1   ○○이는 이 시의 내용이 '아이가 선생님께 과자를 빼앗겼는데 선생님이 그 과자를 혼자 먹어서 아이들이 과자를 먹고 싶어 하는 내용'이라고 말했어.

학생 2   △△는 "우찌노 우찌노"라는 표현에서 친구들의 안타까운 마음이 잘 드러났다고 말했어.

학생 3   □□는 자기가 몸이 안 좋아서 밥도 못 먹고 있는데, 오빠가 거실에서 라면을 맛있게 먹은 적이 있다고 말해 줬어.

한 걸음 더

친구를 만나 시 감상을 나눌 때, 종이를 무조건 바꾸지 않고 가위바위보를 해서 이긴 사람에게 종이를 줄 수 있다. 그렇게 해서 시 감상 종이가 하나도 남아 있지 않으면 자기 자리로 돌아온다. 그렇지만 여기에서는 시 감상 나누기가 초점이 되어야 하므로 가위바위보는 반드시 시 감상을 서로 말한 뒤에 하도록 한다.

같이 읽으면 좋은 그림책
- 『내 동생』 주동민 시, 조은수 그림, 창비
- 『달팽이 학교』 이정록 글, 주리 그림, 바우솔
- 『민들레는 민들레』 오현경 글, 김장성 그림, 이야기꽃

56 이야기 감상 나누기

국어 2학년 2학기 1단원 ②

놀이 소개
이야기를 읽고 '고백점프(앞으로 - 뒤로 - 뛰어넘어)' 게임으로 생각이나 느낌 등 감상을 나누는 놀이

놀이 목표
① 이야기를 읽고 생각이나 느낌을 간단한 문장으로 쓸 수 있다.
② 이야기를 읽고 생각이나 느낌을 친구에게 말할 수 있다.

그림책 소개
하얗고 예쁜 집을 자랑스러워해서 늘 집을 하얗게 만들려고 노력하던 할머니가 새끼 고양이들과 함께 살게 되면서 벌어지는 이야기를 담은 그림책이다. 이 그림책을 읽고 이야기의 제목, 인물의 모습, 겪은 일, 관련된 경험 등을 쓰고 말하며 감상을 나눌 수 있다.

『할머니와 하얀 집』
이윤우 글·그림, 비룡소

그림책을 읽고 나누기 좋은 질문

① 할머니는 무엇을 가장 중요하게 생각하는 사람인가요?
② 키우던 하얀 고양이가 보이지 않자 할머니는 어떤 마음이 들었나요?
③ 빨강이, 노랑이, 분홍이는 어떤 성격을 가진 고양이인가요?
④ 하얀 집에 새끼 고양이가 살면서 어떤 점이 달라졌나요?
⑤ 이 이야기와 비슷한 경험을 한 적이 있나요?
⑥ 할머니에게 해 주고 싶은 말은 무엇인가요?

놀이 방법

준비물 감상 적는 카드 1인당 4장씩, 모둠별 놀이 카드 7×2장씩 총 14장 ('제목', '인물의 모습', '겪은 일', '관련된 경험', '앞으로', '뒤로', '뛰어넘어'라고 적힌 카드)

놀이 단계

1단계 이야기의 감상을 종이에 쓰기

교사가 읽어 주는 그림책을 듣고 이야기에 대한 자신의 생각이나 느낌을 감상 적는 카드에 쓴다. 이야기의 제목, 인물의 모습, 겪은 일, 관련된 경험에 대한 감상을 떠올려 보고 종이에 간단한 문장으로 쓴다. 종이에 쓸 때는 한두 문장 정도로 간단하게 쓰더라도 나중에 고백점프 게임을 할 때는 내용을 덧붙여 자세히 말하는 것이 좋다고 알려 준다.

[예시]
① 이야기의 제목 : 할머니가 사는 하얀 집에서 일어나는 일들을 적어서 제목을 '할머니와 하얀 집'으로 지은 것 같다.
② 인물의 모습 : 할머니의 모습은 안경을 썼고, 머리가 하얗다. 그런데 할머니가 사는 하얀 집과 다르게 검은색 옷을 입는다.

③ 겪은 일 : 하얀 고양이가 낳은 새끼 세 마리가 하얀 집을 엉망으로 만들었다. 엉망이 된 집을 할머니가 계속 치우다가 새끼 고양이들과 점점 친해지면서 할머니의 하얀 집에 색깔이 생겼고, 동물들이 드나드는 집이 되었다.

④ 관련된 경험 : 집에서 물고기를 키우기 전에는 별 기대가 없었는데, 막상 키워 보니 집이 좀 더 채워진 것 같고 생각이 달라졌다.

 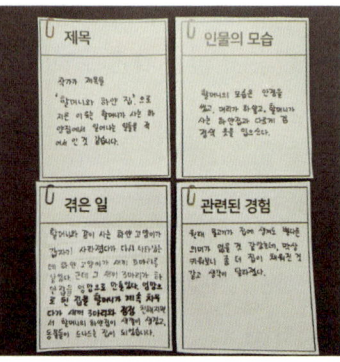

2단계 고백점프 게임으로 이야기 감상 나누기

먼저, 1단계에서 한 사람당 4장씩 이야기 감상을 쓴 카드를 준비한다. 그리고 제목, 인물의 모습, 겪은 일, 관련된 경험, 앞으로, 뒤로, 뛰어넘어 카드가 각 2장씩 총 14장이 섞여 있는 카드 더미에서 1장을 뒤집는다. 예를 들어, '제목' 카드가 나오면 제목에 대한 생각이나 느낌을 말하고 내 감상 카드를 가운데 내려놓는다. 이때, 오른쪽 친구가 제목에 대한 생각이나 느낌을 말할 수 없으면, "다음!"을 외치고 순서를 넘긴다.

다음 순서의 친구가 가운데 카드 더미에서 1장을 뒤집어 '겪은 일' 카드가 나오면 인물이 겪은 일에 대한 생각이나 느낌을 말하거나, 말할 수 없으면 역시 "다음!"을 외친다. 만약 가운데 카드 더미에서 '뒤로' 카드가 나오면 반대 방향인 왼쪽 사람이 인물이 겪은 일에 대한 생각이나 느낌을 말할 수 있다. 자기가 쓴 생각이나 느낌 카드를 모두 내려놓으면 이긴다. 가운데 카드가 모자라면 이미 사용한 카드를 섞어서 다시 엎어 놓는다.

 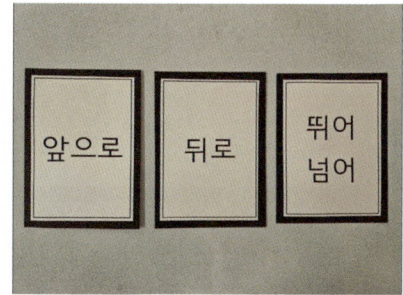

한 걸음 더

이야기는 인물, 사건, 배경의 3가지 요소로 구성되어 있다. 1단계에서는 제목, 인물의 모습, 겪은 일, 관련된 경험에 집중하여 이야기를 감상하였다. 여기에서는 추가로 이야기의 인물에만 집중하여 감상해 볼 수 있다. 예를 들어, 그림책에 등장하는 인물인 할머니, 하얀 고양이, 빨강이, 노랑이, 분홍이 인물 카드를 1장씩 준비하고 엎어놓는다. 학생들은 자신이 뒤집은 카드에 나오는 인물에 대해 이야기하고, 맞게 말했으면 인물 카드를 가져간다.

이야기의 사건에만 집중하여 감상해 볼 수도 있다. 예를 들어, 이야기의 흐름을 보여주는 주요 장면을 카드로 4~8장 정도 준비하여 엎어 놓는다. 학생들은 자신이 뒤집은 카드가 어떤 장면인지 말하고, 맞게 말했으면 사건 카드를 가져간다. 사건 카드는 일이 일어난 차례대로 나열하기 놀이를 해 볼 수도 있다.

같이 읽으면 좋은 그림책

- 『김철수빵』 조영글 글·그림, 봄볕
- 『내 친구 ㅇㅅㅎ』 김지영 글·그림, 사계절
- 『착한 아이 사탕이』 강밀아 글, 최덕규 그림, 글로연

57 고운 말을 선물해요

국어 2학년 2학기 2단원 ①

놀이 소개
주사위 2개를 굴려서 나온 상황에 알맞은 고운 말을 이야기하고, 고운 말을 넣어 다른 사람에게 마음을 전하는 글을 써서 선물하기

놀이 목표
① 상황에 어울리는 다양한 고운 말을 알 수 있다.
② 여러 가지 고운 말을 이용하여 다른 사람에게 마음을 전하는 글을 쓸 수 있다.

그림책 소개
아이가 선물 상자와 '너에게 주는 말 선물'이 적힌 카드 봉투를 들고 가는 장면이 표지에 나온다. 짧지만, 따뜻한 마음을 선물하는 15가지 말에 관한 책이다. 가까운 사람에게 고운 말을 선물하면서 전하고 싶은 마음을 표현해 본다.

『너에게 주는 말 선물』
이라일라 글, 서영 그림
파스텔하우스

그림책을 읽고 나누기 좋은 질문

① 가족이나 친구에게 고운 말을 들으면 기분이 어떤가요?
② 다른 사람에게 하고 싶은 고운 말은 무엇인가요?
③ 다른 사람에게서 듣고 싶은 고운 말은 무엇인가요?
④ 다른 사람에게 고운 말을 한 경험이 있나요?
⑤ 그림책의 고운 말 중 가장 마음에 드는 말과 그 이유는 무엇인가요?

놀이 방법

준비물 4×4 빙고 활동지, 주사위 놀이판 활동지, 그림책의 고운 말이 쓰이는 상황이 적힌 라벨지, 주사위, 색칠 도구, 선물 모양 카드나 편지지

놀이 단계

1단계 빙고 놀이로 그림책의 고운 말 익히기

그림책에 나온 고운 말이 사용되는 상황과 말을 익히는 단계이다. 교사는 4×4 빙고 놀이판이 2개가 있는 종이를 각자 1장씩 나누어 준다. 첫 번째 빙고 놀이는 학급 전체로, 두 번째 빙고 놀이는 2명이 함께 한다.

학생들은 활동지에 적힌 고운 말 16개를 빙고판에 쓴다. 교사가 그림책에서 고운 말이 사용되는 상황을 하나씩 이야기하면 해당하는 고운 말을 빙고판에 찾아 표시한다. 예를 들어, '내 마음에 쏙 드는 것, 생각만 해도 웃음이 나는 것, 나를 기쁘게 하는 말. 리본이 ( ), 공놀이가 ( ), 내 친구가 ( )'에 들어갈 고운 말이 무엇인지 교사가 학생들에게 묻는다. 학생들은 그림책에서 읽었던 고운 말을 떠올려서 "좋아!"라고 대답하고 빙고판의 '좋아'에 동그라미를 한다. 3~4줄 빙고 줄이 완성되면 "빙고!"를 외친다.

첫 번째 빙고 놀이가 끝나면 두 번째 빙고 놀이를 한다. 2명이 짝이 되어 빙고 칸에 고운 말을 적은 후 고운 말을 차례로 부르면서 빙고 놀이를 한다.

2단계 주사위를 굴리고 상황에 알맞은 고운 말 하기

그림책 속 고운 말이 사용되는 36개의 상황이 적힌 라벨지와 주사위 놀이판을 2명 당 하나씩 나눠 준다. 라벨지를 떼어서 주사위 놀이판 한 칸에 하나씩 붙여 놀이판을 완성한다.

2명이 짝이 되어 놀이할 순서를 정하고, 첫 번째 순서의 학생이 주사위를 차례로 두 번 굴린다. 첫 번째 굴린 주사위에서 나온 숫자가 있는 세로줄을 찾는다. 첫 번째 주사위의 숫자가 있는 세로줄에서 두 번째 굴린 주사위 숫자와 만나는 칸을 찾고, 칸에 적힌 상황을 읽는다. 상황에 알맞은 고운 말을 하고, 해당 칸을 색칠한다. 예를 들어, 한 학생이 주사위를 굴려 숫자 6과 숫자 4가 나왔고, 숫자 6이 적힌 세로줄과 숫자 4의 가로줄이 만나는 칸을 확인한다. 해당 칸에 '누군가의 도움이 필요할 때, 모두 힘을 보태러 달려오는 말'이라고 적혀 있으면, 상황에서 사용할 수 있는 마음을 전하는 말인 "도와줘!"를 말한다. 놀이의 과정을 반복하면서 주사위 놀이판의 상황에 알맞은 고운 말을 최대한 많이 해 본다.

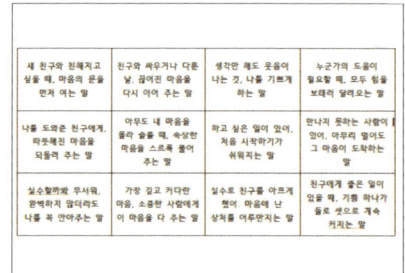

고운 말이 사용되는 상황 예시

주사위 놀이 결과물 예시

3단계 고운 말로 편지를 써서 마음을 전하기

학급 전체가 놀이를 통해 익힌 고운 말을 하나씩 이야기하면서 상기시킨다. 자신의 마음을 표현할 고운 말 하나를 고르고, 전하고 싶은 대상과 마음을 생각한다. 카드나 편지지에 고운 말과 함께 전하고 싶은 마음을 글로 쓰고, 해당하는 사람에게 전달한다.

고운 말을 담은 카드 예시   고운 말을 담은 카드 예시

한 걸음 더

1단계에서는 빙고 놀이의 특성상 16가지의 고운 말이 필요하므로 그림책의 15가지와 일반적으로 사용되는 고운 말 1가지를 더 넣는다. 2단계 고운 말이 사용되는 36개의 상황은 그림책에 나오는 상황 15가지를 중복해서 넣거나, 일반적으로 다른 고운 말이 사용되는 상황을 넣어 완성한다. 라벨지는 36칸을 출력할 수 있는 것으로 사용한다.

2가지 색의 주사위를 주고, 놀이판에도 주사위의 2가지 색을 넣어 만들면 주사위 2개를 한 번에 굴릴 수도 있다. 학생들이 라벨지를 놀이판에 붙여서 사용하지 않고, 교사가 마음을 전하는 상황이 적힌 놀이판을 만들어 주고 사용해도 좋다.

같이 읽으면 좋은 그림책

- 『세상에서 가장 힘이 센 말』 이현정 글, 이철민 그림, 달달북스
- 『말들이 사는 나라』 윤여림 글, 최미란 그림, 위즈덤하우스
- 『서로에게 들려주는 따뜻한 말』 김종원 글, 나래 그림, 상상아이

국어 2학년 2학기 2단원 ②

58 장점 런닝맨 놀이

놀이 소개
여러 가지 장점이 적힌 종이를 자신의 등에 붙이고 친구들을 만나 친구의 장점에 스티커를 붙여 주며 칭찬의 말을 주고받는 놀이

놀이 목표
① 자신이 잘하는 것을 살펴보고 친구와 칭찬을 주고받을 수 있다.
② 칭찬의 말을 주고받으며 서로를 응원하고 격려할 수 있다.

그림책 소개
꼬마 두더지 또비또는 궁금한 것도, 하고 싶은 것도 많다. 한 가지 일을 끝까지 완성해 본 적이 없고, 칭찬을 들어 본 적이 없어 속상한 또비또. 선생님이 내준 과제를 고민하던 중, 또비또는 숲속 마법사 선생님을 만나고 점점 변화해 간다. 또비또의 마음에 공감해 보고, 다른 친구들의 장점을 찾아 칭찬의 말을 주고받는 놀이에 참여한다.

『꼬마 두더지 칭찬이 필요해』
아나 예나스 글·그림
청어람아이

그림책을 읽고 나누기 좋은 질문

① 또비또에게 다른 사람들이 붙여 준 이름은 어떤 것이 있나요?
② 주어진 일을 끝까지 완성하지 못하거나 친구들이 자기를 피할 때 또비또는 어떤 마음이었을까요?
③ 숲속 마법사 선생님을 만나면서 또비또에게 어떤 변화가 일어났나요?
④ 또비또가 숲속 마법사 선생님과 같이 지내는 동안 어떤 마음이었을까요?
⑤ 또비또에게 해 주고 싶은 칭찬의 말은 무엇인가요?

놀이 방법

준비물 18칸 라벨지, 8절 종이, 칸이 나누어져 있지 않은 라벨지, 모양 스티커

놀이 단계

1단계 핫시팅으로 주인공 만나고, 칭찬 샤워하기

그림책을 읽은 후, 나누기 좋은 질문을 주고받으며 등장인물 및 이야기 흐름에 대해 이해하는 시간을 가진다. 주인공 또비또에게 있었던 일과 그때의 마음을 짐작해 보고 공감해 본다. 또비또가 되어서 다른 아이들과 질문을 주고받는 핫시팅 놀이를 통해서 주인공을 이해하고 공감해 보며 나 자신을 돌아보는 시간을 가진다.

또비또 역할을 할 1명을 지원받는다. 역할을 맡은 학생은 또비또가 되어서 자기소개를 간단하게 한다. 다른 친구들은 앞에 나온 학생에게 질문을 하고, 또비또 역할을 맡은 학생이 대답한다. 핫시팅 놀이가 끝나면 또비또에게 해 줄 수 있는 칭찬이나 격려의 말을 라벨지에 적고, 8절 종이에 붙이는 칭찬 샤워 활동을 한다.

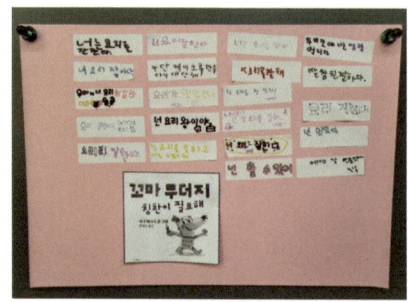
칭찬 샤워

2단계 장점 런닝맨 놀이

1단계에서 등장인물의 장점을 찾아 칭찬하는 활동 후, 우리 반 친구들의 장점을 찾아 칭찬해 주는 말을 주고받는 장점 런닝맨 놀이를 한다.

개별로 런닝맨 활동지를 나눠 준다. 활동지에는 일반적으로 주고받을 수 있는 장점 16가지가 적혀 있고, 활동지 외에 자신의 장점을 적을 수 있는 5개의 빈칸이 있다. 일반적인 장점 외에도 자신이 잘하는 것이 있다면 빈칸에 적는다. 활동지 작성이 완료되면 등 뒤에 활동지를 붙인다. 활동지를 라벨지에 인쇄하여 나눠 주거나 일반 A4 종이에 출력하고, 테이프를 사용하여 등 뒤에 붙인다. 활동지에 붙일 모양 스티커는 잃어버리는 경우가 많아 전체 학생 수보다 많은 개수를 나누어 준다.

학생들은 자유롭게 돌아다니다 친구를 만나면 '참참참'을 한다. 이긴 사람이 진 사람의 등 뒤에 있는 활동지를 살펴보고 진 친구가 제일 잘하는 것 하나를 골라 자신이 가진 스티커를 붙여 준다. 그리고 친구에게 "○○아, 넌 친절해!"라고 칭찬의 말을 한다. 이번에는 진 사람이 이긴 사람에게 위 과정을 반복한다.

정해진 시간 동안 돌아다니며 여러 친구를 만나 친구가 잘하는 장점을 찾고 칭찬의 말을 주고받는다. 활동 후에 친구들에게 잘하는 것으로 칭찬받았을 때 느낌을 발표하여 나눈다.

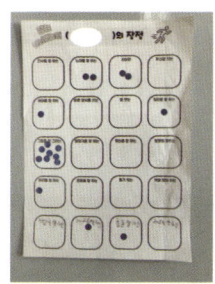  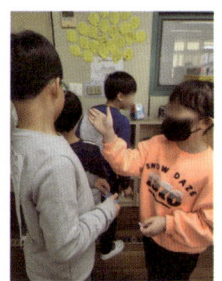 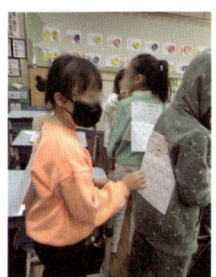

활동지 부착　　　　　참참참　　　　　장점에 스티커 붙이기

한 걸음 더

핫시팅 놀이를 할 때, 주인공 또비또 역할을 맡는 학생을 2~3명 정도로 하여 질문을 주고받으면 등장인물을 더 잘 이해하고 공감해 볼 수 있다.

장점 런닝맨 놀이를 할 때, 한 사람에게 하나의 장점이 아니라 2~3개의 장점을 선택하여 스티커를 붙여 주어도 좋다. 이런 경우에는 학급 전체 학생 수 대비 2~3배의 스티커를 나누어 준다. 스티커를 등에 붙일 때 불필요한 신체 접촉이 없도록 안내하여 모두가 즐겁게 놀이를 할 수 있도록 한다.

같이 읽으면 좋은 그림책

- 『대단해!』 신혜원 글·그림, 딸기책방
- 『내가 잘하는 건 뭘까?』 유진 글·그림, 빨간콩
- 『난 내가 좋아!』 낸시 칼슨 글·그림, 보물창고

국어 2학년 2학기 3단원 ①

59 중심 내용을 찾아라!

놀이 소개
핵심 낱말을 보고, 폭탄 카드를 피해 중심 내용을 찾는 놀이

놀이 목표
① 그림책을 읽고 중심 내용을 파악하는 방법을 알고, 핵심 낱말을 추려 쓸 수 있다.
② 중심 내용을 찾아 그림책의 내용을 파악할 수 있다.

그림책 소개
다양한 상황과 예시를 들어 사과하는 방법에 대해 알려 주는 그림책이다. 잔소리처럼 들릴 수 있는 내용을 재미있는 그림과 함께 제시하여 학생들이 사과하는 방법에 대해 제대로 배울 수 있는 책이다. 사과하는 방법을 명확한 문장으로 제시하고 있어 중심 내용을 찾는 학습을 하는 데 유용하다.

『사과는 이렇게 하는 거야』
데이비드 라로셀 글,
마이크 우누트카 그림,
블루밍제이

그림책을 읽고 나누기 좋은 질문

① 제목을 보면 무슨 내용인 것 같나요?
② 가장 기억에 남는 문장은 무엇인가요?
③ 가장 기억에 남는 장면은 무엇인가요?
④ 사과하는 방법에는 어떤 것이 있었나요?
⑤ 사과할 때 해서는 안 되는 말이나 행동에는 어떤 것이 있나요?
⑥ 우리가 사과해야 하는 이유는 무엇인가요?

놀이 방법

준비물 카드 만들 종이(빈 카드 용지), 여러 가지 색깔의 형광펜

놀이 단계

1단계 카드 양면에 중심 내용과 핵심 낱말 추려 쓰기

먼저, 그림책을 두 번 반복하여 읽어 준 뒤 '사과하는 방법'에 대해 말한 문장을 찾는다. 카드 앞면에 찾은 문장을 그대로 보고 쓴다. 해당 문장에서 핵심이 되는 낱말을 골라 카드 뒷면에 크게 쓴다. 또한, 폭탄 카드도 필요하기 때문에 핵심 낱말로 오해할 수 있는 낱말을 카드 뒷면에 쓰고, 카드 앞면에는 폭탄 그림을 그린다.

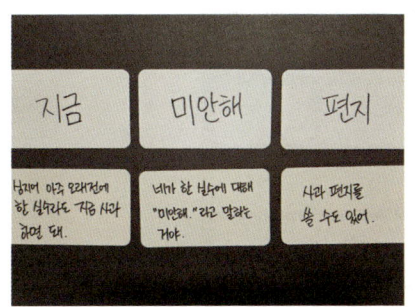
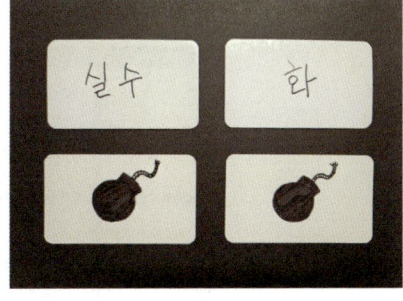

2단계 폭탄 피하기 놀이로 중심 내용 찾기

그림책 속에 나오는 중심 내용 카드와 폭탄 카드를 4×4칸에 적절히 배치한다. 카드는 핵심 낱말이 위로 오도록 놓는다. 폭탄 카드가 너무 많으면 한 줄 빙고를 완성하기 어려우므로 2~3장 정도로 한다. 자기 모둠에서 만든 카드는 바꾸어 다른 모둠에서 놀이에 사용한다.

가위바위보로 순서를 정한 뒤, 핵심 낱말을 보고 중심 내용을 찾아낸다. 카드 뒷면이 '사과하는 방법'에 대한 중심 내용이 맞으면 카드 앞면의 핵심 낱말에 자기 색깔의 형광펜으로 동그라미를 그린다. 다음 사람이 핵심 낱말을 보고 카드 1장을 뒤집는다. 폭탄 카드가 나오면 모둠원에게 "폭탄이다!"라고 외치며 폭탄 카드가 나왔음을 알리고, 카드를 다시 뒤집어 놓는다. 따라서 폭탄 카드의 핵심 낱말과 위치를 기억하면 놀이에 유리하다. 자기 색깔의 형광펜으로 동그라미를 표시해서 한 줄 빙고를 완성한 사람이 이긴다.

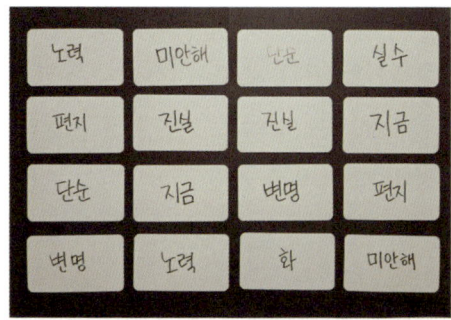

한 걸음 더

앞에서 찾은 중심 내용에서 핵심 낱말을 비우고 문제 카드를 만들어 친구들에게 빈 곳에 들어갈 알맞은 낱말이 무엇인지 문제를 낼 수 있다. 학생들은 핵심 낱말이 무엇인지 알아맞히며 그림책의 중심 내용을 확실히 파악할 수 있다.

또한, 앞에서 찾은 중심 내용으로 '사과하는 방법'에 대한 글을 써 볼 수도 있다. 이는 그림책의 내용을 간추려서 쓰는 활동이다. 앞에서 찾은 중심 내용의 순서를 정하여 '첫째, 둘째, 셋째'라는 말을 사용하여 열거의 방법으로 글을 쓰는 연습을 하기 좋다.

같이 읽으면 좋은 그림책
- 『핑!』 아니 카스티요 글·그림, 달리
- 『멋지게 넘어지는 방법』 아라 글, 장고덕 그림, 풀빛
- 『친구를 모두 잃어버리는 방법』 낸시 칼슨 글·그림, 보물창고

국어 2학년 2학기 3단원 ②

60 글 재료를 모아라!

놀이 소개
글의 내용이 되는 재료인 소재를 찾아 카드로 만들고, 카드놀이로 다시 소재를 모으는 놀이

놀이 목표
① 그림책에서 글 재료가 되는 내용을 추려 카드를 만들 수 있다.
② 사물을 설명하는 글을 쓰는 방법을 알고, 사물을 설명하는 글을 쓸 수 있다.

그림책 소개
지렁이의 특징과 하는 일을 아이들이 이해하기 쉬운 글과 그림으로 전달하는 지식 그림책이다. '생태'라는 주제에 알맞게 버려진 봉투를 재활용한 종이에 만화처럼 말풍선을 넣은 구성으로 만들어졌다. 지렁이의 특징과 하는 일이 자세히 소개되어 있어 지렁이를 소개하는 글을 쓸 재료를 찾기에 좋은 그림책이다.

『꿈틀꿈틀 지렁이다!』
케빈 맥클로스키 글·그림
천개의바람

그림책을 읽고 나누기 좋은 질문

① 이 그림책은 무엇을 설명하고 있나요?
② 지렁이에 대해 이미 알고 있는 것은 무엇인가요?
③ 지렁이는 어떤 특징이 있나요?
④ 지렁이가 하는 일은 무엇인가요?
⑤ 이 그림책을 보고 새롭게 알게 된 낱말에는 어떤 것이 있나요?
⑥ 이 그림책을 보고 지렁이에 대해 새롭게 알게 된 점은 무엇인가요?

놀이 방법

준비물 카드 만들 종이(A4 도화지, A4 용지 등)

놀이 단계

1단계 지렁이의 특징과 하는 일 구분하여 글 재료 카드 만들기

그림책을 두 번 반복하여 읽어 준 뒤, 그림책에 나오는 문장에서 지렁이의 특징과 하는 일을 구분하여 카드에 쓴다. 학생들이 문장의 내용만 보고 해당 문장이 지렁이의 특징인지, 지렁이가 하는 일인지 구분할 수 있으면 문장만 카드에 옮겨 쓴다. 만약 학생들이 구분하기 어려워하면 문장 카드 첫머리에 '특징' 또는 '하는 일'이라고 표시한다.

2단계 카드놀이로 글 재료 모으고 설명하는 글 쓰기

먼저, 카드를 3장씩 나누어 가진다. "하나, 둘, 셋!"을 외치면서 동시에 카드 1장을 옆 친구에게 넘긴다. 받은 카드의 내용을 잘 살펴보고, 특징 카드가 더 많으면 하는 일 카드를 넘기고, 하는 일 카드가 더 많으면 특징 카드를 넘긴다. 지렁이의 특징 카드 3장이나 지렁이가 하는 일 카드 3장을 모으면 "글 재료 다 모았다!"라고 외친다. 이때 남은 학생들은 가운데 카드 더미에서 1장씩을 더 가져가고, 1장은 가운데 버린다. 위 과정을 반복한다. 모든 학생들이 글 재료를 다 모으면 모은 카드를 배치하고 글의 앞뒤에 한 문장씩을 덧붙여서 설명하는 글을 완성한다.

글을 쓸 때, 내가 고른 카드에 나와 있는 문장 외에 관련되는 내용을 추가할 수 있다. 교사에게 들은 내용이나 자신이 이미 알고 있는 정보, 다른 책이나 인터넷에서 조사한 내용 등을 활용해 작성한다.

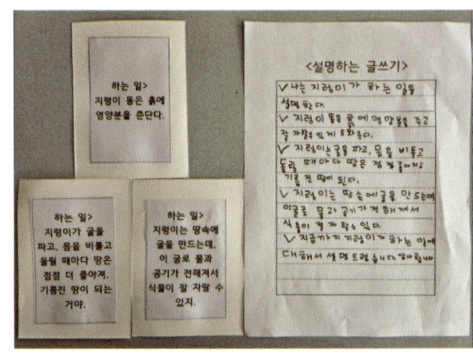

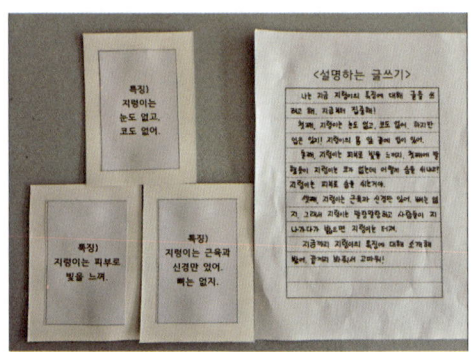

한 걸음 더

자신이 좋아하는 사물에 대해 설명하는 글을 쓸 수 있다. 먼저, 마인드맵으로 자신이 좋아하는 대상을 떠올린다. 그 가운데 하나를 골라 색, 모양, 크기, 냄새, 맛, 사용 방법, 주의할 점 등 해당 사물의 다양한 특징을 생각해 본다. 글을 읽는 친구들이 그 사물에 대해 잘 이해할 수 있도록 여러 가지 특징을 자세하게 설명하듯이 글을 쓴다. 글을 다 쓴 다음에는 친구에게 글을 읽어 주고, 다른 학생들은 그 글을 듣고 어떤 사물에 대한 설명인지 맞혀 보는 활동을 할 수 있다.

같이 읽으면 좋은 그림책

- 『조개는 왜 껍데기가 있을까?』 멜리사 스튜어트 글, 세라 S. 브래넌 그림, 다섯수레
- 『겨울잠 자니?』 보리 글, 문병두 그림, 보리
- 『물은 정말 대단해!』 가코 사토시 글, 스즈키 마모루 그림, 비룡소

국어 2학년 2학기 4단원 ①

61 친구의 감정을 알아맞혀요

놀이 소개
내가 느끼는 감정을 그림으로 그려 친구들과 퀴즈로 맞혀 보고 자신의 감정을 설명하는 놀이

놀이 목표
① 내가 느끼는 감정을 그림으로 표현하고 친구들에게 설명할 수 있다.
② 그림을 보고 친구가 느끼는 감정을 파악하고 친구의 이야기에 귀 기울인다.

그림책 소개
한글 자음마다 감정을 나타낸 단어와 그림을 보여 주는 감정 그림책이다. 각 페이지의 자음과 함께 책에 등장하는 소년의 상황을 보며, 소년이 어떤 마음일지 유추하며 책을 읽게 된다. 그림책을 본 후 감정 알아맞히기 놀이를 통해 상대방의 감정을 살피고 자신의 마음을 들여다보며 이야기를 나눌 수 있다.

『오늘 내 마음은…』
마달레나 모니스 글·그림
열린어린이

그림책을 읽고 나누기 좋은 질문

① 각 장면에서 소년이 느끼는 감정은 무엇인가요?
② 각 장면 속 소년의 마음을 다른 감정으로 표현해 본다면 어떤 것이 있을까요?
③ 책에 나온 감정 낱말들을 다른 그림으로 어떻게 표현해 볼 수 있을까요?
④ 오늘 여러분의 기분은 어떤 낱말과 그림으로 나타낼 수 있나요?
⑤ 여러분의 기분은 낱말과 그림 외에 또 어떤 것으로 표현할 수 있나요?
⑥ 책에 여러분이 느껴 본 감정과 비슷한 것이 있나요? 어떤 감정인가요?

놀이 방법

준비물 A4 절반 크기 도화지, 포스트잇(51×38㎜), 색칠 도구

놀이 단계

1단계 오늘 내 마음을 그림으로 그리기

오늘 내 마음은 어떤지 감정을 나타내는 낱말을 A4 절반 크기 도화지에 연필로 작게 쓰고 포스트잇을 그 위에 덮어 가린다. 도화지 뒷면에는 오늘 내 마음을 그림으로 그리고, 포스트잇으로 가렸던 감정 낱말의 초성을 한쪽에 써넣은 후 그림을 색칠한다. 그림을 완성한 후에는 포스트잇 16장을 그림 위에 붙여서 가리고, 포스트잇 위에 1부터 16까지 번호를 쓴다. 포스트잇이 얇으면 그림이 비칠 수 있으므로 포스트잇을 2장씩 사용하거나, 포스트잇을 색연필로 색칠하여 뒷면의 그림이 보이지 않도록 한다.

2단계 포스트잇을 한 장씩 떼며 감정 알아맞히기

모둠원과 함께 나와 친구들이 표현한 감정 알아맞히기 놀이를 한다. 가위바위보로 순서를 정하여 1번 학생이 감정 그림판을 들고 먼저 시작한다. 다음 번호인 2번 학생이 포스트잇의 번호를 말하면 1번 학생은 그 번호가 적힌 포스트잇을 떼어 낸다. 2번 학생은 포스트잇 사이로 보이는 그림 또는 자음을 보고 어떤 감정인지 맞힌다. 정답을 말하지 못했을 때는 3번 학생에게 기회가 넘어가고, 또 틀리면 4번, 다시 2번, 3번 학생 순서로 계속 넘어간다. 모둠원이 정답을 맞히고 나면 1번 학생은 왜 이런 마음이 들었는지 모둠원에게 설명해 준다. 그런 다음 이어서 2번 학생이 퀴즈를 내고 3번, 4번, 1번 순서로 돌아가며 감정 맞히기 놀이를 한다.

포스트잇을 계속 떼어 내는데도 감정을 맞히기 어려운 경우에는 문제를 내는 학생이 힌트를 주어 모둠원이 정답을 유추해 볼 수 있도록 하며, 모든 포스트잇을 다 떼어 냈는데도 정답이 나오지 않은 경우에는 문제를 낸 학생이 정답을 말하고 이유를 설명해 준다.

감정 알아맞히기 놀이를 통해 내 마음을 표현하면 긴장감을 낮추고 좀 더 편안하게 자신의 감정을 이야기할 수 있다. 또한 친구가 어떤 마음이었는지 파악하여 친구를 이해하고 공감할 수 있다.

한 걸음 더

그림책을 읽으며 소년의 상황을 살펴보고, 소년의 마음이 주어진 자음으로 시작하는 어떤 감정 낱말일지 유추하며 읽을 수 있다. 등장인물의 마음을 파악하고 감정을 표현하는 어휘도 함께 익히게 된다.

학생들이 오늘 내 마음을 나타낼 때 떠오르는 감정을 자유롭게 표현할 수도 있지만, 자신의 감정을 적절한 낱말로 표현하기 어려워하는 학생들도 있다. 이때는 감정과 관련된 낱말 카드나 감정 낱말 보드를 이용하여 학생들에게 낱말을 제시해 주고, 그 속에서 선택하도록 할 수 있다. 그러면 나중에 퀴즈를 맞힐 때도 낱말의 범위 안에서 어렵지 않게 친구의 감정을 유추해 볼 수 있다.

자리 배치를 모둠으로 구성하여 앉았다면 이미 서로의 그림을 봤을 수 있으므로 나중에 퀴즈를 낼 때는 모둠 구성을 바꾸어 진행하는 것이 좋다. 모둠원에게 1, 2, 3, 4 번호를 주어 퀴즈를 낼 때는 각 번호의 학생끼리 모이면 서로의 감정 그림을 모른 상태에서 놀이를 진행할 수 있다.

같이 읽으면 좋은 그림책

- 『슬픔에 빠진 나를 위해 똑! 똑! 똑!』 조미자 글·그림, 핑거
- 『내 마음의 색깔들』 조 위테크 글, 크리스틴 루세 그림, 보물창고
- 『네 기분은 어떤 색깔이니?』 최숙희 글·그림, 책읽는곰

62. 낱말을 연결해서 마음을 전해요

국어 2학년 2학기 4단원 ②

놀이 소개
우체부가 되어 가위바위보로 낱말을 모은 후, 모은 낱말을 사용하여 친구에게 마음을 전하는 편지 쓰기 놀이

놀이 목표
① 친구에게 마음을 전한 경험을 이야기 나눌 수 있다.
② 낱말을 연결하여 마음을 전하는 문장을 만들 수 있다.

그림책 소개
낯선 동네로 이사 온 아름이에게 새 친구가 생기는 과정을 보여 주는 책이다. 누군가 매일 아름이네 집 우편함에 꽃과 편지를 넣어 주고, 아름이는 누가 준 선물인지 궁금해 한다. 꽃과 편지를 준 친구의 마음을 파악하고, 학급 친구들에게 마음을 전하는 편지를 써 볼 수 있다.

『우리 친구하자』
쓰쓰이 요리코 글,
하야시 아키코 그림, 한림출판사

그림책을 읽고 나누기 좋은 질문

① 아는 친구가 아무도 없는 곳에 가 본 경험이 있나요? 그때 마음이 어땠나요?

② 소녀는 왜 우편함에 꽃과 편지를 넣었을까요?

③ 친구가 준 선물이나 편지 중에 기억에 남는 것이 있나요?

④ 친구와 친하게 지내고 싶을 때 내 마음을 어떻게 전할 수 있을까요?

⑤ 친구를 사귀는 자신만의 방법이 있나요?

⑥ 낯선 친구와 어울릴 때 무엇을 하고 놀면 좋을까요?

놀이 방법

준비물 그림책의 낱말이 적힌 카드, 편지지, 색칠 도구

놀이 단계

1단계 우체부가 되어 가위바위보로 낱말 모으기

4명으로 모둠을 구성한 후 그림책의 낱말이 적힌 카드를 모둠별로 20장씩 나누어 준다. 낱말을 책상에 펼쳐 살펴보며 책의 내용을 되새긴다. 가위바위보로 모둠원 중 한 명은 우체국장이 되고, 나머지 3명은 우체부가 된다. 우체국장은 낱말 카드를 우체부에게 1장씩 나누어 주고 나머지 카드는 보관한다. 우체부는 다른 모둠의 우체부를 만나 가위바위보를 하여 이기면 상대방의 낱말 카드를 받고, 지면 자신의 낱말 카드를 상대방에게 준다. 이겨서 얻은 낱말 카드는 자기 모둠의 우체국장에게 주고, 져서 낱말 카드를 잃었을 때는 우체국장에게 와서 새로운 낱말 카드를 받는다. 약 3분 간격으로 모둠별로 우체국장과 우체부를 교체해 주어 역할을 고르게 경험할 수 있도록 한다.

낱말 카드 예시

2단계 모은 낱말을 사용하여 친구에게 마음을 전하는 편지 쓰기

놀이 시간이 끝나면 자리로 돌아와 모둠이 모은 낱말 카드를 책상에 펼친다. 그중에서 낱말을 1~3개씩 각자 정하고, 그 낱말을 이용하여 친구에게 마음을 전하는 편지를 쓴다. 모둠원 중 여러 명이 같은 낱말을 선택할 수도 있도록 하며, 편지를 쓸 친구는 미리 정해 두어 모든 학생들이 편지를 받을 수 있도록 한다. 낱말 카드가 너무 적어서 편지를 쓰기 어려운 모둠이 있을 때는 빈 카드를 학생당 1장씩 주고 책에 나온 낱말 중 기억나는 낱말을 써서 편지에 사용하도록 한다.

친구에게 편지를 쓴 후에는 그 친구에게 선물하고 싶은 것을 그림으로 그리거나 미리 준비해 둔 다양한 물건 그림에서 적절한 것을 골라 오려서 편지에 붙이도록 한다. 편지를 완성한 후에는 학생들이 퀴즈를 내 누구에게 쓴 편지인지 맞혀 보도록 한다. 주고 싶은 선물이 무엇인지를 힌트로 주어 누구에게 어울리는 선물인지 다 같이 추측하여 맞혀 본 후 편지를 읽어 준다.

한 걸음 더

우체부 가위바위보 놀이를 할 때는 모둠원의 수가 서로 달라도 크게 영향받지 않으므로 모둠원의 수를 꼭 맞추지 않아도 된다. 놀이를 좀 더 재미있게 하려면 교사가 제공해 주는 낱말 카드 이외에 여분의 빈 카드를 모둠별로 미리 나누어 주어 학생들이 각자 책을 읽고 떠오른 낱말을 적게 하면 좋다. 학생들이 적은 낱말을 모둠별로 합친 후 가위바위보 놀이를 하면 학생들이 쓴 낱말이 이곳저곳으로 나누어 섞이게 된다.

마음을 전하는 편지를 쓸 때는 책을 읽은 후 학생들과 나누었던 질문과 대답을 떠올려 보도록 한다. 낯선 곳이나 어색한 상황에서 누군가가 베푼 친절이 얼마나 도움이 되었는지를 생각하며 친절한 말과 행동이 큰 힘이 된다는 것을 깨닫고, 친구에게 친절한 말과 고마운 마음을 담아 글을 써 보도록 안내한다.

같이 읽으면 좋은 그림책

- 『친구에게』 김윤정 글·그림, 국민서관
- 『알사탕』 백희나 글·그림, 스토리보울
- 『친애하는 친구에게』 박소연 글, 뜬금 그림, 달리

국어 2학년 2학기 5단원 ①

63 낱말 릴레이

놀이 소개
문장이 적힌 종이를 가지고 와서 ( ) 안에 알맞은 낱말을 릴레이로 채우는 놀이

놀이 목표
① 서로의 생각이나 감정을 원활하게 소통하기 위해 바른 말을 사용할 수 있다.
② 바른 말을 알고 표현하면서 올바른 언어문화를 형성하고 의사소통 역량을 기를 수 있다.

그림책 소개
어린이날 놀이공원에 가기로 한 훈이는 맞춤법에 맞지 않은 일기를 쓴다. 엉터리 맞춤법으로 인해 훈이가 쓴 일기처럼 소동이 벌어지고, 훈이가 맞춤법을 다시 고치면서 모든 상황은 제자리로 돌아온다. 맞춤법에 맞지 않은 글로는 올바르게 의사소통할 수 없다는 사실을 통해 바른 말 사용의 중요성을 알려 주는 그림책이다.

『왜 맞춤법에 맞게 써야 돼?』
박규빈 글·그림, 길벗어린이

그림책을 읽고 나누기 좋은 질문

① 훈이가 바르게 쓰지 못한 낱말은 무엇인가요?
② 훈이가 맞춤법을 잘못 쓰면서 어떤 일이 벌어지나요?
③ 자기 때문에 어려움을 겪는 가족의 모습을 보면서 훈이 마음은 어땠을까요?
④ 헷갈리는 낱말은 무엇인가요?
⑤ 문장을 이상하게 써서 어려움을 겪은 적이 있나요?
⑥ 왜 맞춤법에 맞게 써야 하나요?

놀이 방법

준비물 ( ) 문장 카드

놀이 단계

1단계 ○× 놀이

그림책을 읽고 헷갈리는 낱말의 뜻에 대해 이야기를 나눈다. 헷갈리는 낱말을 ○×로 맞히는 놀이는 학생들의 어휘력과 맞춤법 능력을 향상시키는 활동이다. 교실 바닥에 선을 긋고 한쪽은 ○, 다른 쪽은 × 영역으로 나눈다. 교사가 헷갈리는 낱말의 올바른 표기 또는 틀린 표기를 제시하면 학생들은 자신이 생각하는 정답 영역으로 빠르게 이동한다. 올바른 표기라고 생각하면 ○ 영역, 틀린 표기라고 생각하면 × 영역으로 이동한다. 모든 학생이 위치를 선택하면 교사는 정답을 공개하고 해당 낱말의 올바른 사용법, 유사한 낱말의 차이점 등을 설명하거나 학생이 직접 설명할 수 있도록 한다. 이 과정에서 학생들은 낱말의 정확한 표기뿐 아니라 그 의미와 용법까지 자연스럽게 학습하게 된다.

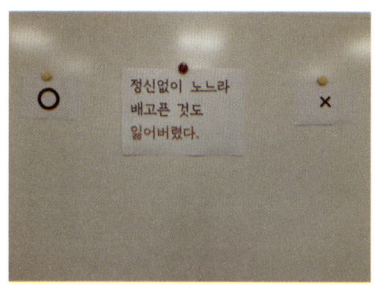 

○× 놀이 문장   ○× 놀이

2단계 낱말 릴레이

앞쪽 책상에 헷갈리는 낱말을 ( )로 넣어 쓴 문장 카드를 모둠원 수대로 뒤집어 놓는다. 모둠에서 차례대로 나와 종이를 가져가서 ( ) 안에 알맞은 낱말을 채워 넣는다. 20초의 시간을 주고 만약 시간 안에 맞히지 못하면 모둠원의 도움을 받을 수 있다. 문장이 완성되면 다음 사람이 종이를 가지고 와서 문제를 푼다. 모둠이 문제를 다 풀면 모둠별로 나와서 완성된 문장을 큰소리로 읽는다. 가장 빨리 정확하게 많이 맞힌 모둠이 승리한다.

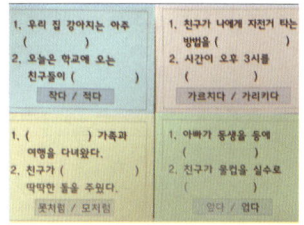  

문장 카드   문장 카드 쓰기   모둠별로 문장 큰소리로 읽기

한 걸음 더

헷갈리는 낱말을 충분히 배운 후 학생들이 만든 문장으로 ○× 놀이를 한다. 또, 헷갈리는 낱말을 빈 카드에 적고 낱말 뽑기를 하여 문장 만들기를 할 수도 있다. 문장을 완성한 후 친구들과 함께 올바른 문장과 잘못된 문장을 비교하여 왜 틀렸는지, 어떻게 고쳐야 하는지 이야기를 나눈다.

한 모둠이 맞춤법이 헷갈리는 낱말이 적힌 종이 조각을 숨겨 두고 다른 학생들이 주어진 시간 내에 종이를 찾아 문장을 완성하는 '맞춤법 보물찾기' 놀이도 할 수 있다. 이 놀이를 통해 맞춤법을 복습하는 동시에 탐험의 재미도 느낄 수 있어 집중력을 높이는 데 도움이 된다.

문장을 읽고 틀린 부분을 찾아 바르게 고치는 맞춤법 퀴즈 대회를 진행하고, 헷갈리는 낱말을 주제로 짧은 이야기를 만드는 것도 바른 말을 익히는 데 도움이 된다.

같이 읽으면 좋은 그림책

- 『왜 띄어 써야 돼?』 박규빈 글·그림, 길벗어린이
- 『울렁울렁 맞춤법』 이송현 글, 서정해 그림, 살림어린이
- 『도대체 뭐라고 말하지? : 일기 쓸 때 자꾸 틀리는 맞춤법』 이윤진 글, 신성희 그림, 한솔수북

64. 시간 속 모험! 이야기 순서 맞히기

국어 2학년 2학기 5단원 ②

놀이 소개

그림책 속 사건들을 일이 일어난 차례대로 순서를 맞히며 이야기의 흐름을 파악하는 놀이

놀이 목표

① 사건이 일어난 차례대로 이야기 활동을 하면서 이야기의 중심 내용을 파악할 수 있다.
② 언어 사용 맥락과 목적을 알고 표현하면서 의사소통 역량을 기를 수 있다.

그림책 소개

거미줄에 걸린 무당벌레와 무당벌레를 구할지 말지 고민하는 곰의 이야기를 담은 그림책이다. 무당벌레는 여러 번 곰에게 살려 달라고 부탁하는데 곰은 자연의 법칙을 이유로 거절한다. 하지만 같은 장소를 여러 번 지나면서 곰의 마음은 점차 변하게 된다. 시간의 흐름에 따라 이야기가 전개되며, 작은 선행이 큰 변화를 일으킬 수 있다는 것을 알게 해 준다.

『꽃을 선물할게』
강경수 글·그림, 창비

그림책을 읽고 나누기 좋은 질문

① 무당벌레는 왜 여러 번 곰에게 구해 달라고 부탁했나요?
② 곰은 왜 처음에 무당벌레를 구하지 않으려고 했나요?
③ 시간이 지나면서 곰의 마음은 어떻게 변했나요?
④ 곰이 무당벌레를 구해 준 후 어떤 변화가 일어났나요?
⑤ 여러분이 곰이라면 어떻게 했을 것 같나요?
⑥ 누군가를 도와준 경험이 있나요?

놀이 방법

준비물 빈 카드, A4 종이, 필기도구, 색칠 도구

놀이 단계

1단계 순서를 찾아라

그림책을 읽고 중요한 내용이 무엇인지 모둠별로 이야기를 나눈 후 4장의 카드에 시간대별로 중요한 내용을 각각 1~2문장으로 적는다. 문장을 적은 4장의 카드는 앞쪽 책상 위에 모둠별로 순서에 상관없이 놓는다. 1단계는 다른 모둠이 쓴 카드를 읽고 순서에 따라 이야기를 완성하는 놀이로, 먼저 순서를 맞힐 상대 모둠을 정한다.

모둠에서 한 명씩 차례대로 나와 순서에 맞는 카드를 찾아 시간 순서 틀에 붙인다. 이때 모둠과 논의하지 않고 붙이며, 다음 사람은 붙인 내용을 읽고 앞쪽 책상에서 다음 이야기 카드를 찾아서 붙인다. 만약 앞사람이 잘못 붙였을 경우 잘못 붙인 이전 카드의 다음 순서를 찾아 자신의 순서에 붙인다. 4장의 카드가 완성되면 모둠별로 나와서 붙인 순서대로 읽고 카드를 쓴 모둠은 순서가 맞았는지 확인해 준다.

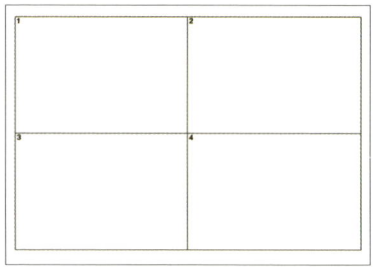
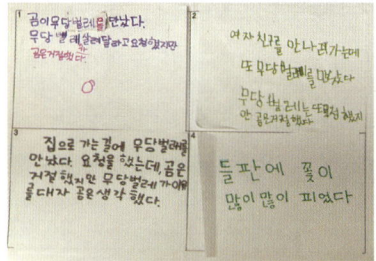

시간 틀   시간 순서대로 붙인 카드

2단계 시간 순서대로 뒷이야기 만들기

그림책에는 '아침', '점심', '저녁', '그리고 다시 봄'의 시간 순서대로 이야기가 전개되고, '몇 시간 후', '칠 년 동안', '올여름' 등 시간을 표현하는 낱말이 나온다. 학생들과 시간을 나타내는 낱말을 찾아보고 카드에 각각 적는다. 시간 표현 낱말 카드를 하나씩 뽑아 그 낱말이 들어간 문장을 넣어 뒷이야기를 만든다. 이때 무당벌레, 곰, 거미 등 등장인물을 중심으로 글을 쓴다.

시간 낱말을 넣어 뒷이야기 만들기

한 걸음 더

그림책의 결말을 바꿔 보는 활동을 한다. 예를 들어, 만약 곰이 처음부터 무당벌레를 구해 줬다면 어떻게 되었을지, 또는 다른 동물들이 등장하여 이야기의 흐름을 바꾸는 상상을 해 본다. 창의적인 사고를 키우며 이야기의 중요한 전개를 다시 한번 되새길 수 있다.

'어제', '몇 년 전' 등 과거의 시간을 나타내는 낱말을 찾아 그림책 이야기의 이전 내용을 글로 쓸 수 있다. 또 시간을 표현하는 낱말을 넣어 뒷이야기를 상상해서 글을 쓰고 모둠이나 학급 친구들의 글을 모두 모아서 읽는다. 쓴 글은 일이 일어난 차례대로 묶어서 또 하나의 그림책을 만들 수 있다.

그림책에 등장하는 동물들의 마음 상태에 대해 이야기를 나누고 대본을 작성해서 역할극을 해 볼 수도 있다.

같이 읽으면 좋은 그림책

- 『시작 다음』 안느 마르고 램스타인, 마티아스 아르귀 글·그림, 한솔수북
- 『팥죽 할멈과 호랑이』 박윤규 글, 백희나 그림, 시공주니어
- 『개구리네 한솥밥』 백석 글, 유애로 그림, 보림

국어 2학년 2학기 6단원 ①

65 미니 만화책 만들기

놀이 소개
그림책에 나오는 한 장면을 선택하여 작은 크기(풍선껌에 들어 있는 만화)의 만화책을 만들고, 완성된 만화책을 빠르게 펼쳐 가며 친구들에게 읽어 주는 놀이

놀이 목표
① 매체의 종류 중 만화의 특징을 이해하며 그림책을 읽을 수 있다.
② 인상적인 장면을 미니 만화책으로 만들 수 있다.

그림책 소개
만화 형식으로 된 그림책으로, 돌로 모든 것을 만들었던 시기인 '석기시대'의 생활 모습을 그린 상상력 가득한 이야기다. 돌로 만든 옷, 돌 이불, 돌 공을 차며 놀던 시절에 주인공은 좀 더 부드러운 것은 없을까 질문을 던진다. 그런 주인공 우가의 생각은 번번이 놀림감이 된다. 재치와 유머가 넘치는 이야기 속에서 도전 정신, 실험 정신을 가진 사람이 세상을 바꿀 수 있다는 사실을 알려 준다.

『석기 시대 천재 소년 우가』
레이먼드 브릭스 글·그림
문학동네

그림책을 읽고 나누기 좋은 질문

① 주인공 우가가 살던 시대는 언제인가요?

② 우가가 친구들에게 놀림을 받은 이유는 무엇인가요?

③ 돌로 된 이불은 어떤 점이 불편했나요?

④ 우가의 가족 중 우가의 말에 진심으로 귀를 기울여 준 사람은 누구인가요?

⑤ 여러분은 석기시대에 대해 어떤 사실을 알고 있나요?

⑥ 과거의 어떤 시대로 되돌아가서 살아 보고 싶은가요?

놀이 방법

준비물 색 도화지, 풀, 가위, 스테이플러, 사인펜이나 색연필

놀이 단계

1단계 매체(만화책)의 특성을 이해하고 인상 깊은 장면 고르기

적절한 그림책을 읽어 보면서 매체의 특징을 이해하는 단계이다. 그림책을 읽은 후 가장 재미있었거나 인상적인 장면을 개인별로 한 장면씩 고른다. 이 단계에서는 모둠별로 함께 의논하는 과정이 중요한데, 개인별로 고른 장면을 모둠원에게 보여 주며 의견을 나눈 후 만화책으로 만들어 보고 싶은 장면을 결정한다.

모둠별로 선택한 장면 예시

학생들이 고른 이 장면은 석기시대 아이들이 돌로 만든 공으로 놀이를 하는 장면이다. 즐겁게 놀고 있는 다른 친구들과는 달리 '공이 튀어 오르면 더 신나지 않을까?' 라는 생각을 하는 우가를 친구들이 놀리는 장면이다. 학생들은 석기시대 아이들이 노는 장면에 관심이 많았고, 다양한 놀이를 만들어 보고 싶어 했다.

2단계 모둠별로 도화지에 초안을 작성하고 미니 만화책 만들기

풍선껌 회사에서 풍선껌 사이에 작은 만화책을 끼워서 팔았던 시기가 있었다. 풍선껌도 먹고 시리즈로 나오는 작은 만화책을 읽을 수 있어 한때 인기가 많았다. 특히 이 만화책은 크기가 아주 작고, 가로로 길게 만들어져서 손으로 잡고 빠르게 펼쳐 보면 한 편의 영상처럼 보이는 효과도 있었다. 저학년의 경우 손바닥만 한 크기의 종이에 오밀조밀한 그림 그리기를 좋아하는 학생들이 많다. 그러므로 미니북 형식으로 만화책을 만들어 본다.

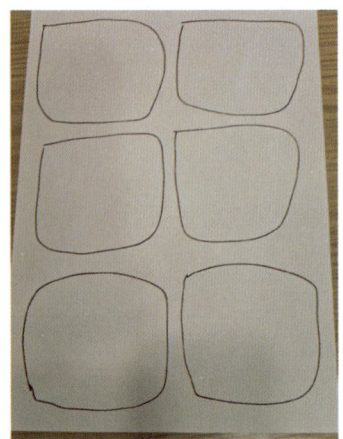

풍선껌 속 미니 만화책 예시   미니 만화책 초안 양식

그림책 속 인상적인 장면을 결정한 후 도화지에 4컷 또는 6컷 만화 스토리 초안을 만든다. 미니 만화책을 만들 때는 겉장과 장면 중 각자 선택하여 그린 후 모두 모아 왼쪽에 스테이플러로 박고 책을 완성한다. 완성된 책을 빠르게 펼쳐 가며 다른 모둠 친구들에게 읽어 준다. 가장 자연스럽게 연결되거나 재미있는 내용으로 만든 책에는 별 스

티커를 붙여 주어 '꼬마 만화가'로 선정한다.

 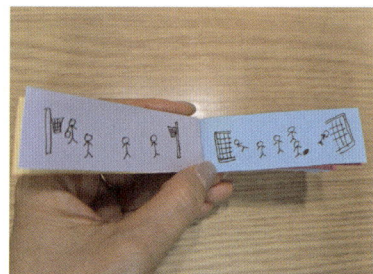

미니 만화책 만들기

한 걸음 더

가로로 긴 미니 만화책이므로 스토리 초안을 작성할 때 크기에 맞게 말풍선과 그림을 그릴 수 있도록 안내한다. 또한 만화책을 읽을 때 페이지를 천천히 넘기면서 볼 수도 있지만, 한쪽 끝을 잡고 빠르게 넘기면 마치 만화영화처럼 보인다. 이런 효과를 경험하기 위해서는 등장인물이 같아야 하고, 내용이 이어져야 함을 안내하고, 적절한 예시 작품을 많이 보여 주도록 한다. 만화영화를 제작할 때도 같은 과정을 거친다는 것을 학생들이 이해하도록 한다.

같이 읽으면 좋은 그림책

- 『깊은 밤 부엌에서』 모리스 샌닥 글·그림, 시공주니어
- 『호랭떡집』 서현 글·그림, 사계절
- 『달리다 보면』 김지안 글·그림, 웅진주니어

66 당연하지! 놀이

국어 2학년 2학기 6단원 ②

놀이 소개
여러 매체중 1가지를 선택하여 그 매체의 장단점을 알아본 다음 2명이 서로 마주 보고 번갈아 가며 매체의 장점에 대해 이야기하다가 자신의 차례에 장점을 말하지 못하면 지는 놀이

놀이 목표
① 인형극, 만화, 영상 자료, 컴퓨터, 신문 등 매체의 종류를 알 수 있다.
② 매체의 장단점을 알고 문장으로 표현할 수 있다.

그림책 소개
디지털 시대에 책의 중요성을 알아볼 수 있는 그림책이다. 최첨단 전자 기기가 점점 많아지는 시대에 우리에게 소박한 즐거움을 주는 책의 가치는 점점 잊혀 간다. 이 그림책은 컴퓨터와 책을 비교하면서 서로 어떤 장단점이 있는지 자연스럽게 알도록 한다. 이 그림책을 통해 '책'은 충분한 시간을 가지고 이야기의 속도와 호흡을 독자 자신에게 맞게 조절하며 내용에 집중할 수 있는 좋은 매체임을 알 수 있다.

『그래, 책이야!』
레인 스미스 글·그림, 문학동네

그림책을 읽고 나누기 좋은 질문

① 동키가 몽키에게 물어본 것은 무엇인가요?
② 컴퓨터와 책 중 블로그를 할 수 있는 것은 무엇인가요?
③ 컴퓨터의 장점은 무엇인가요?
④ 컴퓨터와는 다르게 책이 가진 장점은 무엇인가요?
⑤ 동키는 왜 몽키에게 책을 돌려주지 않았나요?
⑥ 여러분은 컴퓨터와 책 중 무엇을 더 이용할 생각인가요? 그 이유는 무엇인가요?

놀이 방법

준비물 매체 장점 활동지, 빈 의자 2개

놀이 단계

1단계 여러 매체 중 1가지 선택하여 장점 알아보기

먼저 다양한 매체의 종류를 알아본다. 여러 매체 중 텔레비전, 컴퓨터, 책, 스마트폰 등 학생들이 주로 이용하는 매체를 선정하여 각각의 장점과 단점을 브레인스토밍으로 찾아본다. 그중 1가지를 선택하여 장점을 활동지에 적는데, 되도록 많은 장점을 찾아볼 수 있도록 시간을 충분히 준다. 개인별로 활동지를 작성한 후 짝과 함께 놀이를 준비한다.

다양한 매체의 장점 알아보기	
텔레비전	컴퓨터
·뉴스, 사건 등 정보를 준다. ·빠르게 정보를 알 수 있다. ·다른 나라의 사건 사고를 알 수 있다. ·드라마, 스포츠, 예능 등을 볼 수 있다. ·가족, 친구와 함께 즐길 수 있다. ·어린이들에게 좋은 교육 프로그램을 제공한다.	·많은 데이터를 신속하게 처리한다. ·문서 작성, 그래픽 디자인, 프로그래밍, 영상 편집 등 다용도로 활용이 가능하다. ·인터넷을 통해 전 세계의 정보를 얻을 수 있다. ·전자책, 학술 자료 등 다양한 학습 자료를 제공한다.

·역사, 과학, 사회, 언어 등 많은 정보를 알 수 있다. ·어린이부터 노인까지 다양한 연령대와 계층이 이용 가능하다. ·리모컨으로 간단히 원하는 콘텐츠를 선택할 수 있다.	·이메일, 영상통화 등 멀리 있는 사람과 연락을 주고받을 수 있다. ·게임을 하거나 영화를 볼 수 있다. ·AI를 활용해 시간과 비용을 절약할 수 있다. ·디자인, 음악 제작, 영상 제작 등을 할 수 있다. ·교육 및 학습 도구, 온라인 강의 등을 들을 수 있다.
책	스마트폰
·기기 화면의 빛이 없어 눈이 피로하지 않는다. ·손으로 책장을 넘기며 읽는 촉각적 경험을 할 수 있다. ·책을 읽고 토론하거나 책을 빌려 읽는 즐거움이 있다. ·시간이 지나도 불편함 없이 다시 읽을 수 있다. ·책을 모으는 것을 취미로 개인 서재를 만들 수도 있다. ·배터리나 인터넷 연결이 필요하지 않다. ·중요한 내용을 밑줄 긋거나 메모할 수 있다. ·책의 감촉, 무게, 잉크 냄새 등의 요소가 주는 만족감이 있다. ·중고책 기부를 통해 더 많은 사람들에게 즐거움을 준다.	·전화, 문자를 주고받을 수 있다. ·카메라를 사용하여 풍경이나 사진을 찍을 수 있다. ·음악도 듣고, 게임도 하고, 영상 뉴스도 볼 수 있다. ·가벼워서 들고 다니기가 편하다. ·시간과 장소에 구애받지 않고 사용 가능하다. ·전자 상거래 및 결제도 가능하다. ·GPS를 통해 현재 위치를 공유하거나 구조 요청이 가능하다. ·뉴스 알림이나 긴급 안내 경고도 받을 수 있다. ·다양한 학습 기회를 제공한다.

2단계 서로 마주 보고 앉아 번갈아 가며 매체의 장점 이야기하기

자신이 선택한 매체의 장점을 쓴 종이를 가지고 2명씩 서로 마주 보고 의자에 앉는다. 가위바위보를 하여 이긴 사람이 먼저 매체의 장점 1가지를 이야기한다. 진 사람은 상대방이 매체의 장점을 바르게 이야기했다면 "당연하지!"라고 말해 준다.

이 과정을 반복하여 주고받다가 장점을 더 이상 말하지 못하면 놀이가 끝나고 마지막까지 장점을 말하는 쪽이 놀이에서 이긴다.

```
종이책의 좋은 점
                                    (  )학년 (  )반 (    )
1. 배터리나 인터넷 연결이 필요하지 않는다.
2. 중요한 내용을 밑줄 긋거나 메모할 수 있다.
3. 책의 감촉, 무게, 잉크 냄새 등의 요소가 주는 만족감이 있다.
4. 중고책 기부를 통해 더 많은 사람들에게 즐거움을 준다.
5. 시간이 지나도 다시 읽을 수 있다.
6. 책을 모으는 것을 취미로 개인 서재를 만들 수도 있다.
```

매체의 장점을 적은 학습지

한 걸음 더

매체의 종류를 지도할 때 학생들에게 친숙한 매체를 선정할 필요가 있다. 초등학교 저학년이 주로 사용하는 텔레비전이나 책을 위주로 하되 컴퓨터, 스마트폰으로 확장하여 학생들이 매체의 장단점을 알고, 한쪽에 치우치지 않고 적당히 조절해서 사용해야 함을 자연스럽게 알게 한다. 매체를 지도할 때 '좋다', '나쁘다'의 개념이 아닌 용도에 맞게 잘 선택해서 활용하는 것이 무엇보다 중요함을 지도한다.

같이 읽으면 좋은 그림책

- 『책 먹는 여우』 프란치스카 비어만 글·그림, 주니어김영사
- 『텔레비전이 고장 났어요!』 이수영 글·그림, 책읽는곰
- 『포니』 김우영 글·그림, 팜파스

67 소음 괴물 잡기

국어 2학년 2학기 7단원 ①

놀이 소개

주변에서 발생하는 다양한 소리를 듣기 좋은 소리와 나쁜 소리로 구분하고, 몸으로 표현하면서 나쁜 소리인 소음 괴물을 줄이는 방법을 알아 가는 놀이

놀이 목표

① 글쓴이의 생각을 파악하며 주변에서 발생하는 다양한 소리에 대해 인식할 수 있다.
② 일상생활에서 소음 줄이기 실천 태도를 기를 수 있다.

그림책 소개

감각공해 중 하나인 '소음공해'에 대해 총체적으로 다루고 있으며, 학생들이 이해하기 쉽도록 친절한 설명과 생생한 그림으로 구성되어 있다. '국제 소음 방지의 날'을 소개하며, 소음 문제에 대한 인식을 높이고 실천 방안을 제시하고 있다.

『시끌시끌 소음공해 이제 그만!』
정연숙 글, 최민오 그림
와이즈만북스

그림책을 읽고 나누기 좋은 질문

① 소리와 소음의 차이는 무엇인가요?
② 우리 주변에서 들을 수 있는 좋은 소리와 나쁜 소리(소음)는 어떤 것들이 있나요?
③ 소음은 사람들에게 어떤 영향을 미칠까요?
④ '국제 소음 방지의 날'에는 어떤 활동을 하나요?
⑤ 집이나 학교에서 발생하는 소음에는 어떤 것들이 있나요?
⑥ 소음을 줄이기 위해 일상생활에서 실천할 수 있는 방법에는 무엇이 있나요?

놀이 방법

준비물 다양한 소리 파일, '소음 괴물' 카드, '좋은 소리' 카드

놀이 단계

1단계 소리를 분류하여 몸으로 표현하기

학생들은 그림책을 읽고 소리를 분류하고 몸으로 표현하는 활동을 한다. 이 놀이의 목적은 학생들이 다양한 소리를 듣고 그것이 좋은 소리인지 나쁜 소리(소음)인지 판단하는 능력을 기르는 것이다. 먼저 교사는 책에 나온 다양한 소리나 일상생활에서 흔히 들을 수 있는 소리를 녹음하거나 준비한다. 교사가 준비한 소리를 들려주면, 학생들은 그 소리가 좋은 소리인지 나쁜 소리인지 판단하여 몸으로 표현한다.

들리는 소리에 대한 느낌을 몸으로 표현하는 것으로, 좋은 소리라고 생각하면 부드럽거나 아름다운 몸동작 등 긍정적인 동작을 취한다. 반대로 나쁜 소리라고 판단하면 귀를 막는 동작을 하거나 얼굴을 찌푸리는 등 부정적인 표현을 한다. 몸으로 표현하는 활동이 끝난 후 왜 그 소리가 좋은 소리 또는 나쁜 소리라고 생각했는지, 같은 소리에 대해 다른 반응을 보였으면 그 이유가 무엇인지 등을 이야기한다.

듣기에 좋은 소리를 몸으로 표현   듣기에 나쁜 소리를 몸으로 표현

2단계 소음 괴물 잡기

'소음 괴물 잡기' 놀이는 모든 학생이 참여하며 소음 문제와 해결책에 대해 창의적으로 생각해 볼 수 있는 활동이다. 이 놀이를 위해서는 소음 괴물 카드와 좋은 소리 카드가 필요하다. 카드 수는 학급 인원수에 맞춰 소음 괴물 카드 1/2, 좋은 소리 카드 1/2 정도의 비율로 준비한다.

놀이는 먼저 모든 학생에게 무작위로 카드를 1장씩 나눠 주는 것으로 시작한다. 학생들은 자신의 카드를 확인한 후 다른 사람에게 보여 주지 않는다. 그다음 교사가 음악을 틀면 학생들은 교실을 자유롭게 돌아다닌다. 음악이 멈추면 학생들은 서로의 카드를 확인하며 서로 다른 카드를 가진 학생과 짝을 짓는다. 이때 자신이 소음 괴물 카드를 가지고 있다는 것을 몸으로 표현해서 다른 학생들이 알게 해도 좋다.

짝과 만난 후 소음 괴물 카드를 가진 학생은 그 소음을 목소리나 신체를 이용해 소리로 표현한다. 단, 너무 크게 내지 않도록 주의한다. 좋은 소리 카드를 가진 학생은 이 소리를 듣고 어떤 소음인지 맞혀야 한다. 소음을 맞히면 두 학생은 함께 이 소음을 줄일 수 있는 해결책을 생각하여 이야기한다. 해결책을 잘 말하면 서로 카드를 바꾸고 다른 학생들을 만난다. 이때 교사는 다시 음악을 틀어 주고 다른 카드의 학생을 만날 수 있도록 한다.

활동이 모두 끝나면 학생들은 제자리로 돌아와 소음 괴물을 잡기 위해 '개인이 할 수 있는 것', '함께 해야 하는 것', '학교에서 해야 하는 것' 등의 해결책을 다시 한번 이야기하며 실천 의지를 갖는다.

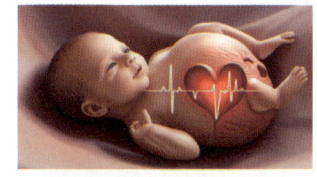

'소음 괴물' 카드와 '좋은 소리' 카드

한 걸음 더

'소음 지도 만들기' 활동은 학생들이 직접 동네를 돌아다니며 소리를 듣고 관찰하여 소음 수준을 시각화하는 활동이다. 이 활동을 위해서는 동네의 간단한 지도와 색연필 또는 스티커가 필요하다. 교사는 학생들에게 동네 지도를 나눠 준다. 학생들은 교사와 함께 지도에 표시된 여러 장소를 돌아다니며 직접 소리를 듣고 소음 수준을 판단한다. 각 장소의 소음 정도를 색깔이나 스티커로 지도에 표시한다. 예를 들어, 빨강은 매우 시끄러운 곳, 노랑은 보통인 곳, 초록은 조용한 곳으로 구분할 수 있다. 활동이 끝나면 완성된 소음 지도를 공유하고 서로 비교하며 가장 시끄러운 곳과 조용한 곳, 그 이유에 대해 이야기 나눈다. 시끄러운 곳의 소음을 줄일 수 있는 방법을 함께 이야기하며 소음 문제의 원인과 해결책에 대해 생각해 볼 수 있다.

같이 읽으면 좋은 그림책
- 『소음공해』 오정희 글, 조원희 그림, 길벗어린이
- 『901호 띵똥 아저씨』 이욱재 글·그림, 노란돼지
- 『층간소음의 비밀』 변정원 글·그림, 보림

68 두 개의 주사위를 굴려라

국어 2학년 2학기 7단원 ②

놀이 소개
상황에 대한 정지 장면으로 생각을 정리하고, 2개의 주사위를 굴려 주사위가 제시하는 상황에 맞는 글을 쓰는 놀이

놀이 목표
① 책의 내용을 깊이 이해하고 상황을 몸으로 표현할 수 있다.
② 상황에 맞는 적절한 글쓰기 능력을 향상시킬 수 있다.

그림책 소개
이 가족은 겉으로는 즐겁고 행복해 보이지만, 실제로는 공공장소에서 지켜야 할 규칙을 무시하고 다른 사람들에게 불편을 끼치는 행동을 한다. 공공질서의 중요성과 타인을 배려하는 태도에 대해 생각해 볼 기회를 제공하는 그림책이다.

『행복한 우리 가족』
한성옥 글·그림, 문학동네

그림책을 읽고 나누기 좋은 질문

① 소연이네 가족의 행동으로 인해 다른 사람들은 어떤 기분이 들었나요?
② 공공장소에서 지켜야 할 규칙에는 어떤 것들이 있나요?
③ 여러분이 소연이라면 부모님께 어떤 말씀을 드리고 싶나요?
④ 우리 가족이 공공장소에서 지키고 있는 좋은 습관은 무엇인가요?
⑤ 행복한 가족이란 어떤 가족일까요?
⑥ 다른 사람을 배려하는 행동에는 어떤 것들이 있나요?

놀이 방법

준비물   장소 주사위, 숫자 주사위, 보드판

놀이 단계

1단계 상황에 대한 정지 장면 만들기

그림책을 읽은 후 모둠을 나누고, 각 모둠은 그림책에서 가장 인상 깊거나 중요하다고 생각하는 장면을 자율적으로 선택한다. 이때 교사는 각 모둠이 서로 다른 장면을 선택하도록 유도하여 다양한 상황이 다뤄질 수 있게 한다.

모둠원은 선택한 장면을 몸으로 표현하는 정지 장면을 만든다. 각자 책 속 인물의 역할을 맡아 그 인물의 표정과 자세를 정확히 표현하도록 한다. 준비가 끝나면 한 모둠씩 나와 정지 장면을 보여 주고, 다른 모둠의 학생들은 이 장면이 책의 어느 부분인지, 어떤 상황인지 맞히는 시간을 갖는다. 맞히는 과정에서 학생들은 단순히 장면을 언급하는 것이 아니라, 그 장면에서 일어나고 있는 상황과 등장인물들의 행동, 그리고 그것이 왜 문제가 되는지에 대해 설명해야 한다. 모든 모둠이 장면을 보여 주고 맞히는 과정이 끝나면, 교사는 각 장면에 대해 간단히 정리하며 공공질서와 배려의 중요성에 대해 학생들과 토론한다.

그림책 상황에 대한 정지 장면 만들기

2단계 2개의 주사위를 굴려라

　이 놀이는 공공장소에서의 예절을 놀이로 익히며 자신의 생각을 글로 쓰는 활동이다. 놀이를 위해서는 2개의 주사위와 보드판이 필요하다. 첫 번째 주사위는 공공장소를 나타내는 주사위로, 각 면에 미술관, 공연장, 공원, 마트, 식당, 엘리베이터가 적혀 있다. 두 번째 주사위는 숫자 주사위다. 보드판은 각 공공장소에 대한 예절을 적을 수 있는 칸들로 구성되어 있다.

　학생들은 둘씩 짝을 지어 순서를 정하고 서로 번갈아 가며 2개의 주사위를 동시에 던진다. 숫자가 높게 나온 학생이 공공장소 주사위에 나온 장소에 대한 예절을 말하고 보드판에 적을 수 있다. 예를 들어, 공공장소 주사위에서 '식당'이 나왔다면 "식당에서 돌아다니지 않아요."와 같은 예절을 말하고 보드판에 적는다. 할 때마다 새로운 장소의 예절을 적어야 하므로 이전과 같은 장소의 주사위가 나오면 상대방에게 기회가 넘어간다. 이러한 활동을 통해 학생들은 공공장소에 따른 다양한 예절을 생각해 낼 수 있다. 보드판의 모든 칸을 먼저 채우는 학생이 승리한다. 놀이가 끝난 후, 학생들과 놀이에서 나왔던 공공장소에서의 예절을 확인하고 이야기를 나눈다.

 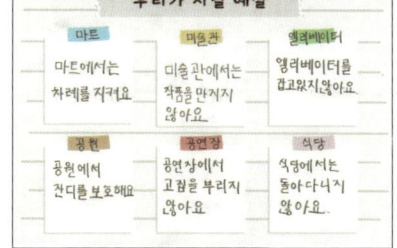

2개의 주사위 굴리기   보드판에 적은 공공장소 예절

한 걸음 더

이 놀이의 확장 활동으로 '예절 카드 만들기' 활동을 할 수 있다. 각 학생에게 2~3장의 카드 용지와 색연필, 사인펜 등을 나눠 준다. 학생들은 『행복한 우리 가족』 그림책에서 배운 내용을 바탕으로 공공장소에서 지켜야 할 예절을 2~3가지 선택한다. 카드의 앞면에는 선택한 예절을 실천하는 모습을 그림으로 그리고, 뒷면에는 해당 예절에 대한 설명을 간단히 적는다. 예를 들어, 앞면에 도서관에서 조용히 책을 읽는 모습을 그리고, 뒷면에 "도서관에서는 다른 사람을 배려하여 조용히 해야 해요."라고 쓸 수 있다. 완성된 카드는 모두 모아 공공장소별로 분류하고 묶어서 학급 예절 책을 만들 수 있다. 이 활동을 통해 학생들은 예절에 대해 깊이 생각하고, 창의적으로 표현하며, 다른 친구들의 아이디어도 배울 수 있는 기회를 갖게 된다.

같이 읽으면 좋은 그림책

- 『너에게 주는 말 선물』 이라일라 글, 서영 그림, 파스텔하우스
- 『몰리 선생님의 친절한 예절 학교』 제임스 맥클레인 글, 로지 리브 그림, 어스본코리아
- 『나는 예절을 지켜요』 다카하마 마사노부 글, 하야시 유미 그림, 피카주니어

국어 2학년 2학기 8단원 ①

69 가위바위보 꼬리 대결

놀이 소개
자신의 경험을 반영하여 바꾼 가사로 노래를 부르다가 호루라기 소리를 들으면 멈춰서 친구와 가위바위보를 하고, 진 친구가 이긴 친구 뒤에 서는 방식으로 계속해서 꼬리를 이어 만드는 놀이

놀이 목표
① 겪은 일을 노래로 표현할 수 있다.
② 노래를 듣고 자신의 경험을 노랫말로 바꿀 수 있다.

그림책 소개
길을 가던 도깨비가 주운 바늘에서 낚시로, 낚시에서 잉어로, 잉어에서 가마솥으로 꼬리에 꼬리를 물고 이어지는 이야기를 담고 있다. 전래동요에 이야기를 붙여 새롭게 탄생하였으며, 반복되는 문장 구조와 의문형 어미를 통해 운율을 느낄 수 있다.

『길로 길로 가다가』
권정생 글, 한병호 그림
한울림어린이

그림책을 읽고 나누기 좋은 질문

① 도깨비는 길에서 무엇을 주웠나요?
② 도깨비가 길을 가다가 어떤 일을 겪었는지 순서대로 말해 볼까요?
③ 도깨비는 어떤 성격인 것 같나요?
④ "길로 길로 가다가"라는 말이 반복되는 이유는 무엇인가요?
⑤ 도깨비는 잉엇국을 누구와 함께 왜 나누어 먹었나요?

놀이 방법

준비물   활동지, 호루라기

놀이 단계

1단계 겪은 일을 떠올리며 가사 바꾸기

그림책 속에서 도깨비가 겪은 일들을 순서대로 살펴보고, 도깨비처럼 길을 가다가 겪은 일을 떠올려 본다. '길로 길로 가다가' 노래 속에서 어떤 부분의 가사를 바꾸고 싶은지 학생들과 이야기를 나눈다. 노랫말 전체를 바꾸어 쓰는 것을 어려워하는 학생들에게는 일부 단어라도 바꾸어 쓰게 하여 창작의 즐거움을 느끼게 한다. 2명이 짝이 되어 이야기를 나누며 자신의 경험을 담아 가사를 바꾸어 활동지의 빈칸을 채워 본다.

교사	빈칸에 어떤 내용을 넣으면 좋을까요? 길을 걷다가 경험했던 일을 떠올리며 가사를 바꿔 봅시다.
학생 1	길을 가다가 겪은 일 중에서 기억나는 일이 있어?
학생 2	짝꿍인 민준이를 만났어.
학생 1	민준이와 무엇을 했어?
학생 2	달리기 경주를 했어.
학생 1	달리기 경주는 왜 했어?
학생 2	누가 더 빠른지 보려고.

학생 1   누가 더 빠른지 보고 나서 어떻게 했어?

학생 2   진 사람이 아이스크림을 샀어.

길로 길로 가다가	→	(민준이와) 뭐할까	→	(달리기해서) 뭐할까	→	(누가 빠른지 봐서) 뭐할까
(민준이를 만났네.)		(달리기를 해야지.)		(누가 빠른지 봐야지.)		(아이스크림 사야지.)

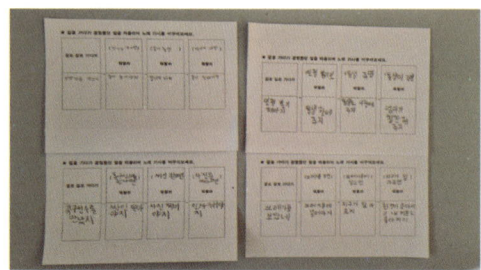

2단계 4박자 리듬 익히기

학생들은 친구들과 함께 주어진 노래의 가사를 부르며 4박자 리듬 연습을 한다. '길로 길로' 가사에서는 박수를 두 번 치고, '가다가' 가사에서는 교사와 전체 학생이 가위바위보를 한다. 리듬에 익숙해지면 '길로 길로' 가사에서는 두 걸음 움직이고, '가다가' 가사에서는 반 친구들끼리 가위바위보 놀이를 한다. 마지막으로 '길로 길로 가다가' 가사에서는 네 걸음 움직이고, '바늘 하나 주웠네' 가사에서는 박수를 두 번 치고 가위바위보를 한다. 이 활동을 통해 학생들은 자연스럽게 가사를 바꾼 노래를 부르며 리듬을 익힐 수 있다.

3단계 가위바위보 꼬리 대결

학생들은 가사를 바꾼 노래(1단계)를 부르며 리듬에 맞춰 움직인다. 예를 들어, "길로 길로 가다가 친구를 만났네."처럼 자신이 바꾼 가사로 노래를 부르며 박자에 맞추어 8걸음을 움직인다. 노래를 계속 부르며 리듬에 맞춰 움직이다가 교사가 호루라기를 불면 노래를 멈추고 가까이 있는 친구를 터치한 후 가위바위보를 한다. 진 친구는 이긴 친구 뒤에 서서 꼬리가 된다. 꼬리가 된 친구는 가위바위보를 할 수 없으며, 맨 앞에 있는 친구만 가위바위보를 할 수 있다. 이렇게 계속해서 가위바위보를 진행하며 진 친구는 이긴 친구 뒤에 선다. 모든 학생들이 하나의 긴 꼬리를 만들면 놀이는 끝난다.

한 걸음 더

단순히 '길로 길로 가다가' 가사에서 시작하는 것이 아니라, 특정 주제(예 : 여행, 음식, 꿈)에 맞춰 가사 전체를 바꿔 부르는 것도 가능하다. 노랫말을 바꾸어 쓸 때 원래 노래 가사와 글자 수가 똑같은 낱말로 바꾸어 쓰려는 학생들이 많다. 글자 수가 원래 노래와 같으면 노래를 더 쉽게 부를 수 있겠지만, 이 놀이에서는 노래 부르는 것보다 낱말을 자유롭게 선택하여 가사를 바꾸는 것이 더 중요하므로 글자 수에 구애받지 않도록 한다.

같이 읽으면 좋은 그림책

- 『꼭꼭 숨어라』 전래동요, 지 기미코 그림, 북뱅크
- 『잘잘잘 123』 이억배 그림, 사계절
- 『모두 다 꽃이야』 류형선 글, 이명애 그림, 풀빛

70 이야기 도둑

국어 2학년 2학기 8단원 ②

놀이 소개
주사위에 그려진 그림에 따라 이야기 이어 가기, 다른 학생으로부터 이야기 카드 가져오기, 새로운 카드 뽑기, 이야기 마무리하기 등의 활동을 하며 자연스럽게 이어질 이야기를 만드는 놀이

놀이 목표
① 이야기의 흐름을 생각하며 이어질 이야기를 상상할 수 있다.
② 상상한 이야기를 통해 이야기 속 삶을 어떻게 바라보는지 이해할 수 있다.

그림책 소개
폭풍우 치는 밤, 빈 집에 낯선 손님이 찾아오면서 벌어지는 이야기다. 어린 여우 삼 남매가 낯선 손님을 통해 두려움을 극복하고 용기와 따뜻한 마음을 배우는 과정을 그리고 있다. 낯선 손님이 집에 나타나면서 발생하는 긴장감 넘치는 전개를 통해 학생들의 상상력을 자극하여 뒷이야기를 재미있게 만들 수 있다.

『빈 집에 온 손님』
황선미 글, 김종도 그림, 비룡소

그림책을 읽고 나누기 좋은 질문

① 폭풍우 치는 밤, 빈 집에 누가 찾아왔나요?
② 덩치가 어떤 인물이라고 생각하나요?
③ 덩치가 문을 다시 두드렸을 때 금방울의 마음은 어땠나요?
④ 금방울은 덩치가 누구인지 알게 되었을 때 어떤 느낌이 들었나요?
⑤ 그림을 보면서 주인공이 겪은 일들을 차례대로 이야기해 볼까요?
⑥ 만약 다른 낯선 손님이 찾아온다면, 어떤 이야기가 펼쳐질까요?

놀이 방법

준비물 이야기톡 보드게임, 이야기 속 주요 장면 그림 카드 혹은 내용 설명 카드(칠판에 붙일 발표용 큰 사이즈, 학생들 활동용 작은 사이즈), 주사위

놀이 단계

1단계 일이 일어난 순서 배열하기

교사는 학생 4명을 한 모둠으로 구성하여 이야기 속 주요 장면들을 그림 카드 또는 내용 설명 카드로 제시한다. 이후 모둠별로 협력하여 그림 카드 또는 내용 설명 카드를 이야기의 흐름에 맞게 순서대로 배열한다. 학생들은 각 장면에서 등장인물들이 어떤 감정을 느꼈을지 이야기를 나누며, 왜 그 순서가 바르다고 생각하는지 이유를 설명한다. 각 모둠은 자신들이 맞춘 순서대로 그림 카드를 칠판에 붙이고, 다른 모둠에게 설명한다.

처음에는 카드의 수를 적게 하여 난이도를 낮추고, 익숙해지면 카드 수를 늘려 나가 학생들의 이야기를 모두 연결하면 전체 그림책의 내용이 나올 수 있도록 한다.

심화 버전으로 '움직이는 순서 배열하기 카드놀이'를 진행할 수도 있다. 그림책 전체의 흐름을 파악할 수 있도록 많은 카드를 준비하고(약 10~15장) 학생들에게 카드를 1장씩 나누어 준다. 학생들은 자신의 카드를 들고 교실을 돌아다니며 이야기의 흐름에 맞는 짝을 찾는다. 짝을 찾으면 서로의 카드를 비교하고 이야기의 순서를 함께 맞혀 본

다. 모든 학생이 짝을 찾았다면 카드 순서대로 줄을 선다. 줄을 선 순서대로 그림 카드를 칠판에 붙이고, 전체적인 이야기 흐름을 확인한다. 이러한 활동을 통해 학생들은 전체 이야기 흐름을 파악함으로써 그림책에 대한 이해도를 높일 수 있다.

 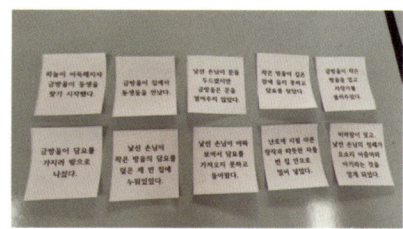

2단계 뒷이야기 이어 말하기

2단계에서는 이야기톡 카드를 활용하여 그림책의 뒷이야기를 상상하고 만들어 본다. 먼저, 가운데에 이야기 속 주요 장면 그림 카드 또는 내용 설명 카드 더미를 모아 엎어 둔다. 이후 학생들에게 이야기톡 카드를 4~5장씩 나누어 주고, 남은 이야기톡 카드와 결말 카드는 가운데 놓는다. 가위바위보를 하여 순서를 정한 후, 첫 번째 학생이 이야기 속 주요 장면 그림 카드 또는 내용 설명 카드 더미 맨 위 카드를 1장 뽑아 내용이 보이도록 놓는다. 모든 학생은 자신이 가지고 있는 이야기톡 카드를 살펴보고, 그림책 내용과 이어질 수 있는 카드를 선택하여 바닥에 내려놓으며 이어질 이야기를 만든다. 이야기톡 카드에는 다양한 상황, 인물, 사물 등이 그려져 있기 때문에 이어질 이야기를 자연스럽게 만들 수 있다. 더 이상 이야기를 자연스럽게 만들어 나가기 어려운 경우, 가운데 놓인 이야기톡 카드 더미에서 1장을 뽑아 이야기를 이어 가거나 결말 카드를 1장 뽑아 이야기를 마무리한다.

이 활동이 익숙해지면 모든 이야기톡 카드를 모아 하나의 카드 더미로 만들고, 이야기톡 카드를 차례대로 1장씩 뒤집으며 즉흥적으로 이야기를 만들 수도 있다. 학생들은 이야기를 들으며 원래의 이야기와 친구들 혹은 자신의 이야기를 비교해 본다. 이후 인물의 성격과 특성을 잘 고려하여 사건의 흐름에 맞게 자연스럽게 이야기를 잘 만들었는지 확인한다.

3단계 이야기 도둑 놀이하기

먼저 학생들은 이야기톡 카드를 5장씩 나누어 가지고, 1단계에서 사용한 카드, 찬스 카드, 결말 카드 더미를 가운데 둔다. 1단계에서 사용한 카드를 각자 1장씩 뽑아 자기 앞으로 가져간 후 가위바위보를 하여 순서를 결정한다. 이후 순서대로 자신의 차례가 되면 주사위 1개를 던지고, 주사위에 그려진 그림에 따라 다음과 같은 행동을 한다.

① 이야기 만들기(TALK) : 자신이 가진 카드 중 시작 카드와 연결하여 이야기를 만들 수 있는 이야기톡 카드를 낸다. 이야기가 자연스럽게 연결된다면 한 번에 여러 장의 카드를 낼 수 있다.

② 도둑 : "이야기 도둑!"을 외치고 다른 참가자가 낸 카드 중 하나를 훔쳐 자신의 이야기에 연결한다. 훔쳐 갈 카드는 랜덤으로 정할 수 있다.

③ 찬스(CHANCE) : 찬스 카드를 사용한다. 찬스 카드는 접속어나 새로운 키워드를 사용하여 이야기의 흐름을 바꾸는 다양한 효과를 가지고 있다.

④ 결말(THE END) : 이야기 결말 카드를 낸다. 결말 카드를 낸 사람은 이야기를 사건의 흐름에 맞게 자연스럽게 마무리하고, 팀원 모두가 동의하면 추가 점수를 얻는다.

이야기가 자연스럽게 연결되지 않거나 규칙에 어긋나는 행동을 하면 카드를 내려놓지 못하고 다음 차례로 넘어간다. 모든 카드를 내려놓거나 일정 시간이 지나면 게임을 종료하고, 가장 많은 카드를 가진 사람이 승리한다.

한 걸음 더

　이야기를 만들 때는 앞뒤 내용을 잘 연결하여 자연스러운 이야기를 만드는 것에 초점을 맞추어야 한다. 이야기를 상상하기 어려워하는 학생이 있을 때는 이야기 요소(인물, 사건, 배경)를 중심으로 이야기를 상상할 수 있도록 안내한다. 어떤 이야기의 요소를 떠올려야 할지 어려워하는 학생들에게는 예시 자료를 제시하여 이야기를 만들어 나가도록 한다.

같이 읽으면 좋은 그림책
- 『슈퍼 토끼』 유설화 글·그림, 책읽는곰
- 『봉지공주와 봉투왕자』 이영경 글·그림, 사계절
- 『그들은 결국 브레멘에 가지 못했다』 루리 글·그림, 비룡소

· 그림책사랑교사모임 발간 그림책 ·

잠깐만
이팅 리 글·그림, 그림책사랑교사모임 옮김

'토끼와 거북이'를 함께 보고 읽으며 우리 아이 MBTI 유형을 알고, 아이와 함께 독후활동을 할 수 있도록 질문지와 학습지를 제공한다.

할 수 있어, 클로버!
홀리 휴즈 글, 닐라 아예 그림, 그림책사랑교사모임 옮김

아이의 자존감을 키워주는 성장 그림책 첫 번째 이야기. 변화를 싫어하거나 주저하는 애벌레 클로버는 무사히 나비가 될 수 있을까요?

발표는 어려워!
이팅 리 글·그림, 그림책사랑교사모임 옮김

아이의 자존감을 키워주는 성장 그림책 시리즈 두번째 이야기. 수줍음이 많고 말이 잘 나오지 않는 수지와 로봇 친구 아놀드는 무사히 '반짝반짝 소중한 보물 발표 시간'을 마칠 수 있을까요?

어서와! 특별 보라 학교에 온 걸 환영해!
크리스틴 벨·벤자민 하트 글, 다니엘 와이즈먼 그림, 그림책사랑교사모임 옮김

뉴욕타임즈 베스트셀러 1위 선정! 아마존 '선생님이 뽑은 최고의 그림책' 선정! 아마존 1만 독자 서평 그림책! 국내 2,400만 관객의 '겨울왕국 시리즈' 안나 목소리 배우 '크리스틴 벨'의 학교 버전 시리즈 작품!

우리는 서로가 필요해
벤저민 제퍼나이어 글, 닐라 아예 그림, 그림책사랑교사모임 옮김

전 세계인이 사랑하는 벤저민 제퍼나이어의 시와 닐라 아예의 아름다운 그림이 어우러진 책. 친절과 공동체, 연대로 이어지는 희망의 메시지로 세상은 더욱 아름다워집니다.

좋은 아침
김준호 글, 김윤이 그림

아이들에게 아무것도 해 줄 수 없을 것 같은 무력감에 끝도 없이 슬펐던 선생님의 하루를 묵직하고 따뜻하게 그려 낸다. 마음을 뒤덮던 먹구름은 선생님의 등 뒤로 길게 뻗은 그림자를 거쳐 어둠으로 변하고, 깊은 어둠 속에 안긴 선생님은 조용히 그림책을 펼친다.